Katarina Witt

Meine Jahre zwischen Pflicht und Kür

Katarina Witt

Meine Jahre zwischen Pflicht und Kür

C. Bertelsmann

Bildnachweis: Die Fotos stammen aus dem Privatbesitz von Katarina Witt. Leider konnte der Verlag nicht in allen Fällen die Fotografen ermitteln. Der Verlag bittet daher alle nicht genannten Fotografen bzw. Agenturen, sich wegen etwaiger Honorierung direkt mit ihm in Verbindung zu setzen.

Autogramme von Katarina Witt
über Arts und Promotion, Frankfurt
Telefax-Nr. 069/462377

Umwelthinweis:
Dieses Buch und sein Schutzumschlug
wurden auf chlorfrei gebleichtem Papier gedruckt.
Die vor Verschmutzung schützende Einschrumpffolie
ist aus umweltschonender und recyclingfähiger PE-Folie.

2. Auflage

Umschlaggestaltung: Evelyn Schick unter Verwendung
eines Fotos von Edith Held
Satz: Filmsatz Schröter, München
Reproduktionen: Lorenz + Zeller, Inning a. A.
Druck und Bindung: Mohndruck, Gütersloh
ISBN 3-570-12034-1

Inhalt

Vorwort

Vielleicht werden viele sich fragen: Warum veröffentlicht eine Achtundzwanzigjährige ein Buch? Ich wurde schon lange vorher immer wieder gedrängt, meine Karriere auf dem Eis zu beschreiben. Ich habe das abgelehnt. Warum soll ich über etwas berichten, was nicht abgeschlossen ist. Außerdem: Mein Leben ist noch zu jung für Memoiren. Aber dann kam der Juni 1992, und ich wußte: Nun muß ich dieses Buch einfach schreiben.

Zu den Vorwürfen wegen meiner spontanen Äußerungen nach der Wende, die für manchen nicht so ganz in die Einheits-Euphorie paßten, kam jetzt auch noch die Behauptung, ich hätte für die Stasi gearbeitet, Freunde und Sportler bespitzelt.

Ich wollte mich nicht mehr verteidigen. Ich fragte mich: Welches Bild müssen Menschen von mir haben, die mich nur aus den Medien kennen? Darf es sein, daß in der Öffentlichkeit ein Bild von mir entsteht, zusammengesetzt aus oft nicht einmal böswilligen, aber häufig gedankenlosen, verkaufsfördernden Berichten und Schlagzeilen? Und zerstört dieses Bild vielleicht all das, worum ich mich über zwei Jahrzehnte bemüht habe, anerkannt zu werden als Sportlerin, die vor allem eines will und hart dafür gearbeitet hat: Menschen mit dem Eiskunstlauf Freude zu bereiten – und natürlich auch Erfolg zu haben.

Ich habe dieses Buch geschrieben, damit Sie die wirkliche Katarina Witt kennenlernen können. Die Arbeit daran war auch für mich ein Lernprozeß. Ich habe mein veröffentlichtes und mein in den Stasi-Akten aufgeschriebenes Leben mit dem verglichen, was ich wirklich erlebt und wahrgenommen habe. Es war eine dreifache Verarbeitung der Vergangenheit.

Vielleicht mag die Offenheit überraschen, mit der ich das getan habe – aber die war ich mir und Ihnen schuldig. Nur so konnte ein ehrliches Buch entstehen. Mir hat es geholfen, vieles besser zu verstehen. Zum Beispiel meine Rolle in der DDR, in dem Staat, der meine Heimat war. Ich konnte und wollte mich von ihm nicht distanzieren, solange ich nicht selbst wußte, welches Unrecht dort Menschen angetan wurde, welche Verbrechen gegen die Umwelt begangen wurden. Wenn ich mit meinen Äußerungen zögerlich war, sollte das nicht heißen, daß ich lieber die Uhr zurückdrehen, Staat und System zurückhaben wollte. Ich bin froh über die Wende, ich weiß auch, daß viele schwer tragen an dem Preis für die neue Freiheit. Meiner besteht darin, daß das, was mir an Privatsphäre gegönnt ist, immer weniger wird. Aber ich müßte lügen, würde ich sagen, daß mir die Aufmerksamkeit, das Auftreten in der Öffentlichkeit nicht gefällt – und ich weiß, daß das auch Opfer verlangt.

Deshalb soll dieses Buch auch nicht verstanden werden als Versuch der Medienschelte, ebensowenig als Abrechnung mit der DDR oder ihre Verteidigung. Es soll dazu beitragen, daß Sie mich besser verstehen, mein Leben im anderen Deutschland – und die Schwierigkeiten, die es mir bereitete, das Leben nach der Wende in den Griff zu bekommen. Es ist mir dank der Hilfe guter Freunde gelungen. Viele meiner Landsleute müssen auf solche Unterstützung verzichten; ich wünsche mir, daß vielleicht dieses Buch dazu beitragen kann, daß das Verständnis für sie und ihre Probleme wächst, die etwas anders sind als meine, aber nicht geringer.

Es ist kein typisches Sportbuch geworden. Aber ich hoffe, daß ich Ihnen meine Liebe zum Eiskunstlauf vermitteln kann, dem ich alles verdanke.

»Ab 20.00 Uhr gab es Intimverkehr, der 20.07 Uhr beendet wurde«, *steht im Bericht an Oberst A.*

Wie ich in den Verdacht gerate, Stasi-Spitzel zu sein. Ich bekomme meine Akten – und einen Schock. Das Ministerium für Staatssicherheit hat über mein Leben Buch geführt. Es fängt an, als ich sieben bin – und macht auch vor meinem Bett nicht halt.

»Töchterchen«, so meldet sich mein Vater am Telefon nur, wenn es etwas Wichtiges gibt. Diesmal höre ich, obwohl eineinhalb Jahre nach der Wiedervereinigung die Verbindung zwischen Chemnitz und Altenhof immer noch nicht besonders gut ist, Kummer in seiner Stimme.

Es ist Sonntag, der 21. Juni 1992, der erste freie Tag nach einer harten Trainingswoche, ein Sommermorgen wie gemalt. Ich liege auf der Terrasse, ein sanfter Wind bringt das einschläfernde Rauschen der Birkenblätter aus dem Wald herüber und trägt zwischendurch auch helle Kinderschreie vom nahen Werbellinsee herauf. Mir ging gerade durch den Kopf, daß ich heute das Ozonloch mal für ein paar Stunden vergessen und einfach nur faul sein sollte.

»Töchterchen«, sagt mein Vater, »weißt du es schon?«

»Was denn schon wieder?« frage ich und denke, es wird wieder um McGyver und mich gehen. Wir sind für die Yellow-Press und die Boulevard-Zeitungen ein gefundenes Fressen. Erst gestern stand in *Bild:* »Kati & McGyver: Liebesschwüre am Telefon.« Da war u. a. zu lesen: »Liebe ist ... täglich miteinander zu telefonieren ... Richard Dean Anderson (›McGyver‹) in einem Interview: ›Katarina lebt in Berlin und ich in den USA. Unter diesen Umständen ist es nicht leicht, eine enge Beziehung aufrechtzuerhalten. Aber wir telefonieren jeden Tag.‹ ... Und wann treffen Sie McGyver. Kati: ›Wen ich liebe, geht keinen was an.‹ Im gleichen Atemzug aber: ›Ein toller Mann.‹«

Ich habe mir am Abend noch eine Notiz dazu gemacht: »Gottverdammte Scheiße (pardon, wenn ich in der Wut und so für mich alleine schreibe, dann sind meine Gedanken und meine Sprache etwas zensurbedürftig), ich habe es satt, über mein Privatleben in der Zeitung zu lesen. Wenn Richard darüber reden muß, ist es sein Bier, ich habe ihm noch die Leviten gelesen, gestern. Er hat gesagt, daß die Zitate erfunden sind. Und wie sie mich zitieren, ist das allerletzte, zumal ich mich nicht dazu äußere (»nicht« hatte ich unterstrichen). »Ein toller Mann« ist glatt erfunden und »Wen ich liebe, geht keinen was an ...« ist verharmlost, weil ich sagte: »Mein Privatleben geht euch einen Scheißdreck an!!!«

Während mir der Ärger von gestern durch den Kopf geht, fragt mein Vater noch mal: »Weißt du es schon?«

»Es« ist die Schlagzeile der Sonntagsausgabe der *Chemnitzer Morgenpost*. Und »es« ist so schlimm, daß die Geschichte von gestern geradezu lächerlich wirkt. Mein Vater liest mir vor:

»6 MfS-Offiziere, 8 Ordner, 1643 Seiten:
Frau Witt,
wie war das
mit der Stasi?

Es wurde soviel gemunkelt, verstohlen hinter der Hand: Sicher habe sie, sie sei doch so überzeugt gewesen ... Bei der Chemnitzer Gauck-Behörde liegen sechs Ordner mit 1643 Seiten – angebliche Aussagen von Katarina Witt, zusammengetragen von sechs MfS-Offizieren ...« Ich habe oft gehört, daß Menschen, die schlechte Nachrichten erhalten, im ersten Augenblick ganz eigenartig reagieren. Ich auch. Ich denke mir: Dummes Huhn, warum mußtest du auch den Apparat mit auf die Terrasse nehmen, du mit deiner Telefonsucht. Aber seit dem Fall der Mauer ist das Telefon für mich so etwas wie ein ständig griffbereites Freiheitssymbol. Einfach anrufen zu können, wen ich will, wo immer er sein mag, wann immer mir danach ist – das ist noch immer keine Selbstverständlichkeit, sondern der Luxus der neuen Zeit.

Selbst schuld, denke ich, wenn du dir einen Sonntag so verdirbst, und stelle fest, daß mein Vater noch immer vorliest: »Katis Wirklichkeit damals immerhin: viel Geld – von 480 000 Ost-Mark ist die Rede – ein Bungalow in Eberswalde, ein Wartburg, ein Lada – das alles hat sie auch durch ihr Können verdient.« Was sonst noch geschrieben wurde, habe ich nur halb, in Form von Wortfetzen und Satzbruchstücken wahrgenommen.

»... Führungsoffiziere ... Informationen von Katarina Witt ... Stimmungen und Meinungen ihrer Eislaufkollegen ... zeichnete sich durch hohes Engagement aus ... Verhalten bei Staatsempfängen ... sie hat Mielkes Hand gedrückt, ganz sicher am 19. Juli 1985, beim 60. Geburtstag des Chemnitzer Stasi-Chefs ...«

Ich hatte Mielke, dem Minister für Staatssicherheit, nicht die Hand gedrückt. Nie. Ich wußte am 19. Juli 1985 noch nicht einmal, wer der Chemnitzer Stasi-Chef war, wie hätte ich bei seinem Geburtstag sein sollen?

Ich würde das beweisen können, aber ich wußte, das würde mir jetzt zunächst einmal gar nichts nützen. Ich hatte meine ersten Lektionen in Pressefreiheit schon hinter mir, ich hatte neue Begriffe gelernt: Unterlassungsklage, Gegendarstellung. Und ich hatte die Macht des gedruckten Wortes zu spüren bekommen: Keine Geschichte kann so falsch sein, als daß sie sich nicht bei einigen als Wahrheit festsetzt. Daran ändert dann auch eine Gegendarstellung nichts mehr.

»Frau Witt, wie war das mit der Stasi?«

Immer war ich bisher die Katarina, die Kati – Frau Witt war ich noch nie. Katarina, Kati, das ist die Eiskunstläuferin, die Weltmeisterin, Olympiasiegerin. Mit einer, die verdächtigt wird, Menschen an die Stasi verraten zu haben, Freunde, Sportler, ist man nicht mehr gerne so vertraut. Man geht auf Distanz. Frau Witt.

Die Schlagzeile machte mir angst.

»Mach dir jetzt mal keinen Kopf deswegen, Vati«, höre ich mich sagen. »Du weißt, daß nichts dran ist, das kommt schon in Ordnung.«

Aber wie?

Diesen Sonntag, der mit einem Morgen begann wie aus dem Poesiealbum, der so überhaupt nicht gemacht schien für schlechte Nachrichten und für Sorgen, diesen Sonntag verbringe ich nun am Telefon. Ohne großen Erfolg. Zum Sommeranfang sind die Freunde und Bekannten aus ihren Wohnungen, aus den Städten geflüchtet. Die einen sind, höre ich, über Land gefahren, andere nach Italien. Morgen kommen sie zurück, höre ich, nächste Woche. Ich sitze draußen in der Märkischen Heide, allein mit meiner Freundin Silke und meiner hilflosen Wut. Aber einige finde ich dann doch noch. Zum Beispiel Heinz Dux und Kurt Neumann. Sie sind gute Freunde und zuverlässige Vertraute, die mich seit der Wende immer wieder gut beraten. Sie versprechen Hilfe und können mich ein wenig beruhigen.

Und ich versuche mir nicht vorzustellen, daß das erst der Anfang einer Kampagne ist. Daß am Abend über irgendeine Druckmaschine irgendwo bereits die nächste Schlagzeile läuft. Es gelingt mir nicht, ich schlafe schlecht in dieser Nacht.

Ich habe keine Zeitung abonniert in Altenhof. Ich will auch im Rundfunk keine Nachrichten hören heute morgen, ich trau' mich einfach nicht. »Frau Witt, wie war das mit der Stasi?« Auf nüchternen Magen würde ich das nicht vertragen. Ich lege eine CD ein. Ein Mißgriff, purer Zufall. »Nobody loves you when you're down and out« von Eric Clapton, das ist jetzt doch zu wehleidig und melodramatisch, ich schaue Silke an, sie denkt das auch, wir müssen beide lachen. Für mich ist es das letztemal an diesem Tag.

Das erste Stück in Richtung Berlin geht nach Südosten. Was gibt es Schöneres am Morgen, als direkt in die Sonne zu fahren? Wieder so ein Kitschpostkartentag. Ich habe das Sommertraining nie gemocht. Alle gehen Schwimmen, du mußt in eine Halle. Der einzige Trost ist die Atmosphäre dort. Es ist, als ob du dir dein eigenes Wetter bestellst. Du gehst aufs Eis, und wenn du läufst, weht dir eine Brise entgegen, je schneller du bist, desto kühler ist sie. Du bist deine eigene Klimaanlage. Und wenn du dein Programm hinter dir hast und du kommst wieder ins Freie, dann hüllt dich der Sommer wohlig ein, du meinst ihn auf der Haut zu spüren. Viel intensiver als du es an einem Strand könntest. Aber es war eben auch nur immer ein schwacher Trost für einen entgangenen Sonnentag. Heute fahre ich ganz ohne Freude zur Halle. Ich will mich auf mein Programm konzentrieren, aber ich stelle mir immer wieder vor, daß wahrscheinlich Journalisten auftauchen werden, ich kann mir schon ausmalen, welche Frage sie stellen werden: »Frau Witt, wie war das mit der Stasi?«

Wie automatisch bin ich die letzten Kilometer gefahren, ich kann mich an keine rote Ampel und an keine Abbiegespur erinnern, als ob die Augen nichts mehr sehen, nur mehr Signale ans Hirn weitergeben, das dann die Befehle gibt zum Schalten und zum Lenken, zum Gasgeben und zum Bremsen. Ich, die ich leidenschaftlich gerne Auto fahre, bin unterwegs wie ein Automat. Und wie in Trance biege ich im letzten Augenblick links ab. Ich habe das Tor zur Eishalle wahrgenommen, davor einen Pulk von Menschen, mit Kameras, mit Fotoapparaten, mit Notizblöcken. Es müssen mehr als zwanzig sein.

Ich fahre ein paar hundert Meter und parke am Straßenrand. Ich bin nicht in Panik, ich bin Kummer gewöhnt. Aber ich bin ratlos. Wenn ich mich jetzt den Journalisten stelle, kann jedes Wort verdreht, gegen mich ausgelegt werden. Ich habe keinen einzigen Zeugen, niemand, der mir hilft. Ich habe den Mut nicht, und ich bin froh, daß ich mir das ehrlich eingestehe. Mich jetzt diesem Rudel zu stellen, das wäre nicht Mut, sondern Dummheit. Ich könnte ihnen nur sagen, daß ich kein Stasi-Spitzel war. Aber damit wären sie nicht zufrieden. Sie würden bohren und bohren.

Als ich wieder losfahren will, sehe ich ein paar Meter weiter einen Kiosk. Ich brauche gar nicht näher ran, die Schlagzeile ist so groß, daß ich sie sogar aus fünfzehn Metern Entfernung noch entziffern kann:

»Kati
Ja,
Stasi!
Wen hat sie verraten?«

Größere Buchstaben habe ich auf einer Titelseite noch nicht gesehen. Aber bei dieser Zeitung muß das wohl so sein, sie nennt sich *Super!* (Das Ausrufezeichen gehört zum Namen). Es ist das neue Blatt, in dem Wessis schreiben, was sie glauben, daß Ossis denken. Oder denken sollten?

Ich will jetzt nur noch zurück nach Altenhof, mich einschließen, nichts mehr sehen, nichts mehr hören, für niemanden mehr erreichbar sein. Aber das ist auch keine Lösung. Auch wenn mir das Thema zuwider ist, ich muß mich damit beschäftigen. Am besten ist es, ich fahre zu Kurt Neumann, guter Freund und Rechtsanwalt zugleich. Vielleicht weiß er, wie ich mich wehren kann. Er hat *Super!* auch schon auf dem Tisch. Eigentlich, da werden wir uns schnell einig, gibt es nur eine Möglichkeit: Ich muß bei der Gauck-Behörde, die den Nachlaß der Stasi verwaltet, Einsicht in meine Akten beantragen. Tausende tun das jetzt. Es kann Monate dauern, bis der Antrag genehmigt wird. Mir wird schlecht bei dem Gedanken, daß ich vielleicht noch viele Wochen mit immer neuen Vorwürfen und Verdächtigungen leben muß. Ich kann Erklärungen abgeben, so viele ich will. Das wird als Verteidigung bewertet, nicht als Beweis.

Am Abend sitze ich wieder in Altenhof, in der Nachbarschaft lodern die ersten Grillfeuer. Ich warte auf die Dunkelheit, auf die Müdigkeit. Soll ich verreisen? Andere Menschen, andere Gedanken. Es macht keinen Sinn. Ich sehe schon die Schlagzeile: »Katarina Witt untergetaucht.«

Brian ruft an, der gute Brian. Brian Boitano, mein Partner in den letzten Jahren, im Film »Carmen on Ice«, bei vielen Schaulauftourneen. Er hat zu vielem die gleiche Einstellung wie ich, zum Eiskunstlaufen, zur Freundschaft, zum Leben. »Wenn es zu schlimm wird in Deutschland, komm einfach rüber. Du weißt: Wann immer du

Hilfe brauchst, ich bin für dich da.« Wir reden lange, ich erkläre ihm, was passiert ist.

Es tut so gut, wenn einer zuhört, bei dem man nicht jedes Wort vorher genau überlegen muß. Danach ist mir viel leichter, aber das Gefühl hält nicht lange an.

Plötzlich wird mir bewußt, wie mächtig die Medien sind, wie schnell, weltweit. Eine Schlagzeile, eine Behauptung, am Sonntag morgen in Chemnitz veröffentlicht, ist am Montag schon in New York angekommen. Die *Deutsche Presse-Agentur* hat auf der Basis der *Morgenpost*-Geschichte eine Meldung verbreitet, sie geht jetzt um die Welt. Und ich stelle mir vor, wie ein Vorwurf, eine Verdächtigung, ein Gerücht unterwegs das Gewand wechselt und von Menschen, die so weit weg sind und mit den Verhältnissen nicht vertraut, als Wahrheit in Empfang genommen wird.

Ich bin eigentlich noch nie mit einem Wunsch für den nächsten Tag eingeschlafen. Heute habe ich einen, und er ist ganz bescheiden: Ein Morgen, an dem mein Name nicht in der Zeitung steht, das wäre schön. Natürlich geht er nicht in Erfüllung.

»Neuer Zeuge: Ich sah in Katis Stasi-Akte.«

Dienstag, 23. Juni 1992. Wieder die *Chemnitzer Morgenpost.*

Der neue Zeuge wird als Bürgerrechtler bezeichnet, heißt Volkmar Rahnfeld (44). Er habe meine Akten im Dezember 1989 im Bunker Dittersdorfer Höhe eingelagert, Gehaltslisten und von mir unterzeichnete Quittungen gesehen, es habe sich um zum Teil sehr hohe Einzelsummen gehandelt, im 10 000-Mark-Bereich. Am Abend erhält Rahnfeld leider Gelegenheit, seine Behauptungen im Fernsehen zu wiederholen, in der Nachrichtensendung von RTL. Er wisse nicht, wofür ich das Geld bekommen habe, aber es seien mehrere hunderttausend Mark gewesen.

Bürgerrechtler, das hört sich so seriös, so selbstlos und für viele darum auch so glaubwürdig an. Warum, frage ich mich, geht ein Bürgerrechtler mit Lügen hausieren. Er kann keine von mir unterschriebenen Quittungen gesehen haben, ich habe nie eine Stasi-Quittung unterschrieben, weil ich von der Stasi nie Geld bekommen habe. Ich war Gehaltsempfängerin des Deutschen Turn- und Sportbundes (DTSB) und bekam eine monatliche Unterstützung, wie sie die Leistungssportler in der Bundesrepublik von der Sporthilfe bezogen. Wer wird mir schon glauben, wenn ein Bürgerrechtler gegen mich als Belastungszeuge auftritt? In meinen Akten finde ich später nichts von dem, was der Bürgerrechtler gelesen haben will.

Zu meiner Überraschung jedoch habe ich einen Verbündeten, mit dem ich am allerwenigsten gerechnet habe: *Bild*. Die Zeitung hält sich seit Tagen auffällig zurück, ein paarmal werde ich angerufen und immer korrekt zitiert. Sie machen sich sogar die Mühe, jemanden zu finden, der mich entlastet. Am Mittwoch steht auf Seite 1:

»Stasi-Jäger
macht Schluß mit
dem Rufmord
an Kati«

Das tut so gut, und der Text auch:

»Katarina Witt schämt sich ihrer Tränen nicht. Die Stasi-Anschuldigungen machen sie fertig. Doch jetzt bekommt Kati Schützenhilfe. Bernd Bergmann (49), Geschäftsführer der Chemnitzer Kommission zur Stasi-Auflösung: ›Die Behauptung, daß Frau Witt IM war, ist glatter Rufmord!‹«

Ich muß über die Tränen schmunzeln. Denn: *Bild*, die Tränen und ich – das ist eine lange Geschichte. Ein Lehrstück über den Umgang von Journalisten mit ihren Opfern, über den Kampf von Verlagen und Chefredakteuren, in dem man so leicht zwischen die Fronten gerät und als Opfer auf der Strecke bleibt.

*

Die Geschichte beginnt Ende 1988. Ich bekomme eine Einladung nach München, der Burda-Verlag will mich mit dem Bambi auszeichnen. Nanu, denke ich und wundere mich über soviel Souveränität. Erst im Oktober hatte Rechtsanwalt Professor Vogel gegen die Illustrierte *Bunte* eine Gegendarstellung durchgesetzt, die für das Blatt dadurch noch unangenehmer wurde, daß der *Spiegel* sie zum Anlaß für ein paar süffisante Zeilen nahm.

»Katarina Witt, 23, zweimalige DDR-Olympiasiegerin im Eiskunstlauf und derzeit für die amerikanische Eisrevue ›Holiday on Ice‹ im devisenträchtigen Westeinsatz, sorgt sich um ihren sozialistischen Ruf. Mitte Oktober verbreitete die Illustrierte ›Bunte‹ eine Geschichte über das angeblich süße Leben der ostdeutschen Eisprinzessin an der Côte d'Azur (Fotos). Als Belohnung für ihre Erfolge habe ›die 22jährige Urlaub vom Arbeiter-und-Bauernstaat bekommen‹, sie residiere für 1000 Mark die Nacht im teuersten Hotel Nizzas, dem noblen ›Negresco‹, und aale sich oben ohne ›am weltberühmten Millionärsstrand von St. Tropez‹. Die erst im April ordensgeschmückte Kandidatin der SED antwortete mit einer Gegendarstellung. Sie habe sich, so die vom Ost-Berliner Staranwalt und Honecker-Vertrauten Wolfgang Vogel formulierte Witt-Einlassung, lediglich ›auf Grund vertraglicher Verpflichtungen als Eisläuferin der Deutschen Demokratischen Republik in Nizza aufgehalten‹, die gesamten Kosten habe ›Holiday on Ice‹ getragen.«

Im Westen konnte man die Geschichte meines Nizza-Urlaubs vielleicht als Nebensächlichkeit abtun, die man einfach so hinnimmt und wegen der sich die Mühe einer Gegendarstellung nicht lohnt. Ich hatte aber in der DDR gelernt, bei jedem meiner Schritte wie auch bei jeder meiner Äußerungen die Wirkung auf meine Landsleute zu berücksichtigen. Wenn in einem Staat, in dem nur wenige in den Westen reisen dürfen, bekannt wird, daß ich angeblich für meine Erfolge mit einem Luxus-Urlaub belohnt werde, ist das für die Menschen wie ein Schlag ins Gesicht. Zumal sie wissen, daß sie mit ihrer Arbeit die Grundlage für unsere sportlichen Erfolge schaffen, daß der Staat einen Teil des von ihnen erwirtschafteten Geldes für uns Sportler ausgibt. Das allein schon war Grund genug, eine Gegendarstellung zu verlangen. Außerdem sah die Wahrheit so aus: »Holiday on Ice« hatte mich anreisen lassen, weil ich für das Programm, mit dem wir dann auf Tournee gingen, trainieren mußte.

Ich dachte mir damals noch, nicht vertraut mit den Spielregeln der Presse im Westen, daß eine Gegendarstellung eine recht peinliche Sache sein müßte, ich wußte nicht, daß sie in bestimmten Blättern lächelnd in Kauf genommen wird. Deshalb überraschte mich die Wahl zur Bambi-Siegerin Sport 88. Und die Begründung machte mich richtig stolz. Da hieß es unter anderem:

»Eleganz, Ausdruckskraft und hinreißender Charme – Katarina Witt, seit Anfang der 80er Jahre die erfolgreichste und beliebteste Eiskunstläuferin der Welt, hat diese Attribute gepachtet. Wo immer das 23jährige Fräuleinwunder aus der DDR auftritt, begeistert es die Zuschauer... Sie ist der Beweis dafür, daß Kraft und Anmut durchaus zusammenpassen... Katarina Witt brachte durch ihre überragenden Leistungen das Interesse für diesen Sport zurück. Und sie wirkte grenzüberschreitend, schlug eine Brücke zwischen Ost und West. Wenn ›Kati‹ ihre Figuren ins Eis kratzt, ist es dem Publikum egal, aus welchem Teil Deutschlands sie nun kommt. Katarina Witt – eine Botschafterin ganz besonderer Art.«

Am Abend der Bambi-Gala wurde dann die Begeisterung des Burda-Verlages über mich schon ein wenig verhaltener. In meiner kleinen Rede bedankte ich mich zwar zunächst für die Auszeichnung, aber auch bei meinem Staat, der DDR, der es mir ermöglicht hatte, den Sport auszuüben, und damit letzten Endes auch großen Anteil hatte am Erfolg. Ich habe das mit der Überzeugung getan, mit der sich westdeutsche Sportler bei vielen Gelegenheiten und mit ähnlichen Worten bei Josef Neckermann und der Sporthilfe bedankt haben.

Ich fühlte mich dazu irgendwie verpflichtet – und ich betrachtete das auch keineswegs als diesem Anlaß nicht angemessen. Auf manche allerdings muß es etwa so gewirkt haben, wie wenn einer in der Kirche Walzer tanzt. Und einen versetzte es in blanke Wut. Hans Hermann Tiedje, *Bunte*-Chefredakteur. Den sollte ich noch kennenlernen, in jeder Hinsicht. Er wurde wenig später einer von zwei Chefredakteuren von *Bild*. Seine Wut über meinen Dank an die DDR hat er von *Bunte* zu *Bild* mitgenommen. Und als die Mauer weg war, legte er richtig los. Plötzlich war ich in *Bild*, die zu meinem Olympiasieg in Calgary noch die Schlagzeile gefunden hatte: »Gold! Alle Deutschen lieben Kati«, die »SED-Ziege«. Weil ich mich geweigert hatte, plötzlich alles schlecht zu finden, was es in der DDR gegeben hatte. Es wäre vermutlich opportun gewesen, hätte ich mich als heimliche Widerstandskämpferin enttarnt und unsere Politiker als Verbrecher bezeichnet. Ich wollte und konnte mich aber der Clique derer nicht anschließen, die man bei uns Wendehälse nannte.

Die »SED-Ziege« konnte ich noch halbwegs verkraften, aber dann wurden auch noch andere Menschen in die Schlagzeilenschlacht gegen mich hineingezogen.

6. April 1990: »Kati Witt und der Bayern-Arzt – Pikante Liebesgerüchte.« Über Sätze wie »Die zweimalige Olympia-Siegerin im Eiskunstlauf ließ beim schönsten Doktor der Bundesliga das linke Knie behandeln. Haben seine magischen Handgriffe auch Katis Herz verzaubert?« hätte ich mich ja normalerweise kringeln können. Wie oft bekommt man schon für nur sechzig Pfennig solche Meisterwerke der deutschen Prosa geboten? Aber Doktor Müller-Wohlfahrt, seine Frau und seine zwei Kinder fanden dieses Gerücht wohl weniger zum Lachen.

Mit dieser Geschichte hielt sich *Bild* dann nicht allzu lange auf, der Doktor und der FC Bayern München waren wohl für die Sportredaktion von *Bild* nicht ganz unwichtig, mit denen wollte man es sich nun doch nicht allzusehr verderben. Und außerdem bot ich schon wieder neuen Stoff. Im *Stern* war ein Interview mit mir erschienen, dort hatte ich über meine Sorgen um die ehemalige DDR und ihre Bürger geäußert: »Die Menschen dort sind so schutzlos. Warum läßt man ihnen denn nicht mal Zeit, richtig wach zu werden?« Ich hatte gesagt: »Nicht nur die Stasi hat abgehört, auch Bundesnachrichtendienst und CIA hören ab.« Auf die Frage, ob die DDR-Politiker noch was Eigenes hätten, Ideen und Träume, hatte ich (höhnisch, schrieb *Bild*) geantwortet: »Nee, die D-Mark wird's schon richten.«

Da kam ich *Bild* und Tiedje gerade recht. Schlagzeile am Donnerstag, 10. Mai 1990:

»Kati Witt – Gemeinheiten über Deutschland.«

»Was haben die SED-Kommunisten nur aus Katarina Witt gemacht? Wie ist es möglich, daß die Eiskunstlauf-Olympiasiegerin immer noch so verbohrt daherredet? Mit welchem Recht gibt Kati

Witt – die als liebstes Propaganda-Girl der SED schon zu Honekkers Zeiten genug Geld hatte, reisen durfte und die Schönheiten dieser Welt genoß – den Menschen in der DDR weiterhin Ratschläge, die die meisten schon lange nicht mehr hören können? ... Dennoch eine letzte Frage an Kati Witt: Wie kann ein Mensch viele Jahre im freien Westen erleben, wie schön die Welt sein kann, und in der DDR Stasi und Unfreiheit und jeden Tag das direkte graue Gegenteil – und hinterher die SED/DDR verteidigen?«

Was *Bild* nicht aus dem *Stern* zitierte, war wohl nicht zuletzt der Anlaß für die Schlagzeile und die Abrechnung mit mir. Ich hatte nämlich auch ein paar Sätze über die Arbeitsmethoden von *Bild*-Reportern gesagt, wie ich sie selbst zu spüren bekommen hatte.

»Wie viele verzweifelte *Bild*-Opfer müssen diesen Frettchen schon entgegengeschrien haben: Habt ihr denn keinen Anstand im Leib? Nee, haben wir nicht. Marder im Blutrausch. Wie sie da ohne meine Erlaubnis in meinen Garten und dann ins Zimmer durch die bei einem Einbruch herausgerissenen Kleider getrampelt sind, scharf auf einen Schnappschuß der heulenden Frau auf dem Boden.«

Das konnte *Bild* und Tiedje nicht gefallen. Abgerechnet wird schriftlich, per Schlagzeile. Sie hätte auch lauten könnten: »Kati Witt – Gemeinheiten über *Bild*.«

Und dann saß ich, genau ein Jahr später, am 10. Mai 1991, plötzlich in der *Bild*-Redaktion, Auge in Auge mit meinem Feind Hans Hermann Tiedje. Elisabeth Gottmann, damals noch Wiegand, und Dr. Diether Dehm, meine Vertrauten und Berater, hatten das Gespräch vermittelt. Ich dachte mir, Mensch, jahrzehntelang haben sie dir in der DDR eingetrichtert, daß *Bild* das Kampf- und Lügenblatt des Klassenfeindes ist, das unseren Staat nur zwischen Gänsefüßchen nennt, diese Zeitung hat seit mehr als einem Jahr keine Gelegenheit verpaßt, dir einen Tritt zu versetzen, und da gehst du jetzt einfach hin und setzt dich mit denen an einen Tisch? Auf der anderen Seite sagte ich mir, die haben ein falsches Bild von dir, sie verstehen dich nicht – und sie schreiben so über dich, daß auch Millionen ein falsches Bild von dir bekommen. Wenn es dir gelingt, dich und deine Argumente richtig zu vermitteln, hört dieser Ärger, diese Hetze vielleicht auf.

Im Dialog mit Katarina, der Verletzten, hat Katarina, die Vernünftige, gewonnen.

Ich ging also zu *Bild.* Zu Tiedje. Um ihm zu zeigen, welche Stimmung er gegen mich mit seinen Schlagzeilen auslöst, nahm ich noch einen der vielen anonymen Briefe mit, aus denen ich herauslesen konnte, wie *Bild* und andere Medien Menschen gegen mich aufgebracht hatten:

»Einen freundlichen Ansprechtitel haben sie nicht verdient, sie Honecker-Hure. Ihre ›rote‹ Seele kam jetzt so richtig zum Vorschein und ich hoffe das viele Menschen sich jetzt von ihnen abwenden. Sie haben doch im Sozialismus genügend abgesahnt und mit Honecker gut Freund gespielt. Man hat sie doch sehr oft mit Erich gesehen und ihre Kommentare waren doch immer so für Honecker und Sozialismus. Übrigens sind sie fett geworden und sehen häßlich aus. Solch einen Menschen haben wir einmal als Idol betrachtet – I gitt! Ich hoffe es geht Ihnen einmal genauso schlecht wie uns einfachen Menschen, sie rote Socke!«

Auch eine Postkarte hatte ich dabei, mit einem ähnlichen Text. Da war vor allem die Adresse interessant: »An den von der SED hochgepäppelten Eisstar K. Witt DDR Berlin-Ost.« Sie ist, es lebe die deutsche Gründlichkeit, tatsächlich bei mir angekommen.

Ich bin nicht dazu gekommen, Tiedje diese Schriftstücke zu zeigen, ich bin zunächst überhaupt nicht zu Wort gekommen. Ehe ich ihm meine Meinung sagen konnte, sagte er mir erst einmal seine – und »sagte« ist ein milder Ausdruck. Tiedje ist keiner von den aalglatten, säuselnden, schmierigen Journalisten, wie ich so viele vorher kennengelernt hatte, bei denen man den Grad ihrer Hinterhältigkeit nicht auf Anhieb erkennen kann. Der Mann ist von einer hemmungslosen Geradlinigkeit, das ahnt man schon, wenn er kommt: Der betritt einen Raum nicht, der bricht herein. Ich erinnere mich nicht genau an alles, was er mir an den Kopf warf, aber bruchstückhaft bringe ich das Ende seines langen Monologs noch zusammen: »Sie, die Sie die ganze Welt gesehen haben, die schönsten Plätze, die prachtvollsten Straßen mit den größten Geschäften und den Möglichkeiten, die den Menschen in der freien Welt geboten werden, Sie kommen zurück und singen das hohe Lied der DDR. Sie müssen doch gesehen haben, daß Ihr Land, in dem siebzehn Millionen Menschen eingesperrt sind, ein einziger Schrotthaufen ist. Wie, frage ich Sie, kann man einen Schrotthaufen lieben, wie kann man in einem so maroden, heruntergewirtschafteten Massengefängnis leben und sich auch noch bei Honecker und diesen ganzen Verbrechern bedanken? Entweder sind Sie dumm, oder Sie sind einfach nur zynisch. Beides aber möchte ich nicht glauben.«

Er hatte sich in Rage geredet, er genoß seinen Auftritt, die letzten Sätze kamen im gedämpften Brüllton. Den Tenor hatte ich seit der Wiedervereinigung auch nicht zum erstenmal gehört: Wir Ossis hätten gefälligst dankbar zu sein und nicht auch noch irgend etwas gut zu finden an unserem ehemaligen Staat. Tiedje, ein gesamtdeutscher Überzeugungstäter, wurde wohl durch die aktuellen Nachrichten auch noch zusätzlich in Wut versetzt: Auf seinem Tisch lagen ganz frische Funkbilder aus Halle, dort war Helmut Kohl gerade mit Farbbeuteln und Eiern beworfen worden.

Tiedje hatte sie immer dann, wenn er seinen Schwall zum Luftholen kurz unterbrechen mußte, kopfschüttelnd angesehen. Dann lächelte er unvermittelt: »Und jetzt Sie!«

Selten war ich so wütend wie in diesem Augenblick, vor allem auch deshalb, weil mich dieser Kerl zum Weinen gebracht hatte. Aussichtslos, dachte ich mir, der wird mich nie verstehen. Aber ich habe es dann doch versucht, ihm zu erklären, wie es war, wenn ich zum Beispiel von meinen Reisen zurückgekommen bin. Ich hatte nicht nur den Glanz im Westen gesehen, sondern auch Armut, Elend, Slums. Wir hatten nicht das Gefühl, daß wir aus einem Armenhaus kommen und das Paradies besichtigen dürfen, wir haben uns auch nicht die Nasen an den Schaufenstern plattgedrückt, wir waren eben nicht so erzogen worden, daß uns Besitz als das höchste aller Güter erschien, daß wir von Raff- und Habgier getrieben worden wären. Wir fühlten uns nicht als Menschen aus einer Notstandsgesellschaft, wir waren davon überzeugt, daß wir vieles von dem, was wir nicht hatten, auch nicht brauchten. Wir sahen den Westen so, wie es den Politikern im Osten gefiel, als Überfluß- und Überdrußgesellschaft. Und was Unfreiheit und Gefängnis angeht – das Unrecht, das existierte, ist uns nicht schreiend auf der Straße entgegengelaufen. Die DDR stellte sich ihren Bürgern durchaus als Rechtsstaat dar. Daß nur wenige reisen konnten, wohin sie wollten, daß wir vieles nicht hatten, daß wir alle uns übten in einer Mangel- und Tauschwirtschaft, daran hatten sich nun schon zwei Generationen gewöhnt und einen gemeinsamen Nenner gefunden, ein Wort, das in der DDR jeder fast jeden Tag mindestens einmal gebraucht hat: »So isses eben.«

Meine Tränen waren getrocknet, mein Selbstbewußtsein hatte sich zurückgemeldet.

Und was Sie mir vielleicht vorwerfen könnten, Herr Tiedje, wäre, daß ich zu blauäugig war, daß ich später, als ich doch ins Grübeln gekommen bin, mich vielleicht hätte zu Wort melden, Kritik hätte äußern können. Und dann wäre es mit meiner Karriere vorbei gewesen. Ich wollte Eislaufen, und ich war nicht so mutig wie vielleicht Kurt Masur. Aber ich war auch gerade mal zwanzig. Da verlangen Sie etwas viel. Und nach der Wende plötzlich mutig zu werden, alle verdammen, so tun, als wäre ich schon immer dagegen gewesen, das wollte ich nicht, da wäre ich mir schäbig vorgekommen. Da nehme ich dann schon lieber die Tiefschläge von *Bild* hin, SED-Ziege und ähnliches.

Tiedje lächelte und sagte dann noch so etwas wie »akzeptiert, damit kann ich leben, nun kennen wir uns, und nun vertragen wir uns«.

*

Ich denke mir jetzt, wie wichtig es war, daß ich dieses Gespräch mit ihm hatte. Der Mann ist zwar furchtbar in seinem Zorn, aber er ist ehrlich. In den letzten Monaten hat *Bild* mich korrekt behandelt. Und jetzt, in der Stasi-Affäre, gehen sie geradezu vornehm mit mir um. Da mag auch noch eine Rolle spielen, daß der Journalist, der damals mit Tiedje *Bild*-Chefredakteur war, gehen mußte und jetzt bei Burdas *Super!* angeheuert hat. Und daß Tiedje, indem er sich für mich einsetzt, eigentlich gegen den kämpft. Und umgekehrt.

Aber: So hilfreich das Wohlwollen von *Bild* im Augenblick auch ist, meine Probleme sind dadurch nicht gelöst. Ich dränge Kurt Neumann, irgendeinen Weg zu finden, daß wir möglichst schnell an meine Stasi-Akten kommen. Ich muß in die Offensive gehen, nicht mich verteidigen. Daß das nichts bringt, habe ich gesehen. Als die ersten Anrufe kamen wegen der Stasi, hatte ich eine offizielle Erklärung vorbereitet:

»Um etwas nicht vergessen zu machen: Die DDR war ein Staat mit Behörden und Gesetzen. Viele Menschen, die da geboren und erzogen wurden, haben das als *ihr* Rechtssystem empfunden. Sicher hätten viele Promis, wie ich, früher schon den Mund aufmachen müssen. Aber manche Behörden und Journalisten *heute* sind zu selbstgerecht, zu oberflächlich und übereifrig, um die komplizierte Wirklichkeit der DDR überhaupt nachempfinden zu können.

Als Spitzensportlerin konnte ich zum Beispiel Kontakten mit dem Ministerium für Staatssicherheit natürlich nicht generell ausweichen, besonders vor und nach Auslandsauftritten. Als mir die Stasi aber hohe Werbeeinnahmen anbot, damit ich Mitarbeiter werde und unterschreibe, habe ich abgelehnt. Das ist doch entscheidend! Wer etwas anderes behauptet, den werde ich strafrechtlich belangen!«

Gut gebrüllt Löwe. Ich hatte natürlich nicht damit gerechnet, daß einige Zeitungen aus dieser Erklärung nur die Tatsache verwenden würden, daß ich Kontakten mit dem Ministerium für Staatssicherheit nicht generell ausweichen konnte und daß sie diese Passage wie ein Geständnis gegen mich verwenden würden. Was es mit diesen Kontakten auf sich hat, auch das muß in den Akten stehen. Aber zwischen mir und den Akten steht eine lange Warteliste. Darf ich mich vordrängen, muß ich mit dem Vorwurf rechnen, ich hätte wieder einmal einen Promi-Bonus? Oder wird es anerkannt, wenn ich sage, daß ich mich wehren muß, schnell, ehe mein Ruf so beschädigt ist, daß er kaum mehr repariert werden kann?

Ich fühle mich so elend wie nie zuvor in meinem Leben. In der Stadt mag ich nicht bleiben, ob ich es mir nur einbilde oder ob es wirklich so ist: Wo immer ich gehe, die Leute tuscheln hinter mir her. Alle Blicke erscheinen mir voller Mißtrauen, Neid – zum Teil auch Verachtung. Ich ziehe mich lieber zurück nach Altenhof. Wenn es wenigstens regnen oder kühl sein würde. Das würde zu meiner Stimmung passen. Aber es ist wieder einer dieser Abende, die Luft wie Seide und das Licht ganz mild. Nichts bräuchte man jetzt zum Glück als eine Schulter, an die man sich lehnen kann, und einen Arm, der einen hält. Jetzt rächt sich mein Freiheitsdrang, meine Scheu vor einer festen Bindung. Jetzt bin ich wieder allein. Ich könnte Richard anrufen, aber manchmal ist das Telefon nicht mehr als die direkte Verbindung zur Sehnsucht und zum Schmerz. Ich starre auf den Apparat, und es gibt mir einen Stich ins Herz. Ich habe eine Nummer im Kopf, aber ich kann sie nicht wählen. Auch wenn ich jetzt nichts so sehr brauchen würde wie diese eine Stimme. Die diesem Mann gehört, von dem niemand etwas wissen darf. Für den ich sofort alles aufgeben würde. Meine heimliche, meine große Liebe.

Gibt es so etwas wie Telepathie, hat er gespürt, wie sehr ich gerade an ihn denke? Über so viele Kilometer hinweg? Das Telefon läutet. »Morgen elf Uhr, Normannenstraße!«

Es ist Kurt Neumann, wenigstens nicht mit einer schlechten Nachricht.

*

»Der Bundesbeauftragte für die Unterlagen des Staatssicherheitsdienstes der ehemaligen Deutschen Demokratischen Republik.«

Das steht an der Tür des Hauses, in dem ich meine Vergangenheit suche, den Teil davon, der das Ministerium für Staatssicherheit interessiert hat. Alles hat seine Ordnung. Beim Pförtner weisen wir uns aus. Wir bekommen einen Laufzettel. Eine wirklich sehr hilfsbereite Mitarbeiterin holt uns ab, sie führt uns in den zweiten Stock in ihr enges Büro. In einem Stahlschrank stehen meine Akten. Ich erschrecke. So viele Bände gibt es über mich?

Zuerst bekomme ich nur ein dünnes Heft, nur wenige Seiten sind in dem roten Umschlag. Es ist das Inhaltsverzeichnis, mit der Hand und sehr sorgfältig geschrieben. Alle Unterlagen zum OV »Flop«

sind hier aufgeführt. OV heißt Operativer Vorgang, das ist der Stasi-Fachausdruck für Personenüberwachung. »Flop« ist der Name, den mir die Stasi gegeben hat. Warum Flop? »Flip«, das würde ich ja gerade noch verstehen, das ist der Name eines Standard-Sprungs. Aber »Flop«? Man kann ja vieles über mich sagen – aber ein »Flop«, das bin ich nun wirklich nicht. OV »Flop« hat, so lese ich, 27 Bände. Sie enthalten 3103 Seiten. Die Dokumentation meines vom Staat überwachten, zum Teil gelenkten Lebens.

Was, um alles in der Welt, haben die aufgeschrieben? 3103 Seiten, das sind zwei dicke Romane, soviel kann mein Leben doch noch nicht hergegeben haben, selbst wenn vom ersten Tag an, dem 3. Dezember 1965, bis heute Buch geführt worden sein sollte.

Sieben Ordner wählen wir zunächst aus. Die freundliche Frau geht mit uns in den Lesesaal, meldet uns bei der Aufsicht an. »Wenn Sie noch etwas brauchen, ich helfe Ihnen gerne«, flüstert sie. Wir setzen uns an einen Resopaltisch, einen von fast einem Dutzend.

Wo soll ich anfangen?

Ich nehme einfach den erstbesten Band und schlage wahllos eine Seite auf.

1. Stellv. d. Leiters	Dresden, den 17. November 88	
der BV Dresden	Abt. 26/6/B07/1/89	
Oberst A.	0332	Ni
	Vertrauliche Dienstsache	

Informationsbericht vom 16. 11. 88

17.32 Uhr wurde das Objekt von einer männlichen Person, die englisch sprach, und von Katarina Witt betreten.

17.36 Uhr führte dann die K. Witt eine Unterhaltung mit ihrer Mutter in Karl-Marx-Stadt.

Dabei teilte sie mit, daß sie mit dem gesamten Team, das in Karl-Marx-Stadt keine Unterkunft bekommen hatte, jetzt im Bellevue in Dresden ist.

Sie habe sich in ein Zimmer gelegt, um »abzuruhen«, weil alles sehr anstrengend war.

21.30 Uhr werde sie »heute« in Karl-Marx-Stadt auf dem Eis sein, um dort etwas Neues einzustudieren.

»Wir«, so die W., »werden« 20.15 Uhr »hier losfahren.«

Sie teilte mit, daß »die« die weitere Zeit in Dresden bleiben »werden«.

Es gab nachfolgend Unterhaltungen zwischen der männlichen Person und der W. in englischer Sprache.

Ab 20.00 Uhr gab es dann *Intimverkehr* zwischen den beiden Personen, der um 20.07 Uhr beendet wurde.

20.31 Uhr schrillte das Telefon.

Die Personen nahmen nicht ab.

Sie führten wiederum Gespräche in englischer Sprache.

20.43 Uhr wurde das Objekt verlassen.

F. d. R. d. A. (der Name ist handgeschrieben, unleserlich).

Ich fange an zu lachen und erschrecke im gleichen Augenblick. Mein Lachen ist oft so hoch, da müßte sich eine Sopranistin ganz schön anstrengen. Es zerreißt die Stille in diesem Raum – und das ist nun wirklich kein Ort für Heiterkeitsausbrüche. Hier sind Menschen auf der Suche nach ihrer Vergangenheit, die einen tragen ihre Verbitterung im Gesicht, die anderen ihre Angst. Die einen sind voll vager Hoffnung auf eine endlich fällige Gerechtigkeit, die anderen in dumpfer Furcht vor überfälliger Strafe.

Ich muß mich beherrschen, obwohl es mir wirklich schwerfällt. *Intimverkehr* von 20.00 Uhr bis 20.07 Uhr, das wäre denn doch ein bißchen flüchtig gewesen, wenn er denn wirklich stattgefunden hätte, der Intimverkehr. Ich erinnere mich genau. November '88, Hotel Bellevue in Dresden. Ich sehe das Zimmer noch vor mir, ich weiß, mit wem ich dort war. Ich habe mich ausgeruht bei einem Mann, den ich seit vielen Jahren kannte. In den ich auch mal ein wenig verliebt war, ohne Erfolg. Ich hätte schon gerne mit ihm – er wollte nicht. Vielleicht konnte er nicht wollen, vielleicht wollte er nicht können. Irgendwann war meine Lust, ihn zu verführen, erloschen. Als Liebhaber habe ich ihn nie bekommen, aber als Freund. Das ist er geblieben, bis heute.

Wenn nicht die vorwurfsvollen Blicke der Menschen an den anderen Tischen mein Lachen schon gestoppt hätten, jetzt würde es mir im Hals steckenbleiben.

Diese paar Zeilen, die ersten, die ich aus meiner Stasi-Akte lese, bedeuten: Ich wurde beobachtet, im Hotelzimmer belauscht, Telefongespräche wurden abgehört – und ein vermuteter, nur in einem fremden Kopf und nicht wirklich stattgefundener Intimverkehr wurde als Tatsache an die nächste Instanz weitergegeben.

Wie viele solcher Berichte, wie viele solcher falschen Berichte wird es noch geben? Wo war die Stasi überall dabei, ohne daß ich es wußte. Was haben sie aus meinem Leben gemacht? Und warum?

Ich finde die Antwort in einer Kladde. Reg.-Nr. XIV/411/83, Archiv-Nr. 2559/89, Band-Nr. I Karl-Marx-Stadt. Ich weiß nicht, warum ich an dem Vermerk am Fuß, ist wohl für Nachbestellungen, hängenbleibe: T-Gleit-Hefter Bestell-Nr. T 108 So VEB Organisations-Technik Eisenberg. Es mußte alles seine Ordnung haben.

Ich denke mir: Wenn die Stasi bei allen so ausführlich berichtet hat wie bei mir, und mit soviel Phantasie, dann war der Volkseigene Betrieb Organisationstechnik aber dicke ausgelastet.

Auf der ersten Seite lese ich:

Beschluß
über das Anlegen eines operativen Vorganges
1. Deckname: »Flop.«
2. Tatbestand gem. §§ 213 u. 219 StGB

(§ 213 Strafgesetzbuch der DDR: Ungesetzlicher Grenzübertritt: (1) Wer widerrechtlich die Staatsgrenze der Deutschen Demokratischen Republik passiert oder Bestimmungen des zeitweiligen Aufenthalts in der Deutschen Demokratischen Republik sowie des Transits durch die Deutsche Demokratische Republik verletzt, wird mit Freiheitsstrafe bis zu zwei Jahren oder mit Verurteilung auf Bewährung, Haftstrafe oder mit Geldstrafe bestraft. (2) Ebenso wird bestraft, wer als Bürger der Deutschen Demokratischen Republik rechtswidrig nicht oder nicht fristgerecht in die Deutsche Demokratische Republik zurückkehrt oder staatliche Festlegungen über seinen Auslandsaufenthalt verletzt. (3) In schweren Fällen wird der Täter mit Freiheitsstrafe von einem Jahr bis zu acht Jahren bestraft.

§ 219 Ungesetzliche Verbindungsaufnahme: (1) Wer zu Organisationen, Einrichtungen oder Personen, die sich eine gegen die staatliche Ordnung der Deutschen Demokratischen Republik gerichtete Tätigkeit zum Ziel setzen, in Kenntnis dieser Ziele oder Tätigkeit in Verbindung tritt, wird mit Freiheitsstrafe bis zu fünf Jahren, Verurteilung auf Bewährung oder Geldstrafe bestraft ...)

Soll heißen: Katarina Witt wird von der Stasi überwacht, um zu verhindern, daß sie im Westen bleibt (§ 213). Und um auszuschließen, daß sie im Ausland Kontakte knüpft (§ 219). Denn im Ausland, das hieß im Westen und im Amtsdeutsch NSW, Nicht-Sozialistisches-Wirtschaftsgebiet, gab es nur »Organisationen, Einrichtungen oder Personen, die sich eine gegen die staatliche Ordnung der Deutschen Demokratischen Republik gerichtete Tätigkeit zum Ziel setzen«, das war uns ja vor jeder Reise gründlich eingetrichtert worden.

Sie haben wohl keinem so richtig vertraut. Auch nicht dem OV »Flop«. Das überrascht mich nicht. Aber mich erschreckt die Gründlichkeit, mit der das Material zusammengetragen wurde. Ich war noch nicht acht Jahre alt, aber schon ein Fall für die Akten.

MINISTERRAT
DER DEUTSCHEN DEMOKRATISCHEN REPUBLIK
Ministerium für Staatssicherheit
Abteilung XX/AG Sport — K. M. Stadt, den 29. 10. 73
Karl-Marx-Stadt — Tgb.-Nr. VIII/E-1470/73 (Wa/Ga)

Ermittlungsbericht

Es sollte ermittelt werden — *Witt*, Katarine
Es wurde ermittelt — *Witt*, Katarine
(Wenigstens meinen Vornamen hätten sie richtig schreiben können.)

geb. am, in: 03. 12. 1965 Staaken
wohnhaft: Karl-Marx-Stadt,
Reichenhainer Straße 10

Die W. geht das zweite Jahr zur Schule und betreibt in ihrer Freizeit den Eiskunstlaufsport. Sie wird als ein hübsches und sehr sympathisches Mädchen geschildert, das sehr viel Ehrgeiz besitzt und mit Begeisterung ihren Sport betreibt. Logischerweise sind die Eltern damit einverstanden, indem sie ihre Tochter so lenken und leiten, daß sie in der Schule und auf sportlichem Gebiet sich gut entwickeln kann. Sie ist sehr anständig und freundlich.
Der Vater, der

Witt, Manfred
geb. am 12. 07. 1938 in Kisil VR Rumänien
wh.: wie Objekt

ist von Beruf Landwirt und jetzt als Hauptreferent im VEB Saat- und Pflanzgut KMSt. beschäftigt.
Die Mutter des Objektes ist die

Witt, geb. Sonntag Käte
geb. am 14. 05. 1936 in Schmolsin/VR Polen
wh.: wie Objekt

Sie übt den Beruf einer Krankengymnastin aus. Aufgrund ihrer Strebsamkeit konnte sie den Abschluß für diesen Beruf erlangen. Außer der Tochter Katerine haben sie noch einen Sohn

Witt, Axel
geb. am 19. 07. 1962 in Staaken.

Auf moralischem Gebiet gibt es in der gesamten Familie keine negativen Erscheinungen ... Verbindungen zu negativen Elementen bestehen überhaupt nicht ... Die familiären Beziehungen beider Ehepartner untereinander und zwischen ihnen und den Kindern sind sehr harmonisch und in jeder Beziehung geordnet. Auf die Kinder wird ein guter erzieherischer Einfluß ausgeübt, indem sie in der Schule und beim Sport gute Leistungen vollbringen und auch in politischer Beziehung im Sinne unserer Entwicklung erzogen werden.

Zu Papier gebracht haben das, lese ich auf der letzten Seite, der Leiter der Abteilung VIII, Sch., Major, und der Leiter des Referates 2, G., Hauptmann.

Gemeint haben sie wohl: Katarina Witt, 7, verbringt eine glückliche Kindheit.

»Ich weiß nicht mehr weiter mit der Witt«, *sagt Frau Müller und weint.*

Warum meine Trainerin, die beste der Welt, mich ohrfeigt und 1983 zurücktreten will. Was bei der Stasi über Norbert Schramm und Corinna Halke bekannt ist. Mein erster Mann. Es war in Paris – und niemand darf davon erfahren.

Karl-Marx-Stadt. Textil- und Maschinenbau-Industrie, das »sächsische Manchester« wurde die Stadt oft genannt. Über die Mulde am nördlichen Fuß des Erzgebirges legten sich Generationen lang grau und düster die Schwaden aus den Fabrikschornsteinen.

»Ruß-Chamtz« hieß es auf sächsisch. »Ruß-Chemnitz«. Ein Erwachsenen-Wort. Kinder kennen keine graue, düstere Stadt.

Die ersten Erinnerungen sind aufgeschlagene Knie. Ich singe laut und gerne, die Kinder aus der Nachbarschaft rufen mir hinterher: »Katarina Valente, hat 'nen Arsch wie 'ne Ente.« Ich tue so, als würde ich das gar nicht hören, ganz hoch muß die Nase – und schon steckt sie im Dreck. Ich bin über die Einfassung des Sandkastens gestolpert. Ein anderes Mal lande ich in einer Dornenhecke. Blutige Beine, blaue Flecken, mich bringt so schnell nichts zum Weinen. Ich ärgere mich nur über meine Dummheit. Die tut weh. Viel mehr als jede Wunde. Zum Beispiel die, die ich Axel verdanke, meinem Bruder. Wir spielen in der Küche, er greift auf die Herdplatte und verzieht das Gesicht. »Heiß?« frage ich. »Nö«, sagt er. Wer glaubt schon dem älteren Bruder? Der Arzt muß mir die Hand verbinden und den ganzen Unterarm. Nun sind wir quitt, Axel und ich.

Auch ich habe ihm eine Narbe verschafft. Einmal wollen wir eine

Seilbahn in der Küche bauen. Ein Ende der Schnur am Türgriff, das andere am Fensterriegel. Da kann man dann so eine Spielzeuggondel runtersausen lassen. Axel legt sich die Schnur um den Hals, um beide Hände frei zu haben, wenn er auf einen Stuhl klettert. Ich will, daß er wieder runterkommt, und ziehe an der Schnur. Ich erdrossele ihn beinahe, die Schnur schneidet sich tief in seinen Hals ein. Die Narbe ist noch lange zu sehen.

Am Abend im Bett erzähle ich meinen Mitschläfern meine Schandtaten. Es sind fünf Puppen, ein Bär und ein Äffchen. Sie haben einen schweren Tag hinter sich, denn sie hatten am Nachmittag Schule. Lehrerin Katarina führt sogar ein Klassenbuch. Pummelchen, meine Lieblingspuppe, hat 'ne Eins bekommen, sie bekommt nur Einsen. Das Äffchen bekam 'ne Fünf, es bekommt immer 'ne Fünf. Ich kann es irgendwie nicht leiden. Aber nachts darf es trotzdem bei mir schlafen.

Na ja, sie müssen nicht lange lernen und leiden. Mit fünf habe ich keine Zeit mehr für Kinderkram. Ich werde Eiskunstläuferin. Das war eine Mühe, ein halbes Jahr lang mußte ich meine Mutter quälen. Jeden Mittag tippelte ich mit meinen Freundinnen vom Kindergarten ins Eisstadion und wußte, das ist mein Ding: Laufen und springen, und die Menschen schauen dir zu. Das möchte ich. Und das kann ich auch, ich weiß es ganz genau. Und noch viel besser kann ich eines: nerven. Eines Tages gibt meine Mutter auf, sie geht mit mir ins Stadion, spricht mit einem Mann, ich bekomme Schlittschuhe und soll zeigen, was ich kann. Ich hab' mein Röckchen ausgezogen und stehe da mit meiner Strumpfhose und weiß: hinfallen darf ich nicht. Auf dem Eis sind lauter Pfützen, wenn ich stürze, werde ich klitschnaß. Ich hab' nichts zum Umziehen dabei.

»Lauf in die Mitte«, flüstert meine Mutter, »da ist es trocken.« Ich komme heil dort an – und darf jetzt jeden Tag kommen. Ich bin die Letzte, die gekommen ist, ein halbes Jahr später als alle anderen. Der Kurs dauert ein Jahr, ich muß die anderen einholen, dann darf ich weitermachen, sagt Herr Weiße. Das ist der Trainer. Ich bin eines von hundert Kindern, es werden jeden Tag weniger. Und als das Jahr, das für mich nur sechs Monate dauert, zu Ende ist, bin ich die einzige, die von hundert übrigbleibt.

Aber jetzt wird es schwer. Jeden Morgen um sechs Uhr raus, um 7.15 Uhr beginnt der Unterricht in der Ernst-Thälmann-Oberschule. Eine einzige Hetze, vor allem für meine Mutter. Jeden Mittag fährt sie von ihrem Arbeitsplatz im Klinikum am Küchwald zur Schule, holt mich ab, bringt mich ins Eisstadion. Das ist ihre Mittagspause. Nach ein paar Monaten glaubt sie mir, daß ich den Weg auch allein finde. Ich steige in die Linie 4. Meine Mutter holt mich jetzt nur noch von der Straßenbahnhaltestelle ab und bringt mich ins Stadion. Später erzählt sie mir, daß sie noch ein paar Wochen im letzten Wagen mitgefahren ist und sehen wollte, ob ich mich auch wirklich allein zurechtfinde. Sie ist an der Station am Stadion noch aus der fahrenden Bahn gesprungen und hat so getan, als hätte sie auf mich gewartet, die Liebe.

Am Abend, nach den Hausaufgaben, kann ich nicht mehr mit meinen Puppen spielen. Ich darf noch ein bißchen fernsehen, und dann falle ich um wie tot. Einmal darf ich bei meiner Freundin Conny Denke schlafen, die wohnt zwei Etagen unter mir. Wir liegen in ihrem Bett, und sie erzählt und erzählt. Und dann merkt sie, daß ich schon längst nichts mehr höre. Müde Kati, braves Kind.

Ich schlafe immer voller Freude auf den nächsten Tag ein. Wenn der letzte Knoten am Schlittschuh gebunden ist und dann der erste Schritt aufs Eis, was für eine Wonne. Das reine Kinderglück. Niemand muß mich antreiben, es gibt nichts Schöneres als Eislaufen. In den Ferien vermisse ich es richtig. Wir sind an der Ostsee, ich gebe eine Vorstellung. Ich schlage Rad und springe und mache Drehungen in der Luft und freue mich, daß die Leute gucken. Unser Trainer hat mir gesagt, was ich in den Ferien machen muß, damit ich nicht aus der Übung komme. Ich soll Hausaufgaben machen fürs Eislaufen. Wem gucken schon Leute bei den Hausaufgaben zu. Ich glaube, ich bin ein eitles Kind. Meine Mutter hat mir blaue Strumpfhosen gekauft, ich will aber nur fleischfarbene. Ich nehme die blauen mit auf die Toilette, mit einer Nagelschere schneide ich ein Loch rein. Meine Mutter kauft nie mehr blaue Strumpfhosen. Ich bin acht und nicht mehr auf der Ernst-Thälmann-Oberschule. Ich gehe jetzt in die Kinder- und Jugendsportschule Karl-Marx-Stadt, Abteilung Eiskunstlauf. Wir sind nur zu sechst. Von der KJS werden wir mittags direkt mit einem Bus ins Eisstadion gefahren, zum Essen, und danach ist Training. Auch am Samstag. Sonntag ist frei, da gehe ich mit meiner Freundin Conny immer ins Café, das heißt »Am Gleisdreieck«, und wir essen riesige Portionen Eis.

Alles ist wunderbar, bis eines Tages Frau Loucky, die war inzwischen meine Trainerin, zu mir sagt: »Katarina, du kommst jetzt zu Frau Müller!«

Ich setze mich auf die Holzbank an der Bande, fange an zu weinen und höre nicht mehr auf.

Diese schöne, strenge Frau. Ich traute sie mich all die Monate nur aus den Augenwinkeln zu beobachten. Sie kann so böse sein. Selbst ihre Tochter Gabi, sie war bis dahin die beste in unserem Club, die war auch schon Weltmeisterin, sogar die brachte sie noch zum Heulen. Mein Vater merkt am Abend, daß mit mir etwas nicht stimmt. Ich erzähle ihm, daß ich Angst habe. Er sagt nur: »Du mußt es selbst wissen, du mußt dich entscheiden. Entweder du willst eislaufen und machst es richtig, oder du läßt es bleiben.«

Wenn richtigmachen Frau Müller heißt, dann werde ich halt nicht mehr weinen.

Ich bin jetzt neun, in der Schule sind wir nur noch zu viert in der Eiskunstlaufklasse. Bei der Spartakiade 1975 in Karl-Marx-Stadt gewinne ich in der »Norm III« die Goldmedaille. Es ist doch nicht so schlimm mit Frau Müller. Wenn ich elf bin, darf ich wahrscheinlich schon bei den DDR-Meisterschaften mitmachen. Nicht mehr in der »Norm III«, sondern in der Meisterklasse. Frau Müller sagt das, aber ich müßte mich auch ein wenig mehr konzentrieren und dürfte nicht mehr soviel Blödsinn im Kopf haben.

*

Bezirksverwaltung für Staatssicherheit Karl-Marx-Stadt Abteilung XX/AG Sport

Karl-Marx-Stadt, 2. 12. 1976
Kel/Pr

Auskunftsbericht

1. Personalangaben zum Reisekader bzw. Nachwuchssportler

Name: Witt
Vorname: Katarina

Sportart: Eiskunstlauf
Sportclub: SC Karl-Marx-Stadt

Beruf: ohne
Familienstand: ledig
Kinder: ohne

2. Keine Personalien der Verwandten 1. Grades

3. Persönliche Entwicklung des Reisekaders:

Die W. entstammt einer Angestelltenfamilie. Sie wurde am 1.9.72 in die Ernst-Thälmann-Oberschule in Karl-Marx-Stadt eingeschult. Auf Grund ihrer guten sportlichen Entwicklung wurde sie 1974 an die Kinder- und Jugendsportschule Karl-Marx-Stadt delegiert. Sie erreichte bisher in allen Fächern sehr gute Leistungen. Sie ist eine Schülerin, welche schnell auffaßt und das Wesentliche erkennt. Sie ist immer bestrebt, Bestleistungen zu bringen. Ihren Mitschülern sowie den Lehrern tritt sie immer anständig und höflich gegenüber, wobei sie gute Umgangsformen an den Tag legt. Ihr Zensurendurchschnitt liegt bei 1,1.

3.1 Familienverhältnisse:

Die W. wohnt bei ihren Eltern. Zu diesen hat sie ein sehr gutes Verhältnis.

Ihr Vater ist als Betriebsleiter im VEB Saat- und Pflanzgut Karl-Marx-Stadt tätig. Von ihm ist bekannt, daß er diese Tätigkeit gern ausübt und seinen Beruf liebt.... Die politische Haltung des W. ist eindeutig positiv. Er gehört der SED an.

Ihre Mutter arbeitet im Klinikum Küchwald... Parteilich ist die W. nicht organisiert. Ihre politische Grundhaltung ist aber ebenso einwandfrei wie die ihres Ehemannes... Bisher ist die W. in politischer Hinsicht in keiner Weise negativ aufgefallen.

3.2. Charaktereigenschaften:
Ihr politisch-ideologischer Reifegrad ist entsprechend altersspezifischer Bedingungen gut ausgeprägt. Dabei kann man erkennen, daß sie vom Elternhaus in positivem Sinne erzogen wird. Sie gehört dem Pionierverband an und ist dort als stellvertretende Gruppenratsvorsitzende eingesetzt. An der Erfüllung ihres Pionierauftrags arbeitet sie eifrig... Ihre Disziplin ist im allgemeinen gut, jedoch neigt sie aufgrund ihrer Lebhaftigkeit manchmal zu Verhaltensweisen, die gezügelt werden müssen.
4. Einschätzung der sportlichen Entwicklung und Perspektiven:
Mit dem aktiven Eiskunstlaufsport begann die W. im Jahre 1971. 1975 gelang ihr ein großer Leistungssprung. Dadurch gelang es ihr auch, bei der Zentralen Kinder- und Jugendspartakiade 1975 die Goldmedaille in der Norm 3 zu erreichen. Ihre Trainingseinstellung und ihre guten Voraussetzungen lassen hoffen, daß sie eine gute Läuferin wird.
5. Bindung des Reisekaders an die DDR:
Die W. hat ein sehr gutes Verhältnis zu ihren Eltern. Die Eltern unterstützen die W. in jeder Beziehung bei der Durchführung des Leistungssports. Die Verbindung zwischen Elternhaus, Trainer und Schule wird mit gut eingeschätzt. Sie hat in unserer Republik eine gesicherte sportliche und berufliche Perspektive.
6. Operativ relevante Fakten zur Person des Reisekaders:
6.1. Parteizugehörigkeit:
Die W. gehört auf Grund ihres Alters keiner Partei an. Organisiert ist sie lediglich in der Pionierorganisation und dem DTSB.
6.2. Vorstrafen:
entfällt.
6.3. Westverwandtschaft:
6.4.–8.9. entfällt
9. Einschätzung des bisherigen Verhaltens im Ausland:
Die W. weilte bisher noch nicht im kapitalistischen Ausland.
10. Ablehnung oder Bestätigung des Reisekaders:
Unsererseits wird die W. für Reisen im kapitalistischen Ausland bestätigt.

K., Oberleutnant
bestätigt: Leiter der Abteilung XX
E., Major
Karl-Marx-Stadt, 2. 12. 1976

*

Am 3. Dezember 1976, an meinem elften Geburtstag, bekomme ich ein paar neue Schlittschuhe. Eigentlich hatte ich mir eine Puppenstube gewünscht. Aber wann spiele ich schon noch mit meinen Puppen. Zur Schule und zum Eislaufen kommt auch noch, daß ich bei den Jungpionieren bin, Kassiererin, ich muß die Mitgliedsbeiträge einsammeln und die Beitragsmarken einkleben. Wenn wir unsere Treffen haben, tragen wir alle blaue Halstücher. Bei den Thälmann-Pionieren sind die Halstücher rot. Mit der Schule ist das jetzt ganz prima. Ich habe einen Lehrer ganz für mich alleine. Weil ich schon ganz gut bin auf dem Eis, darf ich immer wieder zu Wettkämpfen reisen, weil ich so viel unterwegs bin, brauche ich nicht mehr mit den anderen in eine Klasse gehen. Ich muß aber auch nicht mehr jeden Tag hin, nur im Frühjahr, da habe ich bis zu fünfunddreißig Stunden Unterricht pro Woche. Aber ab Herbst nur mehr am Montag, Mittwoch und Freitag. Es kann aber auch passieren, daß ich im Oktober sage: »Also, tschüs bis zum Frühjahr.« Ich bekomme dann allerdings ganze Bände von Hausaufgaben mit über den Winter, und die muß ich auch machen, denn geschenkt wird mir nichts. Am liebsten mache ich Mathematik, das ist mein absolutes Lieblingsfach. Danach kommen Sprachen, Englisch und Russisch. Aber auch mit den anderen Fächern habe ich keine Probleme, ich bin zwar eine meist abwesende, aber auch eine gute Schülerin. Bei den DDR-Meisterschaften werde ich beim ersten Start gleich Zehnte.

Eiskunstlauf wäre die schönste Sportart der Welt, wenn wir immer nur aufs Eis dürften. Aber wir müssen auch Gymnastik machen, Muskeltraining und Waldläufe. Die sind am schlimmsten, vor allem langweilig. An den schönsten Sommertagen hecheln wir durch die Gegend, und wenn wir wieder zum Ausgangspunkt zurückkommen, steht da Frau Peterwitz, unsere Konditionstrainerin, in kurzen Hosen, die Bluse überm Bauch zusammengebunden, und sagt lächelnd: »Und jetzt noch eine Runde!«

Ein paarmal haben wir das gemacht, aber dann sage ich zu den anderen Kindern, daß das doch zu blöd ist. Ich laufe in den Wald hinein und nach zweihundert Metern wieder raus, die anderen hinter mir her. Da ist ein Bäcker, bei dem kaufen wir uns Streuselkuchen, den essen wir in aller Ruhe. Dann geht's zurück in den Wald. Ich weiß eine Abkürzung, die gehen wir ganz langsam. Und dann, vor der letzten Biegung, bevor Frau Peterwitz uns sehen kann, kommt der große Trick. Ich habe eine Tube Finnalgon dabei, damit reibt man sich ein, wenn man eine Verletzung hat, das macht unheimlich warm. Wir schmieren uns ein bißchen was davon ins Gesicht. Es klappt wirklich, die Backen werden rot, und kleine Schweißperlen laufen übers Gesicht. Dann rennen wir alle los, ich als Vorletzte, weil ich nie die Schnellste war, und tun so, als würden wir uns alle furchtbar anstrengen für einen Endspurt. Nur, damit wir ganz schnell atmen müssen. So wie wir aussehen, mit glühenden Gesichtern und verschwitzt, ist die ahnungslose Frau Peterwitz mit uns zufrieden.

Jetzt sind auch die Waldläufe nicht mehr so schlimm. Manchmal läuft Frau Peterwitz allerdings mit uns mit. Und beim erstenmal rutscht es mir raus: Verdammt, heute keinen Streuselkuchen. Die anderen Mädchen haben gelacht, und Frau Peterwitz wußte nicht, warum. Sie konnte das überhaupt nicht verstehen.

*

Ergänzungseinschätzung zur Grundeinschätzung, Juli 78:
Katarinas Entwicklung verlief in den letzten zwei Jahren unterschiedlich.

Während sie in der Saison 1976/77 eine kontinuierliche Weiterentwicklung mit der Erfüllung und Überfüllung der Zielstellung hatte, konnte sie in der Saison 77/78 ihre begonnene positive Leistungsentwicklung nicht – wie geplant – fortsetzen und auch ihre Zielstellung nicht voll erfüllen.

Die Hauptursachen liegen hierfür vor allem im nicht ausreichend auf ihre leistungssportliche Entwicklung konzentrierten Gesamtverhalten im Erziehungs- und Ausbildungsprozeß begründet.

Im Gesamtverhalten ist Katarina noch zu labil und nicht willensstark genug, um ihre guten geistigen und körperlichen Voraussetzungen voll auf die kontinuierliche Leistungsentwicklung zu nutzen. Besonders im vergangenen Wettkampfjahr ließ sie oft Willensstärke und Risikobereitschaft im Training und Wettkampf vermissen.

Katarina ist Schülerin der 6. Klasse. Sie erzielt gute bis sehr gute Lernergebnisse, ohne jedoch auch hier ihre Fähigkeiten voll auszuschöpfen.

Im Ergebnis des einheitlich gestalteten Prozesses der kommunistischen Erziehung wurden in der Persönlichkeitsentwicklung von Katarina weitere Erfolge erreicht.

Es gibt in der Entwicklung der Sportlerin Witt keine weiteren Probleme mehr.

Unterzeichnet: Cheftrainerin, Trainerin, Klassenlehrer.

Das Sekretariat des SC KMSt bestätigt die Einschätzung und spricht der Sportfreundin Witt das Vertrauen aus.

Gegen einen eventuellen Start im kap. Ausland – der BRD und Westberlin – gibt es keine Bedenken.

Unterzeichnet: Vorsitzender des SCK, Stell. Vorsitzender Allseitige Ausbildung, Direktor der KJS.

*

Zum erstenmal darf ich ins Ausland mit. Frau Müller sagt, wir müssen vorher noch Schuhe kaufen. Meine Mutter hat zwar einen guten Geschmack, aber sie meint, ich soll ruhig mit Frau Müller einkaufen gehen, die weiß, was man im Ausland trägt, die wird schon das Richtige aussuchen. Das Richtige ist offenbar auch das Teuerste. Wir sind ins Zentrum Warenhaus gegangen, und ich sollte ein paar Stiefel und ein paar Halbschuhe kaufen. Die waren von Salamander, die Stiefel haben 175 Mark gekostet, die Halbschuhe 125. Das ist viel Geld, meine Mutter hätte sich solche

Schuhe nie geleistet. Die mußt du haben, sagte Frau Müller, und wir haben die zwei Paare zurücklegen lassen. Am nächsten Tag bin ich mit meiner Mutter ins Kaufhaus, die hat die Schuhe dann bezahlt.

Ich hab' mir gedacht, daß ich das nie vergessen werde und ihr auch was kaufe, wenn ich mal Geld habe.

Mit den teuren Schuhen bin ich dann nach Wien gefahren, da hat mich eine Frau in der Straßenbahn angelacht und hat gesagt: »Du hast aber eine schöne weiße Jacke an, du siehst ja aus wie ein Schneeflöckchen.« Ich wurde ganz rot, und die Frau dachte bestimmt, aus lauter Stolz über das Kompliment und die schöne Jacke. Sie konnte ja nicht wissen, daß ich nur verlegen war, weil die Jacke gar nicht mir gehörte, sondern daß die früher Anett Pötzsch getragen hat. Frau Müller hat immer alles aufgehoben, und die Kleider werden von einem Kind zum nächsten weitergegeben. Einmal muß ich bei einem Schaulaufen ein Kostüm von Anett tragen, das ist so ein kurzes Röckchen aus lauter Federn. Ich bin sauer und denke mir: Euch werd' ich's zeigen, immer muß ich die alten Sachen tragen, obwohl ich doch schon fast besser bin als die Anett. Ich werde jetzt einfach jeden Sprung dreifach machen. Fünfmal sitze ich auf dem Hintern und habe nur noch zwei Gedanken: Nichts wie raus hier. Und: Wenn ich mich jetzt noch mal aufs Eis lege, ist das Röckchen endgültig hin.

Überhaupt, diese Anett. Ich mag sie nicht leiden, sie ist immer vor mir. Ich denke, daß ich viel flotter bin als sie. Aber sie wird immer Erste. Allerdings komme ich ihr schon näher. Bei meiner zweiten DDR-Meisterschaft werde ich schon Vierte. Bei der dritten sind nur noch die Weißenberg und die Anett vor mir, ich darf auch mit nach Zagreb zu den Europameisterschaften. Ich werde Vierzehnte – und Anett wieder Erste. Ich denke manchmal: Die schaffe ich nie. Und dann habe ich im Training keine Lust. Frau Müller schreit mich so zusammen, daß ich nur noch heulen kann, in der Kabine beim Anziehen, auf dem Heimweg. Weinend komme ich zu Hause an. Unter Tränen und Schluchzen erzähle ich, daß ich das alles nicht mehr aushalte, das harte Training, die Ungerechtigkeit von Frau Müller und ihre Schimpfereien.

Mein Vater zieht eine Jacke an und schlägt die Tür hinter sich zu. Nach einer Stunde kommt er wieder, nimmt mich in den Arm und streichelt mich. »Ich war jetzt bei Frau Müller und habe ihr gesagt: Die Witts haben sich eben vom Eiskunstlauf verabschiedet.« Da habe ich mir wieder was eingerührt. So ernst war das nicht gemeint. Ich konnte doch nicht wissen, daß mein Vater gleich so wütend wird. Ich verschwinde ganz schnell in mein Zimmer, packe meine Trainingstasche für morgen und ziehe mir die Decke über den Kopf. Ich kann mich doch jetzt nicht vom Eislaufen verabschieden, wo ich schon so nahe an der Anett dran bin.

Zum erstenmal darf ich mit zu Weltmeisterschaften, und so nahe bin ich vielleicht doch noch nicht dran an ihr. Ich werde Zehnte, Anett gewinnt. Sie wurde vorher schon Europameisterin, ich bin zwölf Plätze hinter ihr.

Mir geht das viel zu langsam, vielleicht muß ich doch noch mehr trainieren und darf auch bei den Waldläufen nicht mehr schummeln. Ich habe das Gefühl, daß ich wirklich nicht viel schlechter bin als die Anett. Ich kann jetzt auch schon Dreifach-Sprünge, habe auf dem Eis einen ganz anderen Schwung als sie. Frau Müller lobt mich jetzt viel öfter, ich lächle dann die Anett ganz süß an. Ich glaube, die kocht innerlich. Wenn sie mal stürzt, lachen wir jüngeren Mädchen laut los. Letztes Jahr hätten wir uns das noch nicht getraut.

*

Aktennotiz Witt:
Auf Grund des jungen Alters von 14 Jahren ist eine Charakterisierung der Persönlichkeitsentwicklung sehr schwierig.

Durch die im letzten Jahr begonnene öffentliche Aufwertung der Person Katarinas durch Trainerin und auch Vorsitzenden neigt sie zu Überheblichkeitserscheinungen, was speziell in ihrer Konkurrenz gegenüber der Pötzsch zum Ausdruck kommt. Diese Entwicklung wurde maßgeblich durch die Trainerin Müller forciert, die, da mit Anett oft Schwierigkeiten, z. Z. Katarina mehr gelobt hat als notwendig.

Dadurch hat sich bei Katarina eine Tendenz der maßlosen

Überheblichkeit entwickelt, welche darin mündet, daß sie offen zum Ausdruck bringt, schon jetzt besser zu sein als die Pötzsch.

Diese negative Entwicklung wird aber wahrscheinlich auch durch die Eltern negativ beeinflußt, da er schon mehrmals – der Vater – dem Club die Pistole auf die Brust gesetzt hat. So soll er – Gen. Gensel – dem Vorsitzenden schon mehrmals gesagt haben, *daß er Katarina vom Eis nehmen will, da die Entwicklung ihm zu langsam erscheine.*

Auch jetzt, als familiär durch die Mietwohnungsteilung der Mutter eine Situation heraufbeschworen wurde – 2½ Zimmer mit 3 Erwachsenen und 2 Kindern –, forderte der Vater den Club auf, ihm bei der Beschaffung einer größeren Wohnung behilflich zu sein, da er sonst seine Tochter aus dem Eis nimmt.

Diese Verhaltenserscheinungen speziell des Vaters werden jetzt schon durch Katarina übernommen.

Ich könnte mir vorstellen, daß Katarina noch in der Zukunft schwieriger zu steuern sein wird als jetzt die Pötzsch. Auch Tendenzen des bewußt Zur-Schau-Stellens ihrer sich entwickelnden Weiblichkeitsformen wurden beobachtet, speziell in Oberhof und beim Empfang durch den OB. Dort nahm sie jede Gelegenheit wahr, um die Jungen auf sich aufmerksam zu machen.

Die Trainer schätzen ein, daß Katarina in ein paar Jahren schon äußerlich eine Frau sein wird. Katarina ist jetzt Schülerin der 7./8. Klasse. Ein konkreter Berufswunsch ist noch nicht entwickelt.

Sie gibt sich im Umgang mit Erwachsenen sehr selbstsicher, was auch im Umgang mit Sportlern – älteren wie jüngeren – zu verzeichnen ist. In der Kabine der Mädchen versucht sie speziell die jüngeren Mädchen auf ihre Seite zu ziehen und oftmals gegen Anett zu beeinflussen.

Kontakte in der Nationalmannschaft unterhält sie zu allen Mädchen und Jungen.

»Kind«, sagt Frau Müller, »du darfst nicht so viel essen.« Sie behauptet, ich könnte viel schöner springen, wenn ich ein bißchen leichter wäre. Jeden Tag, wenn ich zum Training komme, muß ich auf die Waage. Und wenn ich ein paar Gramm mehr habe als am Tag zuvor, gibt es ein Donnerwetter. Mir gefällt das eigentlich ganz gut, daß ich nicht mehr so eckig bin. Beim Mittagessen im Eisstadion kontrolliert Frau Müller, daß ich ja nicht zuviel auf den Teller bekomme. Auf der einen Seite behandelt sie mich jetzt sehr freundlich, weil die Anett aufgehört hat und ich DDR-Meisterin geworden bin. Aber ich bekomme auch alle Unzufriedenheit zu spüren, die sie noch ein paar Monate vorher an Anett ausgelassen hat.

Mit dem dreifachen Flip rückwärts macht sie mich fast verrückt. Ich denke, das Training ist schon zu Ende, da sagt sie: »Also jetzt den Flip, dreifach, rückwärts – und stehen, bitte!« Ich bin müde, ich habe keine Lust mehr und auch nicht mehr so viel Kraft in den Beinen. Das eigentliche Problem ist: Ich will mich endlich einmal gegen Frau Müller durchsetzen. »Können wir das nicht morgen machen?« frage ich. Aber sie sagt: »Du kommst hier nicht vom Eis, ehe du den gesprungen hast.« Das wollen wir doch mal sehen. Ich springe, aber nur zweifach. »Ich schaffe das jetzt nicht mehr.« Sie sagt: »Du bist nur zu faul.«

Ich laufe einfach über die Bahn und schimpfe vor mich hin. Frau Müller kann das nicht beeindrucken. Sie steht mit verschränkten Armen an der Bande, dort wo man sie aufmachen und rausgehen kann. Ich denke: Du kommst an der nicht vorbei. Ich springe wieder. Aber ich habe nicht nur keine Lust und keine Kraft mehr, ich habe jetzt auch Angst. Ich weiß, daß ich den Sprung nicht stehen kann. Und nichts hasse ich so sehr wie Stürze. Ab und zu nehme ich wieder einen Anlauf, springe ab und drehe mich zweimal. Ich habe den Dreifachen jetzt auch im Kopf nicht mehr drauf, ich will ihn einfach nicht mehr machen. Ich habe das Gefühl, wir machen jetzt schon eine Stunde an diesem Flip rum. Die anderen sind schon längst geduscht und beim Essen. Frau Müller macht das offenbar nichts aus. Sie steht wie eine Statue an der Bande, sie verzieht keine Miene. Es ärgert mich, daß ich an ihrem Gesicht noch nicht einmal erkennen kann, ob sie wütend ist. Eigentlich müßte es für sie ja auch eine Strafe sein, daß sie wegen mir Überstunden macht.

Es hilft nichts, denke ich. Ich laufe an, merke schon, daß ich den

Absprung nicht richtig erwische, aber ich drehe mich dreimal und lande auf dem Hintern. Ich bleibe erst mal liegen, damit sie einen Schreck bekommt und denkt, ich hätte mich verletzt. Als ich dann endlich hochkomme, sehe ich keine Frau Müller mehr. Die ist weg, einfach gegangen.

In der Kabine lächelt sie mich an und sagt: »Siehst du, es geht doch. Das machen wir morgen gleich wieder.«

Ich schaffe den Sprung gleich beim erstenmal. Das hätte ich auch gestern gekonnt, wenn ich nur gewollt hätte.

*

Abteilung XX/AG Sport Karl-Marx-Stadt, 7. 9. 1981
Ergänzungsbericht:

Witt, Katarina

3.1. Schulische, berufliche und militärische Entwicklung:
Die Witt ist Schülerin der KJS. Aufgrund der hohen Trainingsbelastung ist sie trotzdem bemüht, in der Schule gute Leistungen zu erreichen. Bei der Erledigung der schulischen Aufgaben ist sie sehr ehrgeizig.
3.2. Einschätzung der politischen Entwicklung und Zuverlässigkeit:
Sie verfügt über ein ihrem Alter entsprechendes gutes politisches Grundwissen und ist aktuell politisch interessiert. An den Sportlerschulungen und FDJ-Veranstaltungen beteiligt sie sich aktiv und erfüllt die ihr übertragenen Aufgaben zuverlässig. Negativ ist die Witt in politischer Hinsicht noch nicht aufgefallen.
3.4. Sportliche Entwicklung und Perspektive des Reisekaders:
Die sportliche Entwicklung ist bei der Witt voll gegeben. Offiziell wie auch inoffiziell wird eingeschätzt, daß sie in den nächsten Jahren in der Lage ist, Weltspitzenleistungen zu erreichen.
4. Bindungen an die DDR:
Als Bindung an die DDR kann man bei der Witt ihr sehr enges und herzliches Verhältnis zu den Eltern und dem Bruder betrachten. Sie wurde politisch positiv erzogen und tritt auch selbst in dieser

Hinsicht auf. Ihre sportliche und berufliche Perspektive ist abgesichert.
7. Einschätzung des bisherigen Verhaltens im Ausland:
Die Witt verhielt sich bei Reisen in das Ausland immer entsprechend den Weisungen der Mannschaftsleitung.
8. Ablehnung oder Bestätigung als Reisekader:
Unsererseits wird die Witt weiterhin für Reisen in das NSW bestätigt.
Leiter der Abteilung
E., Oberstleutnant K., Hauptmann

*

Mit der Schule ist jetzt gar nicht mehr viel. Vom Herbst ab bin ich nur auf Reisen. Lehrgänge, Schaulaufen, Wettkämpfe. Aber das ist ganz gut so, bei uns zu Hause ist es eng geworden, die Oma ist bei uns eingezogen. Deswegen sind wohl alle nicht so traurig, wenn ich immer meine Koffer packe. Die Lehrgänge sind anstrengend, aber trotzdem manchmal ganz lustig, besonders wenn es uns gelingt, Frau Müller hinters Licht zu führen. Wenn sie am Abend ihre Runde gemacht und kontrolliert hat, ob auch alle brav in ihren Betten liegen, gibt's ab und zu noch eine Party mit den Jungs.

In Berlin geht das gründlich schief. Wir haben noch bis nach Mitternacht gefeiert, Frau Müller hat offenbar nichts gemerkt, denn am Morgen ist sie ganz freundlich. Bis ich auf die Waage steige. Das ist eine mit einem dünnen, langen Zeiger, der zittert erst um den Strich bei 50 Kilo rum, und ich ahne schon, daß er weiter rechts stehenbleiben wird als gestern. Tatsächlich. Ich habe über Nacht ein ganzes Kilo zugenommen.

Bis vor kurzem haben wir noch mit einem Trick gearbeitet. Eine Bank stand direkt neben der Waage, ich habe mit Frau Müller geplaudert, so daß sie abgelenkt war. Und dabei habe ich mich an der Bank ein wenig abgestützt. Das brachte immer mindestens ein Kilo, ich mußte nur aufpassen, daß ich nicht zu leicht wurde. Aber der Trick funktioniert nicht mehr, Frau Müller kann man auf Dauer nichts vormachen. Sie hat das natürlich nach einiger Zeit gemerkt, und seitdem darf nur mehr sie selbst in der Nähe der Waage stehen. Die Bank ist weg.

Diesmal ist alles zu spät. Ein Kilo in einer Nacht.

Aber Frau Müller sagt überhaupt nichts, sie bekommt nur ganz böse kleine Augen, schaut mich kurz an und rennt zur Tür raus. Ich habe keine Ahnung, was sie macht. Aber bestimmt passiert gleich etwas Furchtbares. Ich könnte sagen, daß ich soviel Durst hatte und in der Nacht ein paarmal aufgestanden bin und Wasser getrunken habe. Ob sie mir das glaubt?

Wir sollen alle in mein Zimmer kommen, heißt es nach einer Weile. Ich schleiche hin, voller Angst – und ich sehe sofort: Der Papierkorb! Wie kann man nur so doof sein? Ich habe vergessen, den Papierkorb auszuleeren.

Frau Müller hat Papier und Tüten in der Hand, da waren mal Salzstangen, Chips, Schokolade drin. Wenn ich mich jetzt rausrede und sage, daß ich das nicht alleine gegessen habe, daß meine Freundin Kerstin und noch ein paar Jungs mit auf dem Zimmer waren, wird alles nur noch schlimmer. Es reicht auch so. Vor versammelter Mannschaft donnert sie: »Du gehst jetzt und packst deine Sachen. Für dich ist der Lehrgang zu Ende.«

Zwei Stunden später sitze ich schon im Zug von Berlin nach Karl-Marx-Stadt. Unterwegs kaufe ich mir zwei Kuchen und eine Tafel Schokolade und überlege mir, ob ich meinen Vater aufhetzen soll. Ich bin doch noch ein halbes Kind, die kann mich doch nicht mutterseelenallein nach Hause schicken, es könnte ja sonstnochwas passieren. Aber das wird wohl nichts bringen. Eines tröstet mich: So schlau, wie sie denkt, ist sie doch nicht, die Frau Müller. Die zwei leeren Flaschen Rotkäppchen-Sekt im Bettkasten hat sie nämlich nicht gefunden. Na, da wäre erst was geboten gewesen.

*

XX Sport
IMS C. P.
Information zu den Auseinandersetzungen zwischen der Spitzentrainerin Müller und der Spitzenläuferin Witt.

... kam es jedoch wiederum zu einem Vorfall im Verlaufe eines Lehrgangs in Berlin. Ursache hierfür war eine plötzliche Gewichtszunahme der W., innerhalb von 24 Std., um 800 gr.

Die M. erfährt, daß die W. am Abend zuvor mit weiteren Sportlern diverse Sachen (Ananas etc.) gegessen hat, obwohl entsprechende Diät vorgeschrieben war. In der darauffolgenden Auseinandersetzung schickt die M. die W. zurück nach KMSt.

*

Manchmal denke ich mir, daß die Frau Müller wirklich nicht so streng sein müßte. Bei mir geht es systematisch aufwärts. Jahr für Jahr. Seit die Anett weg ist, kann mich in der DDR keine mehr schlagen. Ich werde zweimal Fünfte, bei der Welt- und bei der Europameisterschaft. Ein Jahr später bin ich schon Vize-Welt- und Europameisterin. Und im nächsten Jahr stehe ich ganz oben. Das kann gar nicht anders sein.

Natürlich habe ich recht. Ein paar Wochen nach meinem 17. Geburtstag werde ich in Dortmund Europameisterin. Es ist mein erster Auftritt bei einem Wettbewerb in der BRD, eine ganz komische Veranstaltung. Bevor wir losfahren, hält uns ein Mann vom Eiskunstlaufverband wie immer vor Auslandsreisen einen Vortrag über das richtige Verhalten bei Reisen zum Klassenfeind. Und ganz wichtig: Meine Konkurrentin Claudia Leistner wird von einem Republikflüchtling namens Zöller trainiert, den sollen wir behandeln wie Luft. Wie das geht, hat Jan Hoffmann vorgemacht, ein früherer Schüler von Frau Müller, Weltmeister. Der ist bei Wettkämpfen dem Zöller begegnet, hat ihm direkt ins Gesicht gelächelt und hat laut vor sich hingesungen: »Luft, Luft, Luft ...« So wurde uns die Geschichte jedenfalls erzählt. Wie Zöller reagiert hat, haben wir nicht erfahren. Wahrscheinlich hat er Jan für verrückt gehalten.

Peinlich wurde es beim Abschlußbankett. Da kommt plötzlich der Norbert Schramm an den Tisch, er ist bei den Männern Europameister geworden, und sagt, wir müßten zusammen einen Walzer tanzen. »Ich kann keinen Walzer« sage ich. Er meint, wir sollten das schnell üben. Ich denke mir nichts und gehe mit ihm ins

Foyer. Nach zwei Minuten kommt unser Delegationsleiter Jochen Grünwald und holt mich zurück. Aber er ist damit einverstanden, daß ich mit Schramm tanze. Beim Walzer trete ich dem Europameister dauernd auf die Füße. Er hat es auch verdient. Aber das stellt sich erst am nächsten Tag raus.

Wir sitzen im Bus, Frau Müller nimmt die Zeitung und liest vor. Da steht eine Geschichte über die Love-Story der Europameisterschaft. Katarina Witt ist die große Liebe von Norbert Schramm, und das wäre wohl auch nicht ganz aussichtslos. Katarina Witt sei von Schramm ganz begeistert. Aber: »Schade nur«, erzählte er angeblich der Reporterin, »daß sie aus der DDR kommt.« Doch in Helsinki, bei den Weltmeisterschaften, habe man ja wieder Zeit füreinander. Typisch für diese Schmutz- und Schundblätter im Westen, sagt Frau Müller. Sie haben auch berichtet, daß Anett Pötzsch nicht mehr starten kann, weil sie im Gefängnis sitzt. Der Grund: Angeblich wollte sie flüchten. Alles gelogen.

*

Abschrift:
Information zur EM im Eiskunstlauf in Dortmund:

...zu beachten ist jedoch, daß alle Sportler vor Beginn der Wettkämpfe bzw. des Trainings vom Veranstalter eine Tasche mit Gegenständen erhielten, wo u. a. für die Männer ein Schlips bzw. für die Frauen ein Tuch war, auf welchem der Bundesadler aufgedruckt worden ist. Diese Gegenstände wurden von seiten der Delegationsleitung gegen Unterschrift eingesammelt und weggeworfen.

Ebenfalls zu beachten ist, daß nach Beendigung der Wettkämpfe der Veranstalter Geschenke an die Aktiven verteilte. Hierbei handelte es sich um Goldmünzen aus verschiedenen Ländern der Welt.

Katarina Witt sowie das DDR-Paar Preußler/Ohlow erhielten hierbei eine Goldmünze aus Südafrika.

Von seiten der Delegationsleitung wurde dies nicht akzeptiert, die Münzen eingesammelt und dem Veranstalter zurückgegeben mit der Aufforderung, gleichwertige Geschenke zu überreichen.

Zum Problem Anett Pötzsch ist zu sagen, daß die Sportler erst nach Veröffentlichungen von diesem Fakt informiert wurden, um sie nicht zu belasten. Bereits einen Tag vor Veröffentlichung erfuhr die Delegationsleitung von den geplanten Veröffentlichungen über DDR-Journalisten, welche es von den NSW-Journalisten erfuhren. Sie informierten sich daraufhin sofort in Berlin, wo sie eine entsprechende Auskunft erhielten. Die DDR-Sportler wurden dahingehend instruiert, bei eventuellen Fragen zu erklären, daß die P. vor kurzem angerufen hätte und Baeß/Thierbach zum Europameister gratulierte.

gez. IM Ge., Karl-Marx-Stadt, 11. 02. 1983

*

Karl-Marx-Stadt, 18. 02. 1983

Bericht

... bei der Bewertung dieser Artikel äußerte sich die Witt gegenüber den Anwesenden im Bus sehr spontan. Sie brachte wörtlich zum Ausdruck, daß dies großer Blödsinn sei und was sich der Schramm eigentlich einbilde. Sie bezeichnete ihn als überheblich und affektiert und machte weitere abfällige Bemerkungen zu seinem Auftreten und Verhalten in der Öffentlichkeit bei der EM in Dortmund.

... zur Witt ist weiterhin zu sagen, daß sie sich ihres attraktiven Äußeren sehr bewußt ist und dies bei der EM durch BRD-Publikationsorgane sowie der »Eiskunstlaufwelt« durch entsprechende Aussagen unterstützt wurde. Ihr Verhalten gegenüber dem männlichen Geschlecht ist dementsprechend. Ihr gefällt es, wenn sich Männer um sie bemühen, sie flirtet gerne und betrachtet sich in keinster Weise als Mauerblümchen. Negative Verhaltensweisen traten jedoch in dieser Richtung nicht auf. Diese Koketterie ist meiner Ansicht nach altersbedingt und natürlich, weil sie aufgrund ihres Äußeren wiederholt im Mittelpunkt steht.

gez. S. S.

*

Abteilung XX Karl-Marx-Stadt, 18.02.1983
wei-schu

Information
zur Situation WITT – SCHRAMM (IMS Ge.)
... der IMS wurde instruiert, daß er die W. im Verlaufe der WM sowie der Schaulauftournee ständig unter Kontrolle hält und auf die W. Einfluß ausübt, daß sie persönlich keine Aktivitäten unternimmt, um einen engen Kontakt zu dem Schramm herzustellen.

... im Verlaufe des kurzen Gespräches des IMS mit der W. äußerte sie weiterhin, daß ihr Vater ebenfalls eine Aussprache mit ihr geführt hat, wo er u. a. erklärte, »daß, wenn sie schon mit jemanden ins Bett geht, dann mit einem Bürger aus der DDR«.

gez. W., Leutnant

*

Mein Vater, er wußte ja nicht, wie recht er behalten soll.

Ich habe mir den Mann, den »Bürger der DDR«, schon ausgesucht. Er ist auch Eiskunstläufer. Es ist nicht so, daß ich wahnsinnig in ihn verliebt wäre. Er ist mein Jungmädchenschwarm, und er gefällt mir von allen am besten. Freundinnen tuscheln über Sex, ich habe das Gefühl, ich bin schon spät dran. Ich habe gerade ein wenig Erfahrung im Küssen, Torsten hieß der erste, ein großes Erlebnis war es nicht. Ich denke, es ist an der Zeit. Ich muß das selbst in die Hand nehmen, nicht warten, bis irgendeiner kommt und mich verführen will. Der, den ich will, ist bestimmt der Richtige, er mag mich auch. Er ist zwar verheiratet, aber es soll ja nicht für ewig sein, ich will ihn ja nicht ausschließlich für mich. Ich habe Vertrauen zu ihm, es gefällt mir, wie gut er seine Frau behandelt. Ich muß nur aufpassen, daß niemand was merkt. Ich denke, daß er sonst Schwierigkeiten bekommt. Ich wahrscheinlich auch.

Das Leben könnte nicht schöner sein als im Augenblick, wenn ich nicht so leichtsinnig gewesen wäre. Nach der Europameisterschaft habe ich gedacht, es geht nur noch aufwärts. Das hat leider nicht ganz gestimmt. Bei der Weltmeisterschaft hätte ich eigentlich gewinnen müssen, aber die Amerikanerin Sumners, sogar die Leistner und Wodoressowa, die ich in Dortmund noch geschlagen hatte, waren vor mir. In der Pflicht habe ich alles verbockt, war so schlecht wie schon lange nicht mehr. Da half auch die Kür nichts mehr. Ich wurde nur Vierte.

*

Karl-Marx-Stadt, 25. 03. 1983
Bericht
Der GMS Ne. informierte über seinen Einsatz zur WM im Eiskunstlauf, die vom 7. bis 13. 3. 1983 in Finnland/Helsinki stattfand. Der Schramm selbst hielt sich zurück, und nach meinen Feststellungen gab es zwischen ihm und der Witt keine Berührungspunkte, wo man einschätzen könnte, daß sich persönliche Beziehungen entwikkelt haben ... In einem Gespräch zwischen GMS und dem Trainer von Schramm, Zeller, bekundete dieser, daß man die Veröffentlichungen in der BRD-Presse zu Schramm – Witt nicht ernst nehmen könne. Er gab zu verstehen, daß diese Leute Geld verdienen müßten und nur das geschrieben wird, was den Redaktionen genehm ist.

Die Trainerin Müller hat zum Abschlußbankett der WM mit der Journalistin Corinna Halke ein Gespräch geführt, in dem nach Aussage der Müller die Halke geäußert haben soll, daß sie ihre Veröffentlichung in der »Bild«-Zeitung übertrieben habe bzw. bewußt so dargestellt habe. Als Gründe habe sie angegeben, daß sie nur dann veröffentlichen kann, wenn eine spektakuläre Aussage getroffen wird.

Der GMS hat selbst festgestellt, daß die Halke nach dieser Fragestellung sehr verlegen war. Bei der Halke handelt es sich um eine ehemalige Eiskunst-Paarläuferin, die ihre ersten journalistischen Schritte unternimmt.

gez. U., Major

*

Frau Müller ist über den vierten Platz so enttäuscht, daß sie mir verboten hat, am Abschlußbankett teilzunehmen. Sie will auch, daß wir von Helsinki aus gleich nach Hause zurückfahren und nicht mehr an der Schaulauftournee teilnehmen. Erst unser Delegationsleiter Grünwald kann sie umstimmen. Mir ist der Spaß am Eis für 'ne Weile vergangen. Das macht es nur noch schlimmer. Wo ich gehe und stehe, was ich mache – Frau Müller meckert nur an mir rum.

*

Karl-Marx-Stadt, 14. 4. 1983

Bericht
Die Eiskunstläufer des Sportclubs KMStadt kamen am 13. 4. 1983 gegen 17.10 Uhr mit dem D-Zug München – Karl-Marx-Stadt – Görlitz auf dem Hauptbahnhof KMStadt geschlossen an... Nach den ersten Gesprächen gibt es keine Hinweise, daß es bei dieser Schaulauftournee Vorkommnisse gegeben hat. Das bezieht sich auf Provokationen zu unseren Aktiven und Disziplinverstößen der Aktiven des SCK.

gez. S. S.

*

Die ganze Reise war schon ziemlich deprimierend. Bis auf eine Nacht. In Paris. Es war alles so, wie ich es mir vorgenommen hatte.

Wir kommen wieder nach Karl-Marx-Stadt, und ich denke, ich kann mich jetzt erst einmal erholen. Aber Frau Müller setzt durch, daß ich sofort in die Schule muß und jede Woche achtundzwanzig Stunden Unterricht bekomme. Beim Training spielt sie verrückt. Sie macht mich jeden Tag rund, weil ich nicht abnehme. Im Gegenteil. Sie sagt, ich hätte Disco-Verbot. Wenn ich mich mal nicht dran halte, weiß sie es am nächsten Morgen schon. Sie behandelt mich immer noch wie ein Kleinkind. Daß ich meinen ersten Mann habe, davon ahnt sie nichts. Wir können uns nur heimlich treffen, und das ist schwierig geworden. Ich habe das zuerst gar nicht gemerkt, daß mich jetzt viele Menschen kennen. Bis ich eines Tages zum Schwimmen gehe, an den FKK-Strand. Ich liege wohlig in der Sonne, da kommt ein junger Mann vorbei, stutzt, bleibt stehen und sagt: »Sie sind doch die Katarina Witt. Das ist aber schön, daß ich Sie einmal persönlich kennenlerne« – und er sieht mir dabei nicht ein einziges Mal ins Gesicht.

Jetzt weiß ich, daß ich mich mit meinem Freund in der Öffentlichkeit nicht sehen lassen kann. Frau Müller würde das sofort erfahren. Ich mag mir gar nicht ausmalen, was passieren würde, wenn sie es wüßte.

Es ist so schon schlimm genug. »Wenn du nicht dünner wirst und wenn du dich nicht mehr anstrengst, kannst du die Olympischen Spiele vergessen«, sagt sie fast täglich. Im September findet ein Schaulaufen in Wien statt. Ich muß zu Hause bleiben. »So fett und so schlecht, wie du bist, kann man dich nirgendwo vorzeigen«, sagt sie. Es ist nicht gerade so, daß mich das motiviert. Ich tue im Training wirklich nur das Nötigste. Es ist wahrscheinlich zu wenig. Frau Müller wird immer verbiesterter. Einmal bekomme ich sogar eine Ohrfeige. Hinterher sagt sie, sie hätte gedacht, ich wollte sie angreifen. Ich habe aber nur die Hände gehoben, um mich zu schützen, weil ich sah, wie sie ausholte.

Daß ich sie angreifen wollte, glaubt ihr kein Mensch.

*

M. F.
Abteilung XX — Karl-Marx-Stadt, 12. 10. 1983
XX/Sport/wei-wy/

Information
zu Witt, Katarina und Müller, Jutta
Der IMS informierte, daß die Müller, Jutta zur Olympiaberufung in Reinsberg (8. 10.–9. 10. 1983) den Gen. Ewald (Präsident des DTSB der DDR) um Abberufung aus ihrer Funktion gebeten hat. Der Grund hierfür war, daß sie nicht mehr in der Lage ist, mit ihrer Sportlerin Katarina Witt den Leistungsauftrag für die Olympischen Spiele 1984 zu realisieren. Die W. ist leistungsmäßig gegenwärtig nicht in der Lage, ihre Olympiakür zu laufen. Obwohl sich die M. bemüht – wirkt in der Trainingsdurchführung zurückhaltender –, reagiert die Witt nicht positiv.

Von seiten der IMS wird eingeschätzt, daß die W. sich in keiner Weise mit ihrem Leistungsauftrag identifiziert, sondern mit dem bisher Erreichten zufrieden ist. Fördernd für diese Einstellung wirkt sich aus, daß sie sowohl in der Presse als auch bei den Offiziellen in der Sportbewegung, trotz schlechter Leistungen, positiv hervorgehoben wird. Vor der Abreise nach Reinsberg erregte sich die Müller im Beisein vom Paarläufer Thierbach derart, daß sie in Tränen ausbrach und äußerte, daß sie nicht mehr weiter wüßte mit der Witt.

Von seiten des Genossen Ewald wurde der Antrag auf Abberufung nicht angenommen. Sie führt gegenwärtig ihr Training regelmäßig durch.

gez. W., Leutnant

*

Die arme Frau Müller. Sie hat manchmal schon was mitgemacht mit mir. Aber wir sind uns auch nichts schuldig geblieben. Sie hat mich auch oft so behandelt, daß ich meine Schlittschuhe in den Müll werfen wollte. Aber am Ende stand dann immer, fast immer, der Erfolg. Ich wußte gar nicht, daß sie weinen kann. Ein paar Freudentränen habe ich schon bei ihr gesehen, aber so richtig heulen, aus Wut? Ich muß damals, mit Siebzehn, ein rechtes Biest gewesen sein. Aber nur manchmal.

Ich wundere mich darüber, daß ich schon als Kind so wichtig war, daß über mein Leben Protokoll geführt wurde. Aber das ist erst der Anfang.

Kurt Neumann, der am Nebentisch sitzt und auch ein paar Bände vor sich liegen hat, schüttelt immer wieder den Kopf.

»Zeig mal«, sage ich.

»Du wirst dich nicht freuen.«

Er zeigt mir ein paar Seiten, und ich habe das Gefühl, daß ich entweder gleich wieder loslachen oder vor Wut schreien muß. »Laß uns gehen«, sage ich. Wir geben ein Formular ab mit den Nummern der Akten, die kopiert werden sollen. Es wird ein paar Tage dauern, wird uns gesagt. Aber das macht nichts, es reicht mir, wenn ich die

Akten mit nach Sun Valley nehmen kann. Ich denke, daß es sich leichter liest, wenn man weit weg ist von daheim. Ich freue mich schon auf die Reise. Sun Valley ist einer meiner Lieblingsplätze, dort habe ich in den letzten zwei Jahren oft trainiert und die Gegend genossen. Und wenn ich zurückkomme, kann ich die Stasi-Geschichte hoffentlich endgültig aus der Welt schaffen. In den Zeitungen ist es schon etwas ruhiger geworden.

Am Abend sitze ich in Altenhof auf der Terrasse und lasse mir noch einmal alles durch den Kopf gehen, was ich bei der Gauck-Behörde gelesen habe. Plötzlich merke ich, daß mir Tränen über die Wangen laufen. Es ist doch nicht so komisch, wie es mir beim Lesen erschien. IMS C. P., Ne., Ge., S. S., M. F., ich kann mir ausrechnen, wer sich hinter diesen Namen verbirgt. Wie viele von ihnen wird es noch gegeben haben?

Richard ruft mich an, und ich erzähle ihm, daß ich nächste Woche in Sun Valley bin. Wenn er mich besucht, würde ich mich freuen. Wenn nicht, dann eben nicht.

Meine Männer! Von einem kann ich mich nur am Telefon verabschieden, und das auch nur, wenn er in seinem Büro ist. Zu Hause kann ich ihn nicht anrufen. Ich lege eine CD ein. »On my own« aus meinem Lieblingsmusical »Les Miserables«.

»Was gibt's Neues in der Welt?« *fragt mein Geographielehrer.*

Warum darf ein Mann nie aus dem Kaff Karl-Marx-Stadt heraus, obwohl er mir von Amerika erzählen muß? Ich bin erst 13 – und schon zum erstenmal da. Mein Land des Lernens. Ich treffe einfache Menschen, Künstler und Prominente. Sie sind wunderbar. Bis auf einen.

Ein junger englischer Eiskunstläufer übt immer wieder denselben Sprung. Er heißt Steve Cousins und ist ein Talent, noch nicht sonderlich bekannt, ein gutaussehender Junge. Einen Fanclub hat er auch schon. Drei Mädchen. Sie sitzen auf der Tribüne an der Eisbahn in Sun Valley, jeden Tag, und haben nur Augen für ihn. Es sind diese typischen High school girls mit weißen Söckchen und Zahnspangen. Natürlich will sich jede vor der anderen wichtig machen.

»Als ich gestern vom Stadion nach Hause ging, hat er mit dem Auto gehalten und mich ein Stück mitgenommen«, sagt die erste.

»Mit mir ist er schon mal eine Stunde spazierengefahren«, sagt die zweite.

»Was soll denn das alles«, prahlt die dritte, »ich war schon mit ihm essen.«

Da beugt sich eine Frau, die in der nächsten Reihe sitzt, nach vorne und säuselt ganz sanft: »That's nothing. I fucked him!«

Hat sie natürlich nicht, die temperamentvolle, oft fast vor Heiterkeit platzende Jamie Lee Curtis. Irgendwie haben diese Gören mit ihrer Prahlerei sie einfach gereizt. Sie ist eine begeisterte Eislaufzuschauerin, sie sponsert, just for fun, den jungen britischen Läufer.

Als ich sie zum erstenmal traf, auf einer Straße in Sun Valley, hatte ich in der linken Hand ein Eis und in der rechten eine Einkaufstüte. Sie kam mir lächelnd entgegen, ich denke noch, die kennst du doch. Das war so eine Situation, da will man sich unwillkürlich umdrehen, wer hinter einem kommt. Daß das Lächeln mir galt, auf die Idee bin ich gar nicht gekommen. Da sagt sie: »Hallo Katarina, schön, daß ich dich einmal treffe.« Gut erzogen wie ich bin, sage ich, daß mich das auch freut, und zerbreche mir den Kopf, wer diese Frau sein könnte. Ich weiß, ich habe sie schon gesehen, aber nicht so, in Jeans und einem T-Shirt. Zu allem Unglück spricht sie so schnell, daß ich auch ihren Namen nicht richtig verstehe. Weil ich mich erinnere, sie schon häufig im Stadion gesehen zu haben, frage ich blödsinnigerweise auch noch, ob sie ein Fan sei. Peinlich, peinlich. Als sie weg war, wußte ich plötzlich: Jamie Lee Curtis. Monate später habe ich sie dann wiedergesehen. Ich bin sofort auf sie zugegangen, habe ihr erklärt, wie sehr ich mich nach unserer ersten Begegnung über mich geärgert habe. Sie hat herzlich gelacht, wir haben uns zum Essen verabredet, und da hat sie mir auch die Four-letter-word-Geschichte mit ihrem britischen Eisläufer erzählt.

Oft wünsche ich mir, die Menschen bei uns wären auch so unkompliziert wie in den USA. Wenn ich in Sun Valley bin, freue ich mich immer wieder darüber, welche Ruhe und Gemütlichkeit dieser Ort ausstrahlt, trotz der vielen Stars, die dort ein Feriendomizil haben. Und wenn ich sehe, wie normal sie sich bewegen, dann muß ich an die Nobelorte in den Alpen denken, an das protzige und arrogante Auftreten einer angeblich besseren Gesellschaft. Und mir fällt die Geschichte ein, die mir einmal ein Bekannter erzählt hat. Er stand in St. Moritz in der Schlange am Lift, als eine Frau vor ihm ihren Begleiter fragte: »Hast du deine Rolex dabei?« Hatte er nicht. Die Frau drehte sich um und fragte meinen Bekannten, ihren Hintermann: »Können Sie mir sagen, wie spät es ist?« Der antwortete: »Das kann ich Ihnen nicht zumuten, ich habe nur eine Swatch.«

In Sun Valley kommen die Menschen nicht zum Après, sondern zum Skilaufen. Ich mußte es natürlich auch probieren, weil ich eine

Bewegungsfanatikerin bin. Der erste Versuch war ein voller Erfolg, meine Begleiter haben gefragt, nachdem sie sich vom Lachen erholt hatten, ob ich mit dieser Nummer noch frei bin. Der Sturz hätte als der dreifache Witt mit Drehung, Schraube und Überschlag ins Skilehrbuch eingehen können, im Kapitel: »Wie befreie ich mich in der Luft von allem Überflüssigen wie Ski, Stöcken und Brille.« Nachdem ich mich wieder eingesammelt hatte, trösteten sie mich: Ich hätte auf alle Fälle gute Haltungsnoten bekommen.

Ich habe aber schnell gelernt, bin die Pisten rauf und runter, konnte gar nicht genug bekommen. Zum Glück, denn im Lift habe ich einen der sympathischsten Schauspieler kennengelernt, den ich seitdem immer wieder mal gerne treffe. Natürlich habe ich ihn, wie Jamie Lee Curtis, nicht sofort erkannt. War auch nicht leicht, er trug eine Skibrille. Aber noch ehe er sich vorstellte, wußte ich es dann doch: Richard Dreyfus. Er sagte, er sei schon immer ein Fan von mir gewesen. Aber ich war davon überzeugt, daß ich ihn mehr bewundert habe als er mich. Ich habe gleich die Filme aufgezählt, die ich von ihm gesehen hatte: »Down and out in Hollywood«, »What about Bob«, »The goodbye girl«, natürlich »Der weiße Hai«. Ich mit meiner heimlichen Liebe zum Film hatte vor Aufregung wahrscheinlich glühende Wangen. Es war ganz eigenartig, plötzlich wußte ich, wie ein Fan sich fühlt. Aber die Amerikaner kennen keine Arroganz, haben keine Berührungsängste. Das Eis bricht schnell, ich traue mich nach der ersten Liftfahrt sogar, mit Dreyfus zu flirten.

Wir haben uns später mal in New York zu einem frühen Abendessen mit Freunden getroffen, im »Gabriel's,« einem italienischen Restaurant. Plötzlich schaut Dreyfus auf die Uhr und sagt: »Es ist so schön hier, wir haben soviel Spaß, ich müßte eigentlich schon längst weg sein, aber ich bleibe einfach noch ein bißchen.« Es war Viertel vor acht, in fünfzehn Minuten sollte am Broadway der Vorhang zu einem Stück »The death and the maiden« aufgehen. Mit Glenn Close, Gene Hackman und – Richard Dreyfus. Die Vorstellung kann frühestens um halb neun angefangen haben.

Aber ich treffe auch Männer in New York, die sind weniger

angenehm – und die Erfahrungen mit ihnen auch. Eines Tages bin ich mit meinem US-Agenten Michael Burg unterwegs, er hat zwischendurch einen Termin mit Donald Trump, dem Immobilien- und Spielbanken-Jongleur. Ich gehe also mit, Trump kann sich kaum auf das Gespräch mit Michael Burg konzentrieren, bezieht immer wieder mich in die Unterhaltung mit ein, ist unübersehbar scharf darauf, mich kennenzulernen. Als wir gehen, gibt er mir einen Zettel mit seiner Geheimnummer. Und zwar so wichtigtuerisch, als würde er mir die Kombination zu seinem Safe anvertrauen. Die ganze Aktion ist von einer aufdringlichen Überheblichkeit. Der Mann ist offenbar so von der Unwiderstehlichkeit eines relativ gutaussehenden Multimillionärs überzeugt, daß er mit Sicherheit annimmt, ich würde ihn umgehend anrufen. »Da kannst du aber lange warten«, denke ich mir.

Einige Zeit später haben wir nach einem Schaulaufen einen Empfang. Wir feiern im Beekman Tower Hotel den rauschenden Erfolg, den wir im Madison Square Garden hatten. Da kommt Donald Trump auf mich zu. Ich unterhalte mich zwar gerade mit ein paar Leuten, aber er ignoriert das einfach und drängt sich ins Gespräch.

»Es ist mir noch nie passiert, daß ich jemandem meine Geheimnummer gegeben habe und dann nicht angerufen worden bin.«

Mit meinem freundlichsten Lächeln sage ich: »Irgendwann ist immer das erste Mal.« Die Mithörer lachen, Trump auch, aber er sucht sich dann ziemlich schnell andere Gesprächspartner.

Ich habe das längst vergessen, da bekomme ich zu spüren, was verletzte männliche Eitelkeit ist. Plötzlich steht in einem amerikanischen Blatt, ich wäre ganz wild auf diesen Trump, hätte ihn mit Anrufen bombardiert – vergeblich. Denn, sagt Herr Trump, er hätte nun mal kein Interesse an einer Frau, die keine besonders gute Haut hat und außerdem noch gebaut ist wie ein »football linebakker«. Linebacker, das sind die gefürchteten Kerle im American Football, die aussehen wie Kleiderschränke. Zweitürige.

Der Gentleman war eine Erfahrung.

Amerika war für mich überhaupt das Land des Lernens. Ich war zum erstenmal im Herbst 1979 da. Es gab einen vorolympischen Wettbewerb in Lake Placid, ich war ganz stolz, daß ich mit Dreizehn dort schon antreten durfte. Frau Müller war ja schon viel gereist, sie sprach auch ein wenig Englisch, und wahrscheinlich wollte sie mich damit beeindrucken. Wir kommen ins Stadion, und sie fragt: »Where is the Umkleidekabine.« Das Wort »dressing room« hatte sie gerade nicht parat. Das ist so ziemlich die einzige Erinnerung, die ich an diese Reise noch habe, außer, daß ich meine Kür um Mitternacht laufen mußte, daß Indian Summer war und ich noch nie zuvor so faszinierende Farben gesehen hatte wie die rotbraun-gelb-grün-melierten Laubwälder, daß wir am Nachmittag noch kurzärmelig spazierengegangen sind und am nächsten Morgen Schnee lag.

Und dann war da plötzlich noch ein Gedanke. Da war es das erste Mal, daß mir durch den Kopf ging: Mit unserem Land kann etwas nicht stimmen.

Ich hatte natürlich in der Schule verkündet, daß ich in die USA fliege. Mein Geographielehrer hat mir deshalb etwas über das Land erzählt, über die Hochhäuser von New York, über die Niagarafälle, die man unbedingt mal sehen müßte. Er hat mir die Landkarte von Nordamerika gezeigt und meine Reiseroute. Es war viel Sehnsucht und Fernweh in seiner Stimme.

Als ich dann in Lake Placid war, ist mir diese Szene eingefallen. Und ich dachte mir, was das für ihn bedeuten muß. Ich dreizehnjährige Göre fliege in die USA, und er muß jeden Tag und bis zu seiner Pensionierung den Kindern die Welt erklären. Wahrscheinlich denkt er dabei: »Ich erzähle so viel von schönen, fernen Ländern, diese Kleine darf reisen und so viel Interessantes sehen, und ich komme mein Leben lang nicht aus diesem Kaff Karl-Marx-Stadt heraus.«

Ich habe mich gefragt, warum das so sein muß, warum nur so wenige von uns reisen dürfen, wohin sie wollen. Aber dann ist mir mit meinen dreizehn Jahren auch nur unsere Standardantwort eingefallen: »So isses eben.« Als ich zurückkam, habe ich ihm die ganze Geographiestunde von Amerika erzählt. Er saß da mit leuchtenden Augen, und plöztlich hatten wir die Rollen vertauscht. Ich war die Lehrerin, die, die mehr wußte. So ist es dann auch all die Jahre geblieben. Immer wenn ich von irgendwoher zurückkam, fragte er mich: »What's new in the world?«

Was konnte ich ihm schon damals viel erzählen? Natürlich über die Landschaften, die Städte, die Wolkenkratzer, aber kaum etwas über die Menschen und ihre Offenheit. Ich hatte bei Wettbewerben und Schaulauftourneen kaum Gelegenheit, Leute kennenzulernen. Es war eine geschlossene Gruppe, die Sportler, die Trainer, die Funktionäre, die Preisrichter, die Journalisten, immer die gleichen Gesichter.

Erst hinterher habe ich gemerkt, daß ich da um eine schöne Seite des Sports und des Erfolges betrogen worden bin. Ich hätte so viele interessante Menschen kennenlernen können, doch ob ich eine Weltmeisterschaft gewonnen hatte oder eine Goldmedaille, es war immer das gleiche: Du hetzt danach mit einem Schaulaufprogramm durch mehrere Länder, dann kommst du nach Hause, wirst von den Sportfunktionären, manchmal auch von Politikern geehrt, dann gibt es noch einen besonders herzlichen Empfang von deinem Club, das ist alles gut und schön. Und dann geht man über zur Tagesordnung. Training, Schule, ein kurzer Urlaub, da ist Bulgarien schon der Gipfel der Exotik. Dann wieder Lehrgänge, Training, die ersten Wettbewerbe – und das Jahr ist vorüber. Die Möglichkeiten, die die Sportler im Westen hatten, interessante Persönlichkeiten zu treffen, Erfahrungen zu sammeln, die hatte ich nie. Das holte ich erst später nach.

Ich wußte zum Beispiel lange Zeit nicht, daß ich auch in den USA schon nach meinem ersten Olympiasieg 1984 in Sarajevo populär war. Das hatte ich allerdings nicht nur der Goldmedaille zu verdanken, sondern auch noch einem Zufall. Ein Journalist entdeckte nämlich eine angeblich große Ähnlichkeit zwischen mir und Brooke Shields, die damals gerade durch den Teenagerfilm »Blue Lagoon« zu Ruhm gekommen war. Viele amerikanische Zeitungen und Zeitschriften stürzten sich auf dieses Thema, Porträts von uns beiden wurden verglichen, um Ähnlichkeit nachzuweisen.

Erst sechs Jahre danach bin ich ihr zum erstenmal begegnet. Es war in Sun Valley, wir sind aufeinander zugegangen, haben uns spontan umarmt, und für jede von uns war es, als hätte sie eine Schwester gefunden. Von Kindheit an habe ich Schauspielerinnen bewundert. Zum Film, das war mein Jungmädchentraum. Deshalb saß ich in den USA oft im Hotel, habe von einem TV-Sender zum anderen geschaltet. Selbst Western habe ich nicht ausgelassen. Da habe ich mir häufig gedacht: Was geht denn hier ab. Ich war das von zu Hause ganz anders gewohnt, bei uns waren die Indianer immer die Guten, Gojko Mitic hieß der absolute Star, rothäutiger Kämpfer gegen die weißen Kolonialisten und für die Gerechtigkeit, die immer siegen mußte. In den Filmen aus Hollywood war das alles umgekehrt, da waren die Sioux und Apachen immer die Blutrünstigen, Hinterhältigen, die arme weiße Siedler niedergemetzelt haben.

Was für ein Erlebnis dann »Der mit dem Wolf tanzt«. Es war in New York, ich war mit einem Bekannten im Kino. Alle Besucher waren fasziniert, die ganze Zeit war nicht ein einziges Geräusch zu hören, niemand hat mit einer Popcorntüte geraschelt. Mir sind ab und zu Tränen runtergelaufen. Noch nie hatte mich ein Film so berührt. Ungeheuerlich, denke ich mir, da hat einer den Mut, einer ganzen Nation den Spiegel vorzuhalten.

Als das Licht anging, blieben erst einmal alle sitzen, minutenlang, so schien es mir. Niemand sagte ein Wort. Es war nicht wie sonst, wo die Besucher beim Rausgehen kaum über den Film, aber intensiv über den weiteren Fortgang des Abends diskutieren. Alle waren fasziniert, wie benommen, viele waren erschrocken, einige weinten. Wir hatten für hinterher einen Tisch bestellt und wollten gemeinsam zu Abend essen. Aber ich war so aufgewühlt, daß ich einfach allein sein wollte. Ich habe mich im Hotel aufs Bett gelegt und gedacht: Was muß das für ein Gefühl sein, wenn man in der Lage ist, Menschen so zu beeindrucken, wie es Kevin Costner mit diesem Film gelungen ist. Wenn ich das auch einmal schaffe, dann bin ich wirklich zufrieden. Eiskunstlauf ist halt nicht so dramatisch und dient auch nicht der geschichtlichen Wahrheitsfindung. Aber so ganz ohne Bedeutung ist es für die Menschen auch nicht. Ich habe das durch die Post erfahren, die ich nach Auftritten bekommen habe. Ein Brief war dabei, der mich sehr berührt hat.

21.5.91

Katarina und Brian,

seit ich Skating II gesehen habe, vor genau einem Monat in Philly, ist mein Leben so schwierig gewesen. Mein Mann und mein Bruder sind mit den Marines in Saudi-Arabien, und ich mache mir so große Sorgen. Aber ich möchte, daß Ihr wißt, wie sehr es mir geholfen hat, Eure Show zu sehen. Wißt Ihr, als Don José Carmen getötet hatte und er sie aufhob und in seine Arme nahm, ist mir bewußt geworden, daß Liebe nie zu Ende geht. Menschen können wirklich viel Unheil anrichten, mit Wut und Stolz und Zorn und Krieg. Und es kann das Schlimmste passieren, jemand kann getötet werden, und doch: Die Liebe bleibt. Als die Eisläufer im Schlußbild sich so nahe waren, so fürsorglich miteinander umgingen, lächelten und sich an den Händen hielten, da wurde mir klar, daß selbst dann, wenn das Schlimmste passiert und der Mensch stirbt, den ich liebe, dann werden meine Freunde und meine Familie für mich da sein und mich halten. Selbst wenn mein Mann aus diesem Krieg nicht zurückkehren sollte, weiß ich, daß seine Liebe für mich nicht tot ist und auch nicht meine für ihn.

Ich wollte nur, daß Ihr wißt, welche Botschaft Eure Show vermittelt über die Liebe und das Leben. Es ist eigenartig, aber wenn ich Euch zusammen laufen sehe, spüre ich die Gefühle, die Ihr ausdrükken wollt, ich bin so voller Freude und Liebe, als wäre ich an Eurer Stelle und nicht nur Zuschauer. Es ist so überwältigend und so schwer zu beschreiben, aber es ist, als würde ich mich in den Charakteren, die Ihr darstellt, verlieren und erst wieder zu mir zurückkehren, wenn die Musik verstummt ist und die Menschen applaudieren.

Wie auch immer, ich danke Euch für alles, bitte kommt wieder.

Herzlich, Lucy D'amato.

Ich erinnere mich noch, in welchen Zweifeln wir an dem Abend waren, den diese junge Frau aus ihrer Sicht beschreibt.

Wir standen in einem Speisesaal, eine Stunde vor Beginn der Vorstellung. Da gab es einen Fernsehapparat, eine Ansprache von Präsident George Bush war angekündigt. Die Sendung beginnt, Bush erklärt, daß in diesen Augenblicken der Golfkrieg eröffnet wird. Können wir jetzt rausgehen und unser Programm ablaufen lassen und so tun, als wäre nichts auf der Welt passiert?

Wir waren alle sehr niedergeschlagen und haben davon gesprochen, daß wir da Liebesgeschichten spielen und Späße auf dem Eis veranstaltet werden, während die ersten Menschen getötet werden. Keiner hatte so richtig Lust. Aber die Halle war ausverkauft, Tausende waren gekommen. Ich dachte mir: Die freuen sich auf diesen Abend, auf uns, schon seit langem. Nichts wird besser, wenn jetzt einer auf das Eis geht und sagt, daß wir nicht laufen wollen, weil der Krieg begonnen hat. Unsere Entscheidung, die Show durchzuziehen, war richtig. Wir haben es am Beifall gespürt – und ich an dem Brief.

Es waren nicht immer nur solche gefühlvollen Mitteilungen. Ich habe auch andere Briefe aufgehoben, weil sie einfach amüsant waren. Zum Beispiel der:

Meine liebe Katarina,

alle guten Wünsche für einen sehr glücklichen Geburtstag und nur das Beste für das kommende Jahr.

Wir haben Deine neue Show Skating II sehr genossen (auch, wenn ich mir Sorgen gemacht habe, daß Du aus einem Deiner Kostüme fallen könntest). Zu meiner Zeit hätten wir nicht einmal unseren Ehemännern erlaubt, uns mit so wenig verhüllter Brust zu sehen – ich fürchte, das ist auch der Grund, warum mein Mann von der Show so begeistert war! (Wir werden beide nächsten Monat 75 Jahre alt.)

Ich hoffe, wir erleben auch Skating X noch! Mein Mann wird das allerdings wahrscheinlich kaum schaffen, wenn Du weiterhin so winzige Kostüme trägst.

Noch einmal: Alles Gute zum Geburtstag,

Thomas und Sandra Simms.

Nur noch einen ganz kurzen Brief, auszugsweise, dann höre ich auch schon wieder auf, von den spontanen Nachrichten der Amerikaner zu erzählen.

Jan., 17. 1991

Liebe Katarina,

gestern abend haben wir endlich ein Hochzeitsdatum festgesetzt, und Du und Brian, Ihr seid schuld.

Wir sind seit zweieinhalb Jahren zusammen, mein Freund und ich. Aber wir wollten eigentlich nicht heiraten: Er sagt, es ist großartig, so wie es ist, er hätte Angst, irgend etwas zu ändern. Gestern abend waren wir in Eurer Schau, es war so romantisch. Nach Eurer Carmen-Nummer drehte sich Danny, mein Freund, plötzlich zu mir und fragte: »Willst Du mich am Valentinstag heiraten?« Mir fiel nichts anderes ein als: »Du machst Spaß, natürlich machst du Spaß.« Aber dann haben wir uns umarmt, und die Menschen auf den Sitzen rund um uns rum haben applaudiert und haben uns die Hände geschüttelt.

Ich hoffe, Du bist auch so glücklich wie ich heute. Ich bin noch ganz aufgeregt. Du und Brian, ihr seid wirklich etwas ganz Besonderes. Tausendtausendtausendmal Dank.

Ann Maliniwski.

Gerade wollte ich schreiben, daß unter der Post, die ich in den USA bekomme, nie ein anonymer Brief ist. Aber manchmal habe ich auch nur so ein Verdrängungsgedächtnis, das die unangenehmen Dinge gerne streicht.

Auf einer Tournee mit Brian Boitano bekomme ich ein Päckchen mit Keksen. Nanu, denke ich, da kennt jemand meine große Schwäche. Es war ein freundlicher Begleitbrief dabei mit schönen Komplimenten, ich freue mich und verdrücke schnell zwei Kekse. Das hätte ich besser nicht getan. Es hat nicht lange gedauert, und mir wurde sterbenselend. Die Kekse waren von einem Brian-Boitano-Fanclub mit einem Abführmittel präpariert worden.

Zum Glück hatte ich nicht gleich die ganze Schachtel leer gemacht, ein Wunder, denn bei Süßigkeiten verliere ich schon mal meine Beherrschung total. Am Abend kann ich zwar schon wieder laufen, aber auf ganz wackligen Beinen.

Ich erzähle Brian die Geschichte, und wir kombinieren: Ich bin nicht beliebt bei seinen Fans, manche sind voller Eifersucht, weil uns immer ein Verhältnis angedichtet wurde. Und wir hatten und wir haben keines, und wir werden nie eines haben. Ich war schon mal eine Zeit verliebt in ihn, aber manchmal sind die Dinge eben nicht so, wie ich es gerne hätte. Und inzwischen kennen wir uns so lange, haben die Liebe zum Eislauf, zur Musik, zur Romantik gemeinsam.

Und so, wie es ist, ist es schön.

Uns verbindet so viel. Auch Trauer.

An einem Abend war uns beiden, allen, die an der Show beteiligt waren, zum Heulen zumute. Rob McCall und Tracy Wilson, das kanadische Olympiapaar, war ein fester Bestandteil unserer Tour. Rob hatte sich mit dem HIV-Virus infiziert, er hatte es lange geheimgehalten, weil er nach den damals gültigen Gesetzen nur bei Nachweis des genauen Krankheitsstadiums ein befristetes Einreisevisum für die USA bekommen hätte. Aber als die Krankheit dann ausbrach, wußten es bald alle. Wir sahen, wie er immer schwächer wurde. Dann konnte er nicht mehr mit uns laufen, ging nach Hause, wenig später in eine Klinik. Und an diesem Abend bekamen wir aus dem Krankenhaus die Nachricht, Rob würde die Nacht nicht überleben. Es war die deprimierendste Veranstaltung, die ich je erlebt habe. Rob starb, während wir liefen.

Um auf andere, nicht ganz so trübe Gedanken zu kommen, rufe ich mir schöne Erlebnisse zurück, die ich mit Amerika verbinde. Und schon drehen sich alle Passagiere nach mir um.

Ich habe so eine Art, ohne Rücksicht auf die Umgebung einfach loszuprusten, wenn ich mir eine komische Situation vorstelle. Da funktioniert mein Gedächtnis so plastisch, daß ich das Gefühl habe, ich erlebe alles noch einmal. Und diese Situation war so komisch, daß unter unserer Tourtruppe ein Satz von mir zum geflügelten Wort geworden ist. »I would rather have sex for dessert!«

Nicht auf Anhieb verständlich? Machen Sie sich nichts draus. Einen gibt es, der hat den Satz gebraucht, und er weiß bis heute noch nicht, was damit gemeint ist.

Wir machen Station in Los Angeles, und dort ist immer die erste Frage an meine PR-Agentin Pat Kingsley: »Was werden gerade für Filme gedreht?« Pat kann mir die größte Freude machen, wenn sie mir die Möglichkeit verschafft, bei Dreharbeiten zuzusehen. So habe ich bei den Aufnahmen zu »Ein unmoralisches Angebot« Demi Moor getroffen, die kam direkt auf mich zu und sagte: »Ich kenne dich schon lange vom Fernsehen, endlich begegnen wir uns mal. Ich hatte schon gedacht, ich sehe dich letztes Jahr in Sun Valley, aber da warst du ja verletzt.«

Wow, denke ich, diese Frau kennt dich, die weiß ja was über dich, sogar, daß du verletzt warst.

Und dann war da noch Robert Redford. Da hast du einen Mann in allen möglichen Rollen gesehen, zum Beispiel in »Out of Africa«, und dann steht der wirklich vor dir und gibt dir die Hand und redet mit dir. Und du denkst: Wenn ich das zu Hause erzähle, die kriegen sich nicht mehr ein. Ich habe da auch heute noch eine ganz naive Freude, über die ein prominenter Sportler im Westen, zum Beispiel Bernhard Langer oder Boris Becker oder Franz Beckenbauer, sich amüsieren würden, die gehen damit viel selbstverständlicher um. Aber in der DDR war es halt eher bescheiden bestellt mit den Möglichkeiten, interessante Menschen kennenzulernen.

Aber ich wollte ja eigentlich ganz was anderes erzählen, von Sex und Dessert.

Ich bin mit Michael Seibert, Eisläufer und Choreograph, und einem seiner Freunde bei den Außenaufnahmen zum Film »Fegefeuer der Eitelkeiten« mit Tom Hanks. Ich bin ganz neugierig auf ihn. Michaels Freund, der am Set arbeitet, will mich Tom Hanks vorstellen. Wir können wegen eines wichtigen Termins aber nicht allzu lange bleiben, ich komme um das Vergnügen, den Hauptdarsteller kennenzulernen. Am Abend esse ich mit Michael, wir reden über den Tag, ich sage so nebenbei, daß es schade ist, daß ich Hanks nicht treffen konnte.

Es ist spät geworden, den Hauptgang haben wir hinter uns, und der Kellner kommt noch einmal mit der Karte wegen der Nachspeise. Ich bin schon müde, recke mich ein wenig und sage aus lauter Übermut: »I would rather have sex for dessert.« Und schon habe ich die flapsige Bemerkung wieder vergessen.

Am nächsten Abend bringt mir Michael eine Karte von Tom Hanks ins Hotel. Er schreibt, daß er es auch sehr bedauert, daß wir uns verpaßt haben. Aber vielleicht könnten wir das ja irgendwann einmal nachholen. Letzter Satz: »Maybe one day we will even have dessert together.«

Ich lasse einen Entsetzensschrei los und fahre Michael an: »Du Schuft, was hast du dem denn erzählt?«

»Nicht, was du denkst«, sagt er. »Wir haben Tom einfach gebeten, er soll das mit dem Dessert schreiben, weil du so gerne Süßigkeiten magst.« Irgendwie haben das alle, die mit auf dieser Tournee waren, mitbekommen. Und seitdem reden sie alle nicht mehr von Sex, sondern nur noch von Dessert.

»Did you have dessert last night?« Oft heißt es dann: »Nein, nur einen Fruchtsalat.«

Manchmal hören Fremde solche Unterhaltungen und denken dann bestimmt, daß wir ganz schön bescheuert sein müssen.

Es sind schon alle ganz reizende Menschen, meine Eisläufer, mit denen ich jetzt seit Jahren immer wieder mal für ein paar Monate unterwegs bin. Auch in Sun Valley werde ich einige treffen. Fast habe ich schon vergessen, daß ich eigentlich auch auf der Flucht bin vor diesen widerlichen Geschichten über die Stasi und mich. Und daß ich im Gepäck die Akten aus der Gauck-Behörde habe. Ein paar Seiten habe ich erst gelesen – und das war schon erschreckend genug. Was kommt da noch auf mich zu? Wie viele Enttäuschungen?

Aber das schiebe ich erst einmal weit weg. Ich will mich erholen, ich will trainieren. Und vielleicht kommt Richard ja doch zu Besuch. Ich habe ihn nicht ausdrücklich gebeten, das bringe ich nicht fertig. Aber ich würde mich wahnsinnig freuen, wenn er plötzlich in der Tür stünde.

Es stand ja schon in allen bunten Blättern. Offiziell ist unsere Liebe zu Ende, alles vorbei. Aber offiziell bedeutet nicht immer auch: wirklich. Was wissen die bunten Blätter schon von unserer Liebe.

Sie ist viel verrückter, als die Journalisten sich vorstellen können.

»Wie du dich auch entscheidest, ich stehe zu dir«, *sagt McGyver.*

Kann es sein, daß ich schwanger bin? Unsere Liebe ist so verrückt, wie sie begann: auf dem Gang in einem Stadion. Für die Journalisten ist sie bald wieder zu Ende – aber die wissen eben auch nicht immer alles.

Sommer 1991. Ich muß mich doch sehr wundern über meine Freundin Silke Heritz. Seit einiger Zeit trainieren wir zusammen, und jeden Tag saust sie um vier wie der Blitz nach Hause, sie muß ganz dringend die Serie »McGyver« sehen. Sie sagt, ein ganz toller Mann spielt da mit. Ich schaue auch mal rein, aber so begeistert bin ich nun auch wieder nicht.

Ein paar Wochen später bin ich in den USA zu den Proben für unsere nächste Tour Skating 92. Ich bin jeden Tag stundenlang auf dem Eis. Gegen 23 Uhr habe ich Massage. Dann laufen regelmäßig Wiederholungen von »McGyver«. Das ist eine schöne Ablenkung, während die Muskeln durchgeknetet werden. Ich sehe ein paar Folgen und bekomme im Lauf der Zeit mit, daß der Hauptdarsteller Richard Dean Anderson heißt, und fange an, Silkes Schwärmerei zu verstehen.

Irgendwann im Januar erzähle ich Judy Blumberg, die in unserer Show mit Michael Seibert als Tanzpaar auftritt, daß ich zu den Olympischen Spielen nach Albertville reisen werde, um für den Fernsehsender CBS die Eiskunstlauf-Wettbewerbe zu kommentieren. »Toll«, sagt sie, »da kannst du ja McGyver kennenlernen, der wird auch dort sein, weil er Ehrenkapitän des Eishockeyteams ist.«

Ich denke noch, der Mann verfolgt mich ja richtig. Und dann vergesse ich das Ganze, ich sehe in Albertville auch keinen McGyver.

Nach den Spielen fliege ich am 28. Februar direkt nach Kanada, weil der Start der Tournee unmittelbar bevorsteht. Ich komme von einem Interview ins Hotel »Intercontinental« in Toronto zurück und sehe da einen bärtigen Mann, der einen Hut aufhat, eine Sonnenbrille trägt, einen langen Mantel, dessen Kragen er fast bis übers Kinn hochgezogen hat. Er ist groß, und man sieht von ihm eigentlich nur die Nase. Irgendwie hat er mich interessiert.

Ich gehe an die Rezeption und frage: »Wer war denn das?«

»Das war McGyver, wir wollten Sie schon mit ihm bekannt machen, weil er ein Eislauffan ist, aber das hat leider nicht geklappt.«

Ich sehe, daß er an einer Limousine steht und sein Gepäck einlädt, und denke mir: Ansehen mußt du dir den auf alle Fälle. Ich gehe zum Zeitungsstand, weil ich von dort auf die Straße sehen kann, und kaufe aus Verlegenheit irgendwas. Ich glaube sogar, es waren blödsinnigerweise Zigaretten, die ich auch gleich in den nächsten Papierkorb werfe. Dann traue ich mich doch raus auf den Bürgersteig, schleiche mich von hinten an das Auto ran – und weg ist er auch schon.

In der Halle treffe ich Jonsey, unseren Tourmanager Michael Jones. »Ich habe gerade McGyver gesehen. Der ist eben abgereist, den will ich unbedingt kennenlernen.«

Jonsey kennt mich schon länger, meine Wünsche auch. Sie sind bisweilen seltsam – und gefürchtet. In manchen Momenten habe ich noch etwas von einem trotzigen Kind an mir, das mit dem Bein auf den Boden stampft und schreit: »Haben, haben, haben ...« Ich weiß es, ich kann nichts dafür. Ich habe sofort meine Pat Kingsley angerufen: »Mir ist gerade McGyver über den Weg gelaufen, den muß ich einfach kennenlernen.« Sie lacht erst einmal und fragt: »Warum das denn?«

»Ich kann dir jetzt auch keinen vernünftigen Grund sagen, es ist einfach so.« Es war auch wirklich so, ich hatte nur das Gefühl: dieser Mann und sonst keiner.

Sie sagt, daß sie Anderson von früher kennt und daß sie bestimmt in Erfahrung bringen kann, wohin er reist und was seine Pläne sind. In der Zwischenzeit hat auch Jonsey bei unserem Tour-PR-Büro in New York angerufen wegen Anderson-McGyver, und innerhalb von dreißig Minuten wissen wir, daß er jetzt auf dem Weg zum Flughafen ist, mit Alaska Airlines nach Los Angeles fliegen und in Reihe 3 auf Platz C sitzen wird. Beim Einchecken hat er schon eine Nachricht mit einer Einladung von mir für unsere Show am 6. März in New York. Und noch ein Fax von Pat Kingsley: »How could you leave Katarina Witt on the sidewalk in front of the Intercontinental?« – »Wie konntest Du Katarina Witt auf dem Bürgersteig vor dem Intercontinental einfach stehenlassen?«

Der Mann hat wahrscheinlich in diesem Augenblick die Welt nicht mehr verstanden.

Ich weiß, daß seine Maschine um 16.10 Uhr startet, lege mich in mein Zimmer und starre das Telefon an. Bis 16 Uhr könnte er mich noch anrufen. Aber nichts passiert. Am Abend bin ich dann unterwegs. Als ich zurückkomme, frage ich an der Rezeption, ob eine Nachricht für mich da ist. Nichts. Am nächsten Morgen wache ich auf und sehe, daß das rote Lämpchen am Telefon blinkt. Message. Ich kann eine auf Band aufgezeichnete Nachricht abrufen. Ich höre eine tiefe Stimme: »Hi, this is Richard Dean Anderson calling.« Er fühlt sich sehr geehrt, daß ich ihn kennenlernen will und ihn eingeladen habe. Er hat erst an einen Scherz geglaubt, aber nachdem er mit Pat Kingsley gesprochen hat, weiß er, daß alles stimmt, und er bittet mich, ihn zurückzurufen.

Sofort wähle ich seine Nummer und höre seine Stimme – vom Band. Das verfolgt uns bis heute, wir haben mehr Gespräche mit den jeweiligen Anrufbeantwortern geführt, als uns am Telefon direkt unterhalten. Aber diesmal ruft Richard nach einer halben Stunde zurück. Er erzählt mir, daß er ein begeisterter Eiskunstlaufzuschauer ist, vor allem meinetwegen. Daß er sich freut, mich zu treffen, und daß er zur Tournee kommen wird.

Ich lege den Hörer auf, werfe mich aufs Bett und lasse vor Freude einen richtigen Urschrei los.

Ein paar Minuten später steige ich in den Bus, der uns zum Eisstadion bringt. Judy Blumberg, die das Zimmer neben mir hat, fragt: »Was war das vorhin für ein Schrei, hast du dir weh getan?«

»Im Gegenteil, ganz im Gegenteil. McGyver hat mich angerufen.«

Von da an weiß natürlich die ganze Truppe Bescheid, und alle fiebern mit, wie denn die Geschichte wohl weitergeht.

Ich telefoniere jetzt jeden Tag mit Richard, unsere Gespräche werden immer persönlicher. Dann die beste Nachricht: Statt am 6. März nach New York kommt er schon am 4. nach Detroit.

Was für ein Theater! Ich reserviere zwei Karten für ihn. Kommt er alleine? Ja, niemand bei ihm. Ich prüfe, ob er auch auf einem guten Platz sitzen wird, gut auch für mich, denn ich will ihn auch während der Vorstellung sehen können. Als er in Detroit ankommt, wird mir jeder seiner Schritte gemeldet. McGyver ist auf dem Weg ins Hotel. McGyver hat eingecheckt. Jetzt ist er auf dem Weg zum Stadion.

Ich muß mich jetzt auch mal wieder auf meinen Auftritt am Abend konzentrieren. Das heißt: Warmlaufen. Plötzlich bin ich nicht mehr richtig bei der Sache. Ich setze mich auf die Bande und höre einen Song von Michael Bolton. »Stand up for love«. Ich denke über die letzten Tage nach, über Richard, und frage mich: Bist du noch ganz dicht? Worauf hast du dich hier eingelassen? Aber ich spüre: Es wird etwas ganz Besonderes passieren.

Die Arenen in den USA haben ganz breite, lange Flure. Ich gehe einen entlang und sehe Richard schon von weitem. Von hinten. Er unterhält sich mit Angestellten. Er wäre so gerne Eishockey-Profi geworden, ist bis heute ein leidenschaftlicher Fan geblieben, deshalb kennt er hier viele von den Spielen der Detroit Red Wings. Ich denke: Wie wird er in Wirklichkeit aussehen? Ich kenne ihn ja praktisch nur vom Fernsehen, es ist ja ein echtes »blind date«. Er dreht sich um und sagt: »Na endlich!« Und dann umarmen wir uns, irgendwie war das die einzig logische Reaktion. Es hat einfach »klick« gemacht. Wir gehen im Stadion spazieren, erzählen und erzählen, es ist richtig romantisch, obwohl um uns herum nur Stahl und Beton sind. Und während der ganzen Zeit schleicht ständig irgend jemand aus unserer Truppe um uns rum, beobachtet uns und ist ganz neugierig, was passiert.

Während der Vorstellung bringe ich dann alle in Verlegenheit, vor allem aber Brian Boitano. Wahrscheinlich habe ich im Unterbewußtsein das Gefühl, das dauert alles viel zu lange. Verlorene Zeit. Meine Freundin und Choreographin Sandra Bezic erzählt mir später, sie hätte mich noch nie so schnell laufen sehen. Ich bin immer der Musik voraus, Brian hat Mühe, hinter mir herzukommen. Gott sei Dank sind auch die längsten zweieinhalb Stunden einmal vorbei. Ich gehe mit Richard essen, wir haben einen wunderschönen Abend.

Am nächsten Morgen kommen wir zum Frühstück, da sitzen schon alle Mitglieder der Truppe. Viele Gesichter, jedes ein großes Fragezeichen: Haben sie nun, oder haben sie nicht?

Wir amüsieren uns.

Einige hatten gewettet: Fliegt er nun nach Los Angeles, oder kommt er mit nach New York? Los Angeles hat gewonnen. Richard hat Termine. Als ich ihn wiedersehe, brauche ich ihn wirklich – und ich merke, wie gut er mir tut.

Es ist ein Profi-Wettbewerb in Cincinnati. Es ist der dritte seit meinem Olympiasieg in Calgary. Einen hatte ich gewonnen, in Paris. Beim zweiten in Atlanta war ich Dritte geworden, weil ich mich beim Doppelaxel zweimal hingesetzt hatte. Ich hatte eigentlich eine Abneigung gegen diese Auftritte, weil ich mir da nur meinen Namen kaputtmachen konnte, und das Geld lockte mich nicht. Aber in Cincinnati wollte ich noch einmal dabeisein, damit die Profi-Meisterschaft besser in Schwung kommt, etwas mehr Seriosität und nicht den Ruf einer drittklassigen Senioren-Veranstaltung bekommt. Ich habe mich gründlich vorbereitet, und dann werde ich krank. Ausgerechnet. Es ist wie eine Olympia-Revanche, Debbie Thomas ist da, Elizabeth Manley, Caryn Kadavy. Seit der Weltmeisterschaft 1987, als ich gegen Debbie gewann, ist es der erste große Wettbewerb in der Stadt.

Ich kann die ganze Nacht nicht schlafen, Magenschmerzen,

Nervosität. Mir geht es hundsmiserabel. Aber Richard ist da, er ist achtundvierzig Stunden um mich rum. Und ich gewinne. Und bin so gut, daß mir Experten sagen, in dieser Form hätte ich sogar in Albertville eine Medaille holen können.

So froh ich bin, daß Richard bei mir ist, so entsetzt ist Frau Müller. Sie kommt am Morgen zum Frühstück in mein Zimmer, die Haare nicht gemacht, ungeschminkt, im japanischen Kimono, und denkt an nichts Böses, da sitzt schon ein Mann am Tisch. Ihr fallen fast die Augen aus dem Kopf. Manchmal habe ich die Frau schon auf harte Proben gestellt. Richard fliegt dann zurück nach Los Angeles, er spielt mit einer Eishockey-Mannschaft ein Benefizspiel, und im Fernsehen wird immer wieder vom zweiten Teil unseres Wettkampfes in Cincinnati auf dieses Spiel umgeschaltet. Natürlich zeigen sie immer wieder Richard, weil er der prominenteste Spieler ist – und mich.

Ich lache in mich hinein, als ich die Aufzeichnung sehe: »Wenn ihr wüßtet!«

Danach fahren wir eine Woche nach Vail in Colorado zum Skilaufen. Anschließend sind wir zwei Wochen in Los Angeles. Zum erstenmal bin ich mit einem Mann eine so lange Zeit und so intensiv zusammen. Ich fliege ein paar Tage nach Hause, dann treffen wir uns in Italien.

Und hier fängt es zu kriseln an.

Warum?

Es ist immer so schwer zu erklären, warum es zwischen zwei Menschen nicht so ist, wie es begonnen hat, nicht mehr so, wie es sein sollte. Wie passiert das und warum? Man findet, wenn man die Begründung sucht, so viele Mosaiksteine – und es wird doch kein ganzes Bild daraus.

Es war wirklich so, daß wir beide gedacht haben: Das ist es. Besser als mit uns beiden kann es gar nicht mehr werden. Ich wollte auch endlich eine feste Beziehung. Ich war wirklich bereit, Richard auch. Aber es war wohl bei uns beiden so, daß das Herz nicht am Kopf vorbeikommt. Sogar an den schönsten Tagen, in den tollsten Nächten, in den Stunden, in denen du denkst, es gibt keine Steigerung mehr, es kann keine mehr geben, meldet sich die Vorsicht: Du hast immer alles für dich selbst gewollt, gemacht. Das war dein Leben, dein Erfolg. Und jetzt soll alles anders werden? Bei jedem deiner Schritte denkst du darüber nach, ob er dem anderen und der Liebe guttut. Plötzlich geht dir ein Teil deiner Spontaneität verloren. Dadurch, daß wir beide Selbständigkeit und Erfolg und Unabhängigkeit gewöhnt waren, uns alles selbst geschaffen hatten, wird es nicht leichter. Jeder von uns beiden hat Fans, dadurch kommen wir in eigenartige Situationen. In Italien sind ständig Mädchen hinter Richard her. An einem Vormittag wollen wir in den Petersdom gehen. Wir werden von Kids verfolgt. Sie wollen Richard sehen, ganz aus der Nähe, ihn am liebsten anfassen. Mich nimmt überhaupt niemand zur Kenntnis, das bin ich nicht gewöhnt. Ein paar Stunden später sind wir bei einem Tennisturnier, da gilt das Interesse mir. Wir spüren, daß unsere Bekanntheit manchmal auch einen Nachteil bringt. Jeder muß den anderen mit anderen teilen. Das ist eine neue Erfahrung. Sie irritiert mich.

Dann denke ich mir wieder, daß ich ihn wirklich liebe und auch treu sein möchte. Früher war das anders, da konnte ich zwei Männer gleichzeitig haben und dennoch das Gefühl, daß ich keinem etwas wegnehme. Jetzt will ich eigentlich nur Richard – aber auch wieder nicht. Ich merke, daß auch er Bedenken hat, und so verlockend das auch ist, endlich ein unverheirateter Mann, der keine Kinder hat – stimmt an dem vielleicht etwas nicht, frage ich mich, vielleicht will er das überhaupt nicht?

Von Heiraten war auch gar nicht die Rede, ich hätte nach Los Angeles ziehen müssen, meine Heimat aufgeben, dazu war ich nicht bereit. Obwohl es doch schon eine Situation gegeben hatte, da dachte ich ganz ernsthaft darüber nach.

Wenige Tage vor dem Wettkampf in Cincinnati habe ich plötzlich das Gefühl, ich bin schwanger. Das ist mir früher schon mal passiert, da bin ich völlig ausgeflippt, wollte das Kind auf keinen Fall haben, den Mann auch nicht. Das hat sich dann aber von selbst erledigt. Und jetzt rege ich mich überhaupt nicht auf, bin völlig cool. Ich muß sogar lachen, weil ich mir die Szene vorstelle: Ich gehe als Robin Hood aufs Eis, das war mein Kostüm und meine Kür für Cincinnati, und das ist garantiert der erste Robin Hood, der schwanger ist. Ich rufe Richard an und sage ihm, was los ist. Er reagiert einfach fabelhaft, sagt, was immer ich tue, er steht zu mir. Ich denke mir, er ist doch der richtige Mann, einer, der nicht gleich in Panik gerät. Er will wirklich Verantwortung übernehmen.

Aber es ist dann doch nur ein blinder Alarm. Ich bin auf der einen Seite traurig, ich hätte mir vorstellen können, mit Richard ein Kind zu haben. Auf der anderen Seite bin ich erleichtert, weil ich keine Entscheidung treffen muß, die auch sein Leben verändern würde.

Wir sind wahrscheinlich beide noch nicht so weit. So, wie mir im Leben vieles sehr schnell langweilig wird, so sind mir auch Männer immer wieder mal langweilig geworden. Vielleicht geschieht das wieder, vielleicht geschieht es auch ihm. Möglicherweise sind wir beide in Wirklichkeit überzeugte Singles.

Wenn man soviel hinterfragen muß, gewinnt der Verstand immer öfter gegen das Gefühl, bleibt auch irgendwie die Intensität auf der Strecke. Plötzlich ist es nicht mehr aufregend wie am Anfang. Es war zunächst eine unheimliche Nähe, sie hat uns Angst gemacht und vielleicht treiben wir gerade deshalb auseinander.

Wir sind in Rom, Kleinigkeiten fangen an, mich zu stören.

Eines frühen Morgens wache ich auf, es muß so gegen sechs Uhr sein, Richard schläft noch, ich gehe auf den Balkon. Ich denke: »Was mache ich hier noch?« Ich gehe zurück ins Zimmer, schaue Richard noch einmal an. Dann packe ich meinen Koffer. Richard wacht auf. Erst versteht er nichts. Dann fragt er entgeistert: »Wärst du gegangen, ohne dich zu verabschieden, einfach so?«

»Ja.«

»Warum?«

Ich kann ihm keine Antwort geben. Ich müßte ihm soviel erklären, aber von Anfang an war das Reden nicht unsere Stärke. Jeder hat seine Probleme für sich behalten, es gab da einfach einen Widerstand, auch noch die letzten Gedanken, das intensivste Gefühl preiszugeben.

Daran sind wir wohl gescheitert. Nicht, daß die Liebe gestorben wäre, sie ist nur plötzlich ganz anders. So, daß es für ein Leben zu zweit einfach nicht reicht.

Ich fliege nach Hause und leide wochenlang vor mich hin.

Ein paar Wochen später komme ich wieder in die USA, wir treffen uns ganz kurz, und es ist trotz allem wieder sehr schön. Später bin ich noch mal ein paar Wochen drüben, aber die meiste Zeit sprechen wir nur mit unseren Anrufbeantwortern oder mit den Mädchen in den Telefonzentralen der Hotels, die langsam schon gute Bekannte werden. Sie erzählen dann immer, wie es dem anderen gerade geht. »Mister Anderson hat Halsschmerzen gehabt heute morgen«, erfahre ich. »Er hat unheimlich viel zu tun, hat er gesagt, der ganze Körper tut ihm weh, weil er soviel Sport machen muß. Er ruft wieder an.« Was für eine komplizierte Verbindung!

Wenn ich anrufe, ist er nicht da, ich erzähle dem Mädchen von der Vermittlung, was es bei mir Neues gibt. Wir verkehren wie über Dolmetscher miteinander. Einmal gibt er mir eine Nummer, aber dort höre ich nur: »Kein Anschluß....« Will er dem Konflikt aus dem Weg gehen, hat er mir eine falsche Nummer gegeben? Ich habe das Gefühl, wir sollten unser Problem noch ausdiskutieren. Wir haben uns viel zu wenig erzählt, ich kenne nicht eine einzige Geschichte aus seiner Kindheit, ich weiß nicht, wie er aufgewachsen ist, wir wissen viel zu wenig voneinander. Vor lauter Liebe und immer unter dem Druck des Gefühls, wir könnten etwas von unserer kostbaren Zeit verlieren, haben wir diese Zeit nicht richtig genutzt.

Einmal nimmt er an einem Autorennen teil. Ich bitte ihn, sich abends zu melden. Nichts geschieht. Ich würde wenigstens gerne erfahren, ob er noch lebt. Kann er sich nicht vorstellen, daß ich mir Sorgen mache?

Kann er wahrscheinlich nicht. Er lebt in einer anderen Welt. Und es kann wohl nicht die meine werden. Ich spüre, daß ich mich immer weiter von ihm entferne. Aber dieses Gefühl ist vielleicht doch nur ein Schutz. Ich will mich nicht verletzen lassen.

Nun sitze ich in Sun Valley. Ich fühle mich allein gelassen. Richard weiß, daß ich hier bin, aber er kann sich wahrscheinlich nicht vorstellen, was es für mich bedeuten würde, wenn die Tür aufginge und er stünde vor mir. Und gerade jetzt könnte ich eine Schulter gut brauchen. Um Schlagzeilen, Akten, Stasi, das ganze Übel einfach zu vergessen.

Ich fliege auf dem Heimweg über Los Angeles. Ich sehe Richard, er hat viel zu tun. Wir treffen uns, und es ist wie ein Geschäftstermin.

Das war's wohl? Fürs erste? Für immer?

Er ruft mich noch einmal an, ich sage ihm: »Es ist vorbei.« Und hoffe natürlich, daß er das nicht wahrhaben will, daß er versucht, mich umzustimmen. Aber er redet so gehemmt, so ausweichend, daß ich nicht traurig, sondern wütend werde. Erst im Lauf des Gesprächs bekomme ich mit, daß er aus dem Flugzeug telefoniert und eine Menge Menschen um ihn sind. Aber da ist es schon zu spät, es sind schon falsche Worte gefallen. Wieder eines der vielen Mißverständnisse, die uns begleiten.

Auf dem Flug nach Deutschland dämmert mir eine Frage die weh tut. Bis zu den ersten Flirts finden Männer noch selbständige Frauen total imposant. Aber: wollen sie dann nicht gleich wieder den Reiz der Verfügbarkeit, ein Mädchen, das scheu »gewollt werden« möchte, oder eine Dame, die vornehm abwarten kann? Verdammte Kerle! Außen: moderner Mann, und innen: noch der alte Jäger. Aber mit dem Charme des passiven Tierchens kann ich nicht dienen. Genausowenig wie andere Frauen, die auf eigenen Füßen stehen.

Ich hole einen Band meiner Stasi-Akten aus der Tasche, ich habe eine masochistische Lust auf Ärger. Wie einer, der mit dem Kopf vor die Wand rennt, damit er die Zahnschmerzen nicht mehr spürt.

Die Passagiere haben die Sitze zurückgeklappt, Decken über die Knie gelegt, sie dösen vor sich hin. Aber nicht lange. Ein Schrei weckt auch die in der letzten Reihe noch auf.

»Nein«, das reißt es mir einfach in voller Lautstärke raus.

Was die alles gewußt haben. Aber sie waren halt doch nicht so schlau, wie sie gedacht haben. 1984 zum Beispiel. Warum ich die Goldmedaille in Sarajevo wirklich gewonnen habe, da haben sie doch nicht so richtig durchgeblickt.

»Ich muß Gold gewinnen, sonst gibt's eine Katastrophe«, *denke ich in Sarajevo.*

Mit soviel Angst ist noch keine Olympiasiegerin geworden. Es geht um einen Mann. Für den steht die Karriere auf dem Spiel. Und ich hätte auch nichts zu lachen. Aber der Leistungsauftrag wird erfüllt.

»Ich schäme mich, dich zu trainieren«, sagt Frau Müller.

»Wenn Sie sich schämen, warum trainieren Sie mich dann noch?«

Im Augenblick ist unser Verhältnis unerträglich geworden. Seit der verpatzten Weltmeisterschaft von Helsinki kann ich machen, was ich will, garantiert gefällt es meiner Trainerin nicht. Und ich bin kein Kind mehr, oft will ich es ihr entgegenschreien: »Begreifen Sie endlich, ich bin nicht mehr elf, ich bin eine Frau, mit allen Konsequenzen, mit allem, was dazugehört.« Aber das traue ich mich dann doch nicht. Vielleicht ahnt sie, daß es da schon einen Mann gibt.

Irgendwie verstehe ich sie dann auch wieder ein bißchen, sie ist ja wirklich seit Jahren schon mehr mit mir zusammen als meine Mutter. Sie kann mich vielleicht gar nicht als Frau sehen. Auf alle Fälle sieht sie mich zuerst als Sportlerin, die Erfolg haben kann und deshalb auch muß. Ein vierter Platz bei einer WM zählt für sie nicht, eine Europameisterschaft auch nicht besonders viel – und vor allem nicht lange.

Erste mußt du werden, Siegerin, die Beste der Welt.

Wie man das wird, das weiß niemand besser als sie. Sie hat es schon bewiesen, mit Gabi Seyfert, Jan Hoffmann, Anett Pötzsch.

Sie ist noch lange nicht müde, ich soll die nächste sein. Und von diesem Ziel will sie sich von niemandem abbringen lassen, am allerwenigsten von mir. Ich möchte aber nicht nur für den Eiskunstlauf leben, ich will mich auch an anderen Dingen freuen. Manchmal sind das unbedeutende Nebensächlichkeiten. Die frühere französische Meisterin Ann-Sophie de Kristoffy hat nach einer Meisterschaft über mich gesagt: »Die kleine Brünette mit den nußbraunen Augen, die man 1979 zum erstenmal international gesehen hat. Eine Art schlecht geratener Junge, kurzgeschnittenes Haar und ein Gang wie Gavroche (das ist eine Romanfigur von Victor Hugo, ein kleiner Junge aus der französischen Revolution; er kommt auch in dem Musical »Les Miserables« vor). Heute ist sie hübsch – und sie weiß das.« Ich habe mir das gleich aus der Zeitung ausgeschnitten, weil mir das so gefallen hat. Frau Müller konnte nicht verstehen, daß mich solche Kleinigkeiten begeistern können. Sie will mich immer ernster, als ich von Natur aus bin.

Die Olympischen Spiele von Sarajevo kommen näher – und wir bringen unsere Interessen irgendwie nicht unter einen Hut. Und ich dachte schon, im März, nach der WM-Enttäuschung, hätten wir unseren Vorrat an Ärger verbraucht.

*

Karl-Marx-Stadt, 28. 3. 1983

Bericht
Auf der gesamten Tournee gab es bei den geringsten Kleinigkeiten, die seitens der Jutta Müller bei der Witt als kritikwürdig empfunden wurden, Auseinandersetzungen. Von dieser Situation hat das gesamte Teilnehmerfeld, also auch KA-Sportler und Trainer, in der Zwischenzeit Kenntnis, da die Auftritte der Müller zu Witt sich auch in der Öffentlichkeit (Hotel) abspielen. Die Witt wird durch die Müller regelrecht abgekanzelt und angeschnauzt, wenn bei den Darbietungen von der Witt nicht die Elemente gebracht werden, die die Müller von ihr erwartet. Sie kritisierte u. a. auch, daß die Witt bei einem Bankett in Bratislava einen Likör zu sich nahm, den der Veranstalter allen Teilnehmern anbot…

Beim Bankett in Bratislava hat die Witt aus einer gewissen pessimistischen Haltung heraus den Läufer Brian Orser, Kanada, zum Tanz geholt. Mit ihm hat sie anschließend den ganzen Abend getanzt. Daraus läßt sich aber nicht ableiten, daß sich enge freundschaftliche Beziehungen ergeben haben ...

Offensichtlich wird, daß die Müller es nicht verwinden kann, daß sie mit einem vierten Platz von der WM zurückkehrte.

gez. S. S.

*

Im Juni hoffe ich, daß alles besser wird. Wir fahren nach Cortina in ein Trainingslager, es soll fünf Wochen dauern. Mal raus aus dem ganzen Trott, mal was anderes sehen – und vor allem weg von Problemen. Mein erstes Verhältnis wird langsam zur Belastung. Für mich, weil ich die Heimlichtuerei nur am Anfang genossen habe. Für ihn, weil er in Schwierigkeiten kommt. Er ist nicht nur verheiratet, sondern auch Leistungssportler – und muß jetzt ernsthaft um seine Karriere fürchten. Man kann nicht vorsichtig genug sein. Irgend jemand schöpft doch Verdacht. Mein Freund wird zu einer Aussprache mit seinem Klubvorsitzenden und anderen Funktionären bestellt. Sie wollen wissen, ob er ein Verhältnis mit mir hat. Wenn es so wäre, drohen sie ihm, sei es für ihn vorbei mit Auslandsreisen, und er würde aus dem Sport ausdelegiert. Er erklärt, daß er zu mir keine über das normale Maß hinausgehende Beziehung unterhält. Was immer das heißt, es wird von seiner Klubleitung akzeptiert. Trotzdem ist es gut, daß ich jetzt ein paar Wochen weg bin aus Karl-Marx-Stadt.

Für Frau Müller sieht das ganz anders aus. Für sie ist das Trainingslager die reinste Zumutung. Sie ist mit nichts zufrieden, kein Sprung ist ihr gut genug, jeder Lauf zu temperamentlos. Ich weiß morgens schon, beim Aufwachen: Heute kann ich ihr wieder nichts recht machen. Es wird alles noch schlimmer durch die Tatsache, daß die italienische Mannschaft auch in Cortina ist und von einer Exiltschechoslowakin trainiert wird, die angeblich wieder gute Kontakte zum Republikflüchtling Günter Zöller unterhält.

Der frühere Schüler von Frau Müller trainiert meine Konkurrentin Claudia Leistner. Nun fürchtet Frau Müller, daß Zöller und Leistner von der ČSSR-Trainerin erfahren, wie schlecht ich in Form bin. Deswegen würden sie sich dann noch mehr anstrengen, um mich in Sarajevo zu schlagen. Ich lache nur darüber, weil ich um so viele Ecken nicht denken will. Aber Frau Müller droht, den Lehrgang abzubrechen. Sie ahnt nicht, welche Freude sie mir damit machen würde. Aber wir stehen das Ganze durch. Ich am Ende besser als sie.

*

XX/AG Sport KMSt, 13. 7. 83
IMS C. P.
Information
zur Lage im Spitzenbereich EKL,
speziell zu Witt, Katarina
Hinsichtlich der Italienreise traten bei der Witt Schwierigkeiten auf. Dies bezieht sich insbesondere auf ihre sportliche Leistung, welche absolut unter Niveau war. Zu erkennen war, daß die W. lustlos an diesen Lehrgang heranging und ständig über Kleinigkeiten nörgelte, was wiederum Reaktionen der Trainerin Müller, Jutta herausforderte.

In dieser Hinsicht argumentierte M. auch zur PGO-Versammlung im Juli 1983, wo es u. a. über den Leistungsstand der W. zu berichten galt.

Die M., welche sehr erregt war, erklärte, daß die W. kein Staatsbürger wäre, denn sie erfüllt den Leistungsauftrag nicht. Sie wäre in der Lage, den Klassengegner im Leistungssport zu schlagen, habe aber nicht die richtige Einstellung hierzu.

Sie (Müller) müßte den Leistungsauftrag zurückgeben, da sie ihn nicht erfüllen kann. Zum Abschluß ihrer Ausführungen weinte Müller, Jutta.

*

KMSt, 13. 7. 83

Bericht

Die Müller äußerte, daß die BRD-Läuferinnen Ruben und Leistner wie die Besessenen trainieren und drauf versessen sind, die Witt an den Olympischen Spielen zu schlagen. Die Witt könne froh sein, wenn sie überhaupt noch eine Medaille gewinnt. In den geführten Auseinandersetzungen in der Sektion am 6. 7. 83 zu diesem Problem wurde der Witt nochmals eindeutig ihr Auftrag zu den Olymp. Spielen 84 klargemacht. Die Aussagen der Müller berührten sie äußerlich nicht, erst als der Gedanke aufkam, von der Sommerschaulauftournee Abstand zu nehmen, die auch in westliche Staaten führt. Zu diesem Zeitpunkt brach sie in Tränen aus.

gez. S. S.

*

Ich wiege mal wieder zuviel. Zwei Kilo. Ich hasse diesen Gang zur Waage, jeden Morgen. Und wenn bei Lehrgängen mit der Schublehre gemessen wird, wie es mit dem Fettanteil aussieht, könnte ich in die Luft gehen.

Kinder, denke ich mir, es ist Sommer – und ihr macht so einen Zirkus. Es ist ja noch ein halbes Jahr Zeit, eine Ewigkeit. Ich muß doch erst im Winter in Form sein. Erst dann wird es ernst, jetzt soll Eislaufen doch Spaß machen. Natürlich weiß ich, wenn ich ehrlich bin, daß ich mit dieser naiven Einstellung nicht weit komme. Man muß sich schon fast das ganze Jahr plagen, wenn man ganz nach oben kommen will. Aber es muß doch nicht immer so hart sein, daß man auf dem Eis halbtot umfällt. Ich meine, daß man mal mehr tun muß und mal weniger. Wobei mir halt oft weniger einfach lieber ist.

In diesem Sommer habe ich das Gefühl, daß ich es mir leisten kann, nicht immer das Äußerste aus mir herauszuholen. Frau Müller sieht das anders. Sie malt jeden Tag die große Katastrophe an die Wand, die über uns hereinbrechen wird. Ich kann nicht so richtig einschätzen: Meint sie das wirklich ernst, oder will sie mir nur angst machen? Wir sind jetzt schon so lange zusammen, aber manche ihrer Tricks durchschaue ich immer noch nicht.

Ich hasse den Druck, den sie macht, die Verzweiflung, die sie manchmal verbreitet, versetzt mich in Wut. Und ich rätsle, ob es vielleicht gerade das ist, was ich brauche, den Druck, die Wut – und manchmal auch die Angst. Als es heißt, daß ich nicht an der Sommertournee teilnehmen soll, weil man mich wieder einmal nicht vorzeigen könne, kommen mir die Tränen. Aber vor Zorn.

Euch werde ich es zeigen. Zwei Tage später beginnen die sogenannten Überprüfungswettkämpfe. Ich laufe, daß Frau Müller ihren Augen nicht mehr trauen kann. Ich denke, daß sie jetzt dran zweifeln muß, auch nur das geringste vom Eiskunstlauf und von Trainingsmethoden zu verstehen – und von mir. Aber ganz sicher bin ich mir auch nicht. Vielleicht hat sie mich nur wieder einmal überlistet, vielleicht hat sie genau gewußt, wie sie mich zu Höchstleistungen treiben kann.

Natürlich fahre ich mit zur Sommertournee.

Danach kommt leider mein Übermut zurück. Ich bin der Meinung, daß man auch mit weniger Quälerei, als mir Frau Müller abverlangt, zum Erfolg kommen kann. Und wieder verschlechtert sich unser Verhältnis, es wird manchmal unerträglich. Wenn wir zusammen sind, ist es so frostig, daß man eigentlich die Eismaschine abschalten könnte. Ich weiß, daß man mich jetzt nicht mehr aus dem Olympiakader streichen wird. Die Funktionäre trauen mir mehr zu als die Trainerin.

*

Abteilung XX

Auskunftsbericht

3.3 Charaktereigenschaften

Die W. tritt gegenüber ihren Sportkameraden und Trainern höflich und zuvorkommend auf. In ihrer Persönlichkeitsentwicklung ist, unter Berücksichtigung ihrer sportlichen Erfolge, ein erhöhtes Selbstbewußtsein zu verzeichnen. Ihr Auftreten ist selbstsicherer und zielbewußter geworden.

3.4 Sportliche Entwicklung und Perspektive des Reisekaders
Die sportliche Entwicklung ist bei der W. voll gegeben... Die clubinterne Zielsetzung besteht in der Erlangung der Goldmedaille zu den Olympischen Spielen 1984.
Leiter der Abteilung
E.
Oberleutnant W., Leutnant

*

Das mit meinem ersten Mann ist nur mehr eine halbe Sache. Diese Heimlichtuerei, das Verschwörerische hat seinen Reiz verloren. Ich habe mir Sorgen um ihn gemacht. Die Probleme, die er bekommen würde, wenn alles rauskommt, haben mich erschreckt. Ich wußte ja nicht, daß auch über meine Tugend gewacht wird, darüber, daß mich Sex und Männer nicht vom geraden Weg zum Erfolg abbringen. Ich glaube, er hat auch ein wenig Angst bekommen und ist froh, daß wir uns auf eine verläßliche Freundschaft zurückgezogen haben.

Außerdem: Es wird jetzt wirklich ernst mit Sarajevo, mich hat der Ehrgeiz gepackt, spät, aber immer noch rechtzeitig – davon war ich überzeugt. Ich bin bereit, mich richtig zu quälen. Ich trainiere, ich springe, ich schwitze, ich stemme Gewichte, ich faste. Frau Müller freut sich. Jetzt ist keine Zeit mehr, mit Männern rumzumachen. Einer würde mir zwar gefallen, aber den muß ich erst noch kennenlernen.

*

XX Sport KMSt, 16. 1. 1984
IMS T. S.
Information zu
Witt, Katarina
Im Verlaufe der DDR-Meisterschaften im ESL fiel dem IMS auf, daß die Witt sich um den Eisschnelläufer Dietel vom SC Dynamo Berlin bemühte. Wenn er lief, war sie relativ oft an der Eisbahn. Von seiten des D. gingen jedoch keine wesentlichen Aktivitäten aus.

Bekannt ist, daß D. sehr eng mit der Eisschnelläuferin Enke, Karin liiert ist. Aus diesem Grund wird D. kaum an Witt interessiert sein.

Zu Weihnachten führte der IMS ein kurzes Gespräch mit der Witt hinsichtlich ihrer Meinung zu ihrem derzeitigen Leistungsstand. Die W. schätzte selbst ein, daß es bei ihr in dieser Beziehung Schwierigkeiten gibt. Sie fühlt, daß ihre Beine schwer sind. Dies führt sie auf zuviel Training zurück.

gez. W., Leutnant

*

Die Olympischen Spiele kommen näher, wir werden immer ruhiger, Frau Müller und ich. Sie erschrickt zwar immer noch, wenn ich im Training mal nicht so ganz bei der Sache bin, und sieht dann gleich alles grau in grau, aber ich lasse mich nicht deprimieren und streite nicht mehr mit ihr. Vor Sarajevo ist noch die Europameisterschaft, da werde ich sie schon überzeugen.

Zu meiner Kür gehören eigentlich vier Dreifachsprünge, aber wochenlang schaffe ich nur zwei. Ich weiß, daß die anderen beiden auch machbar sind, aber wozu brauche ich sie im Training. Ich habe die Gewißheit, daß ich es kann, und das reicht mir. Aber Frau Müller ist eine Perfektionistin, sie will immer alles hundertprozentig. Ich glaube, sie hat jede Nacht einen Alptraum: Wir fahren zu einem Wettbewerb – und ich verliere gegen ein Mädchen, das von ihrem ehemaligen Schüler Günter Zöller trainiert wird. Das könnte sie nicht verkraften. Manchmal, wenn sie wieder besonders biestig war, denke ich daran, wie sie diese Vorstellung quälen muß – bei ihrem unersättlichen Erfolgshunger. Dann kann ich ihre Kritik besser ertragen. Ich weiß, ihre Angst ist überflüssig. Ich muß es ihr nur noch beweisen, dann haben wir beide für eine Weile Ruhe.

*

XX Sport KMSt, den 20. 1. 84
IMS M. F.
Information zu Witt, Katarina
Sektion Eiskunstlauf
Zum Verhältnis der Witt zu ihrer Trainerin Jutta Müller schätzt der IMS ein, daß es sehr wechselhaft war und ist. Es richtet sich immer nach dem Leistungsstand der Witt. Wenn ein schlechter Trainingsstand zu verzeichnen ist, dann schätzt die M. diesen Stand zwar in fachlicher Hinsicht objektiv ein, gibt ihn jedoch in unsachlicher, spontaner Art und Weise weiter und bezieht dies teilweise auf die Person der Witt. In dieser Situation »schaltet« die W. ab und läßt die M. sich beruhigen, was in der Regel nicht lange dauert.

Positiv bewertet der IMS, daß die M. in letzter Zeit, nach Auseinandersetzungen, nicht nur den Sportler auf sich zukommen läßt, sondern auch auf den Sportler zukommt. In sportlicher Hinsicht wird die M. von seiten der W. absolut anerkannt und geachtet. Die W. weiß, daß sie ohne die M. keinen Erfolg hat.

Generell ist einzuschätzen, daß die W. gegenwärtig Bemühungen zeigt, gute Leistungen zu bringen. Merkt sie jedoch im Training, daß es nicht richtig läuft, wird sie labil.

Bei internationalen Wettkämpfen zeigt W. diese Einstellung jedoch in keiner Weise. Hier kämpft sie und will anerkannt sein. Dies traf auch auf die EM in Budapest zu, wo auch im Training Kampfgeist vorlag. Durch den Europameistertitel fühlte sie sich selbst bestätigt und gewann das nötige Selbstvertrauen.

Die familiären Verhältnisse der W. schätzt der IMS als geordnet ein. Ihr Vater ist sehr auf eine Leistungssteigerung bedacht und richtet auch seine Erziehung dementsprechend aus.

Positiv bewertet der IMS den Umstand, daß der Bruder der W. ein sehr enges Verhältnis zu der Pötzsch, Anett unterhält. Die P. und die W. verstehen sich gegenwärtig sehr gut, wobei die P. positiv auf die W. einwirkt.

Generell schätzt der IMS ein, daß die W. keine Verratshandlungen begehen wird. Sie wurde von ihren Eltern, zu welchen eine sehr feste Bindung besteht, progressiv erzogen. Sie weiß, wo sie steht.

Diesbezüglich übt auch ihre Trainerin einen entsprechenden positiven Einfluß auf sie aus.

Durch ihren EM-Sieg fühlt sie sich bestätigt und gewann das nötige Selbstvertrauen. Obwohl sie sehr gefühlsbetont ist, besitzt sie eine prinzipielle Grundhaltung und urteilt danach.

gez. W., Oltn

Alles bestens. Nur noch ein paar Wochen bis Sarajevo, und ich meine, ich bin ganz gut in Form. Frau Müller hätte kaum noch Grund, mich niederzumachen, aber sie sieht das ein wenig anders. Für sie zählt der Europameister-Titel schon nach der Siegerehrung praktisch nichts mehr. »Das war gestern«, sagt sie, »Olympia ist morgen – und heute ist Arbeit, Arbeit, Arbeit.« Ich würde mich ja gerne ein bißchen auf den Lorbeeren ausruhen, auch wenn sie relativ klein sind, aber da finde ich wenig Verständnis. Zum Glück tröstet mich Anett Pötzsch. Sie hat jahrelang Erfahrung, wie man mit der Trainerin umgeht, wenn sie von einer Frau zur Furie wird. Einfach ignorieren, sagt Anett. Wenn du erst anfängst, mit ihr zu diskutieren, dauert alles nur noch viel länger.

Ich konnte ja früher nicht so gut mit Anett, ich hatte immer das Gefühl, sie sollte einfach abtreten und mir den Platz freimachen. Mit der gnadenlosen, grausamen Überheblichkeit des Kindes dachte ich: Die ist doch schon viel zu alt, eine Eislauf-Oma, die soll in Rente gehen. Die fünf Jahre Altersunterschied trennten uns, als ich vierzehn war, wie eine Ewigkeit. Ich fühlte mich schon so gut und so erwachsen, sie erschien mir wie eine alte Frau.

Hoffentlich nimmt sie mir das heute nicht mehr übel, denke ich. Denn sie geht jetzt mit meinem Bruder Axel, es scheint eine ernste Sache zu sein. Durch ihn lerne ich sie erst so richtig kennen und fange an zu begreifen, was ich mit Vierzehn natürlich nicht wahrhaben wollte: Sie ist freundlich und hilfsbereit, ich kann von ihrer Erfahrung nur profitieren. Wir werden richtig gute Freundinnen. Das hätte ich schon früher haben können. Aber mit Vierzehn macht dich der Ehrgeiz leicht blind, du bist ja schon sooo klug.

Auch mit Achtzehn sieht man noch nicht alles richtig. Es fällt mir eigentlich nicht so schwer, den Sieg bei der Europameisterschaft richtig einzuschätzen, aber man denkt sich die Welt ja oft schöner, als sie ist – und schließt sich da nicht aus. Ich sage, Hauptsache gewonnen, aber wenn ich dann ganz ehrlich bin, gestehe ich mir selbst ein, heimlich, nicht Frau Müller gegenüber: So gut war ich nicht, aber die anderen waren noch schlechter.

*

XX/Sport KMSt, 24. 1. 84
IMS C. P.
Bericht zu den EM im Eiskunstlaufen
vom 9. 1. bis 15. 1. 84 in Budapest
Zur Witt schätzt der IMS ein, daß diese überraschenderweise sehr gute Leistungen in der Pflicht zeigte. Einige Preisrichter vertraten nach der Pflicht die Meinung, daß die W. normalerweise den 1. Platz erhalten haben müßte. In der Kurzkür bestätigte sie ihren Ruf als beste Kurzkürläuferin der Welt. Bereits während des Trainings zeigte sich, daß die W. keine guten Kür-Leistungen zeigte. Aufgrund dessen wurden aus dem Kürvortrag kurzfristig einige Elemente herausgenommen. Trotzdem zeigte sie, speziell am Anfang ihrer Kür, schlechte Leistungen. Nach der Hälfte der Kür war jedoch eine Leistungssteigerung zu verzeichnen ...

Der Verräter Zöller war während der EM in Budapest anwesend. Der IMS konnte jedoch keinerlei Kontaktversuche des Z. zu DDR-Sportlern feststellen. Er wird von diesen absolut gemieden.

gez. W., Oltn

*

Mir bleibt auch nichts erspart. Ich bin Europameisterin – und was gibt es? Arbeit, Arbeit, Arbeit – wie Frau Müller verlangt. Manchmal denke ich, Sarajevo fängt an, und ich gehe nicht aufs Eis, ich gehe höchstens am Stock. Aber vielleicht weiß meine Trainerin nicht nur, wie sie mich provozieren und damit richtig motivieren kann, vielleicht kann sie auch viel besser beurteilen, wieviel ein Körper aushält – und vor allem meiner. Ich komme nach Sarajevo und bin die personifizierte Zuversicht. Das hat nichts mit Überheblichkeit zu tun, ich bin einfach davon überzeugt, daß ich so gut bin wie nie zuvor. Wenn mich eine besiegen will, dann muß sie schon außerirdisch laufen.

Nach der Pflicht bricht dann der ganze Optimismus weg. Ich werde krank, ohne jeden Grund. Mir ist ständig übel, die Beine werden weich, mir ist nicht nach Training, nicht nach Essen, mir ist nach gar nichts. Ich will mich nur zurückziehen. Aber nicht ganz allein. Ich habe da eine Bekanntschaft gemacht.

*

XX/Sport KMSt, 29. 2. 84
IMS Ge.
Information zu
Witt, Katarina
über Auftreten und Verhalten zu den Olympischen Winterspielen
Die W. bewohnte im gesamten Zeitraum der Olympiade gemeinsam mit der Baeß, Sabine ein Zimmer.

Nach der Absolvierung der Pflicht kam es jedoch zu einem Vorfall, wo Müller sehr erregt reagierte.

Witt und Baeß waren in der Regel im Wohnhaus des O.-Dorfes ständig zusammen.

Nach der Pflicht suchte die M. die W. Da sie diese nicht fand, fragte sie die B., wo die W. wäre.

Die B., welche Übertragungen im Fernsehen (Gemeinschaftsraum) ansah, erwiderte, daß die W. auf ihrem Zimmer ist. Die M. begab sich daraufhin zu diesem Zimmer. Da dies verschlossen war, klopfte M. mehrmals. Erst nach einiger Zeit und energischem Klopfen wird die Tür von der Witt geöffnet.

Die M. begab sich daraufhin sofort in dieses Zimmer und stellte fest, daß außer der W. sich der Eisschnelläufer Dietel im Zimmer aufhielt.

Die M. reagierte daraufhin äußerst unbeherrscht, beschimpfte den D. mehrfach mit »Schwein« und trat wütend gegen das Bett.

Aufgrund der Geräusche kam der Generalsekretär des DELV der

DDR, Gen. Grünwald, hinzu. Da die M. sofort Meldung bei Gen. Ewald erstatten wollte, beruhigte er sie und erklärte, daß es bisher keiner wüßte und sie den Mund halten solle. Es sei nichts geschehen. M. verzichtete daraufhin, Gen. Ewald diesen Sachverhalt zu melden.

Da D. nicht wußte, wie er sich zu verhalten hat, begab er sich anschließend zu Thierbach, erzählte ihm den Sachverhalt und fragte, wie er sich verhalten solle. Er betonte nochmals, daß er mit der Witt nichts gehabt habe und sie sich nur ungestört unterhalten wollten. Dies beteuerte ebenfalls die W.

Unter Beachtung des Umstandes, daß der D. sehr eng mit der Eisschnelläuferin Enke, Karin liiert ist, schätzt der IMS ein, daß dies den Tatsachen entspricht, gibt jedoch zu beachten, daß die W. an D. interessiert ist. D. beteuerte gegenüber dem Thierbach jedoch mehrfach, daß er an einer engen Verbindung zu der W. nicht interessiert sei.

D. mußte es anschließend auch der Enke mitgeteilt haben, da sie es ebenfalls wußte.

Grünwald äußerte zu D. noch, daß er nichts unternehmen braucht bezüglich der Müller, da er sowieso keinen Einfluß auf sie habe. Nur er sei in der Lage, die M. zu beruhigen.

Weitere Probleme zu der Witt wurden dem IMS nicht bekannt.

gez. W., Oltn

*

An alles mögliche kannst du denken, wenn der große Triumph ganz nahe ist. Du kannst neugierig sein auf das Gefühl, das du zum erstenmal kennenlernen wirst, was du spürst, wenn du etwas so gut kannst, wie niemand sonst auf der Welt. Du kannst dir vorstellen, wie es sein wird, wenn du die Medaille um den Hals hängen hast, wenn die Hymne verklungen ist und die Menschen dich feiern.

Es gibt so viele schöne Gedanken, die ich jetzt haben könnte. Ich stehe an der Bande, gleich wird die Musik einsetzen, meine Kür wird beginnen, ich kann, ich müßte eigentlich gewinnen. Vor allem aber: Ich muß, ich muß, ich muß.

Nicht auszudenken, was geschieht, wenn ich versage. Andreas

Dietel kann seine Karriere, den Sport vergessen. Der hätte seine Zukunft hinter sich. Den würden sie rauswerfen, der hätte seine letzte Reise gemacht. Und ich? Ich würde auch nicht ungeschoren davonkommen.

Frau Müller würde wahrscheinlich behaupten, wir hätten doch ... und nur deshalb sei die Goldmedaille futsch.

Das würde sie mir nie verzeihen.

Die Musik beginnt, ich laufe los wie in Trance. Ich glaube, noch nie ist jemand mit soviel Schiß Olympiasiegerin geworden.

Andreas und ich, wir haben wirklich nicht. Die Karin Enke hat das wahrscheinlich nicht geglaubt. Noch Jahre danach, als sie längst nicht mehr mit dem Dietel zusammen war, hat sie ganz kleine, böse Augen bekommen, wenn wir uns begegnet sind.

1984 – was für ein traumhaftes Jahr. In Ottawa werde ich auch noch Weltmeisterin. Noch nie war die Stimmung in unserer Truppe so gut. Am letzten Abend in Kanada improvisieren wir in meinem Zimmer eine Feier. Wir haben nichts als Unsinn im Kopf, sogar unser Delegationsleiter Grünwald macht mit. An der Decke hängt so etwas wie ein Thermostat. Wir diskutieren darüber, ob dadurch vielleicht die Sprinkleranlage ausgelöst wird, wenn es im Zimmer brennt.

»Das werden wir gleich sehen«, sage ich, steige mit einer brennenden Kerze auf einen Stuhl und teste die Sache. Es regnet aber nicht von der Decke, irgendwo heult nur eine Alarmsirene. Uns kümmert das nicht, denn wir wissen ja, daß es nicht brennt. Wir feiern ausgelassen weiter.

Nach einer Viertelstunde oder so hämmert es plötzlich gegen die Tür, ein Trupp Feuerwehrleute steht draußen, finster entschlossen, Äxte und Brecheisen in der Hand, mehrere Mann ziehen einen dicken Schlauch durch den Flur, allen läuft der Schweiß in Strömen unter dem Helm heraus. Die Ärmsten durften ja keinen Lift benutzen, sie haben die siebzehn Etagen zu Fuß gemacht – und umsonst.

Eigentlich müßten wir ja ein schlechtes Gewissen haben, aber für uns war das die Krönung eines lustigen Abends. Entschuldigen konnten wir uns ohnehin nicht, da hätten wir ja unsere Schuld gestehen müssen, und wer weiß, was dann passiert wäre.

Ich sage zu den anderen: »Wir müssen uns keine großen Vorwürfe machen. Warum soll es Feuerwehrmännern anders gehen als uns: Jeder muß trainieren, damit er im Ernstfall in Form ist.«

Die Saison ist zu Ende, und ich frage mich: Was soll jetzt noch kommen? Vier Titel in einem Jahr: DDR-, Europa- und Weltmeisterin, Olympiasiegerin. Mehr geht nicht. Aber ich habe noch lange nicht genug, ich kann mir ein Leben ohne Eislaufen nicht vorstellen. Was aber nicht heißt, daß Eislaufen alles im Leben ist. Es muß schon noch was anderes geben. Gibt es auch – und zwar reichlich. Ehrungen noch und noch, von Erich Honecker bekomme ich den Großen Vaterländischen Verdienstorden. Dazu Prämien. Das ist genau geregelt. Für eine Europameisterschaft gibt es 2000, für eine Weltmeisterschaft 10 000 und für einen Olympiasieg 25 000 Ost-Mark. Aber viel schöner ist eine andere Belohnung: eine Reise nach Kuba. Zum erstenmal bin ich in einem richtigen Sonnenland – und weit und breit kein Eis. Ich lerne neue Menschen kennen, bisher war ich ja nur mit den Eisläufern zusammen, diesmal sind auch die Sommersportler dabei. Ich bin am liebsten mit den Radrennfahrern zusammen, mit Uwe Ampler und Raab – aber rein platonisch.

Es ist eine herrliche Reise – und ich muß sie bitter büßen.

*

XX/Sport KMSt, den 12. 10. 84

Bericht zum Treff mit IMS Sch.

Zu Witt, Katarina führte der IMS an, daß es gegenwärtig verstärkte Probleme hinsichtlich des Gewichtes gibt. Obwohl das Optimalgewicht 52 Kilo betragen soll, wog die W. nach Rückkehr von Kuba 56,5 Kilo. Aufgrund dieses Gewichtes war sie nicht in der Lage, die minimalsten Normen zu bringen, und nahm nicht an der Schaulauftournee anläßlich des Jahrestages der DDR teil. Von seiten der Müller wurde angewiesen, daß die W. ab sofort ein Diätprogramm unter Aufsicht des Dr. Tolkmitt durchzuführen hat. Sie darf täglich nur 500 Gramm gekochten Reis zu sich nehmen.

gez. W., Oltn

*

War ich damals wirklich so fett? Ich denke, der IMS Sch., wer immer das war, hat maßlos übertrieben. Viereinhalb Kilo können es nicht gewesen sein. Aber ich erinnere mich, daß ich im Herbst nichts mehr zu lachen hatte. Frau Müller tat so, als hätte ich nie eine Goldmedaille gewonnen. Sie behandelte mich so, als müßten wir wieder ganz von vorn anfangen. Wir hatten fast täglich Krach, und alles, was vorher gewesen war, erschien mir wie Kinderkram.

Was wird darüber in den Akten stehen? Was über Ingo? Was über ... wie nenne ich den Mann, der mir viel bedeutet hat, noch ein großer Unbekannter, von dem ich nicht will, daß er identifiziert wird? Ich nenne ihn Marco. Was wußte die Stasi über Marco?

Ich brenne vor Neugier, ich könnte noch stundenlang lesen. Aber aus dem Lautsprecher kommt die Durchsage: »Wir haben unsere Reiseflughöhe verlassen und befinden uns bereits im Anflug ...«

Ich packe die Ordner weg, stelle meine Rückenlehne senkrecht und finde langsam aus den Erinnerungen an das Jahr 1984 in die Wirklichkeit zurück. Es ist interessant, in der eigenen Vergangenheit spazierenzugehen. Vieles ist im Kopf schon verschüttet. Es ist erschreckend, daß es ausgerechnet mit Hilfe der Akten wieder zum Vorschein kommt. Auch wenn die ganzen IMS und die Offiziere bisher vor allem Ereignisse notiert haben, über die ich heute schmunzeln kann – mir wird eiskalt bei dem Gedanken, daß da Menschen waren, so viele, deren Aufgabe es war, alles aufzuschreiben, was ich gemacht, gesagt, gedacht habe.

Was wird da noch alles kommen?

Die Schlagzeilen über mich, die Neid- und Hämegeschichten der letzten Wochen haben mich hart getroffen. Aber vielleicht wird das, was in den Akten steht, noch viel schwerer zu verdauen sein. Ich habe keine leichte Zeit vor mir. Ich muß die Geschichte mit Richard auch erst noch verdauen. Der Kerl hat mir, auch wenn ich letztendlich gegangen bin, das Herz aus dem Leib gerissen. Es tut schon noch weh. Ich lasse keinen Mann so schnell mehr an mich ran.

Muß mein Leben immer so kompliziert sein?

»Do you have a gun?«
muß ich für die Polizei übersetzen.

Wie mich Harry Veltman III. sechs Wochen lang belagert, festgenommen und schließlich vor Gericht gestellt wird. Ein Geschenk von einem Mörder, der seine Freundin zerstückelt und gegessen hat. Und ein sehr ärgerlicher Brief von Boris Becker.

»Wir bitten Sie, angeschnallt zu bleiben, bis die Maschine zum Stillstand gekommen ist und wir unsere Parkposition erreicht haben ...«

Die letzten Minuten vor der Landung in Tegel gehören wieder der Frage: Altenhof oder Berlin? Wie immer habe ich das Gefühl: Eigentlich bin ich überall und nirgendwo daheim. Nach Hause kommen – das gab es mal, in Karl-Marx-Stadt war das so. Ich habe mich immer gefreut auf meine Eltern, meinen Bruder, und es war jedesmal eine richtige Erholung: nach Wochen in Sportschulen und Hotels endlich mal ein Platz, der dir vertraut ist. Du brauchst niemanden zu fragen, niemand zu bitten, du weißt, wo der Kühlschrank steht, was in welchem Fach liegt. Blind findest du dich in den Schränken und Regalen zurecht. Ein Griff, und du hast das Buch in der Hand, das du lesen willst. Und wenn du etwas suchst, findest du es schnell. Auf den Reisen, in den Hotels, hast du immer gerade den Pullover nicht dabei, den du jetzt gerne anziehen würdest. Du vermißt etwas Persönliches, zum Beispiel ein Bild, das dir vertraut ist. Für jemanden, der nicht ständig auf Reisen ist, sind das Kleinigkeiten – doch gerade sie sind es, die unterwegs den Wunsch verstärken: endlich mal wieder nach Hause. Für mich war unsere Wohnung schon als Kind etwas Besonderes: Wärme nach der Härte von Training und Wettkampf.

Aber jetzt, in Berlin? Ich war so froh, als ich endlich eigene vier Wände hatte, aber dann sind sie mir immer wieder gründlich verleidet worden.

Vor allem die Zeitung *Super!* hat sich da hervorgetan.

Eines Tages schaue ich aus dem Fenster in der achten Etage – und sehe einem blonden Mann fast direkt in die Augen. Er steht im Korb eines Krans und ruft irgend etwas von einem Auftrag der Stadtwerke. Hält der mich für doof oder kurzsichtig: Er hat eine Kamera um den Hals hängen. So viel Aufwand, solche Lügen – für einen Blick in mein Schlafzimmer! Dafür hat der Reporter extra einen Baukran gemietet. Es wird natürlich nichts mit einem intimen Foto, aber immerhin, es gibt ein Bild: ich am Giebelfenster, mit dem Zeigefinger drohend. Und selbstverständlich wird auch eine Geschichte daraus, weil der Fotograf immerhin gesehen hat, daß die Wohnung noch völlig leer ist. Das hat einen einfachen Grund, es wird gerade erst renoviert. Doch das interessiert *Super!* nicht, die Schlagzeile ist wieder von der bewährten Hinterhältigkeit, mit der die aus dem Westen importierten Journalisten ihr Herz für die Brüder und Schwestern im Osten beweisen wollen.

»1 Million Wohnungen fehlen – Kati Witt läßt ihre Luxuswohnung (190 qm) leerstehen – Ich habe ja auch noch einen Bungalow.«

Der Text war in der üblichen Hetztonlage gehalten: »Kati Witt (25), Honeckers verhätschelte Eisprinzessin, hat noch kurz vor der Wende eine herrliche Wohnung am Potsdamer Platz in Berlin bekommen. 190 Quadratmeter auf 2 Etagen, Miete 282 DM: Vier Millionen Menschen warten bei uns auf eine Wohnung. Kati hat in ihrer noch nie gelebt. Sie steht leer.«

Besonders beeindruckt mich die Passage von den vier Millionen Menschen, die bei »uns« auf eine Wohnung warten. Ich bin fasziniert von der Kaltschnäuzigkeit, mit der Journalisten aus dem Westen, von denen keiner in einer Sozialwohnung lebt, die in Hotelsuiten und Apartments logieren, sich des Auflagenerfolges wegen unter »uns« einreihen und so tun, als seien sie zum Kampf für Gerechtigkeit und soziale Ausgewogenheit und nicht um Anzeigen und Marktanteile angetreten. Für diese publizistische Söldnertruppe bin ich eine willkommene Zielscheibe für ihre Schießübungen. Mein Haus in Altenhof, halb Fertigbau, halb Gartenhaus, wird natürlich gleich zum Bungalow: »Hier lebt Kati, in dem Luxus, den sie den Bonzen verdankt... Swimmingpool im Keller...« Es gibt den Swimmingpool im Keller natürlich nicht, aber vielleicht will man, daß sich die Leser selbst davon überzeugen – es wurde die Adresse veröffentlicht. Und das hatte für mich beinahe lebensgefährliche Folgen.

Altenhof war für mich wie eine Burg. Hier, in der Märkischen Heide, hatte ich Ruhe, wenn ich von Tourneen, von Werbeaufnahmen oder Dreharbeiten zurückkam. Daß es etwas einsam war, hat mich nicht gestört. Allein zu sein machte mir keine Angst. Ich hatte mich noch nicht umgestellt, daß auch Überfälle und Einbrüche der Preis für Freizügigkeit sind, das war mir noch nicht bewußt geworden. In der DDR war diese Form der Kriminalität nicht an der Tagesordnung. Aber ich werde bald damit konfrontiert.

Eines Tages komme ich von einer Reise nach Hause, schließe auf und rieche Rauch. Plötzlich flitzen zwei Männer aus der Küche und machen sich durch den Garten davon. Ich gehe ans Telefon, rufe die Polizei – und dann bekomme ich es mit der Angst zu tun. Ich nehme ein Brotmesser aus dem Küchenschrank, setze mich auf die Anrichte – und da sitze ich immer noch, als die Polizei endlich kommt, das Messer fest umklammert. Die Einbrecher haben nichts erwischt. Offenbar wollten sie sich erst noch stärken, ehe sie an die Arbeit gingen. Sie hatten den Kühlschrank leergeräumt und ausgerechnet die frischen Erdbeeren, auf die ich mich den ganzen Tag gefreut hatte, verdrückt. Im Aschenbecher lag eine glimmende Zigarettenkippe, daher der Rauch, den ich gerochen hatte.

Ihre Vorgänger, die einige Wochen früher da waren, hatten mehr Erfolg. Sie hatten meinen ganzen Schmuck und persönliche Andenken mitgenommen. Es gibt zwar einen Safe im Haus, aber soviel Vorsicht war mir, Monate nach der Wiedervereinigung, einfach noch fremd. Ich dachte, ein Haus mit verschlossenen Türen ist ein sicherer Ort.

Nun weiß ich es zwar besser, aber es soll noch viel schlimmer kommen. Im Spätherbst 90. Harry Veltman III. tritt wieder einmal in mein Leben.

Er ist siebenundvierzig Jahre alt, lebt mit seiner Mutter in Westminster in Kalifornien, ist arbeitslos, hat aber dennoch genug Geld, nach Deutschland zu reisen. Er quartiert sich in der Nähe von Altenhof erst bei einem Pfarrer, dann in einem ehemaligen Ferienheim ein, kauft sich ein Rad und steht jeden Tag am Zaun und beobachtet mich. Er wirft Zettel in den Briefkasten, am Anfang sind es nur glühende Liebesschwüre. Ich rede gelegentlich mit ihm, bitte ihn, mich doch in Ruhe zu lassen. Er sagt, er will mich nur von seiner Liebe überzeugen, so lange, bis ich bereit bin, ihn zu heiraten. Langsam bekomme ich Angst. Zum Glück gibt es Opa Höft, meinen freundlichen Nachbarn, der jeden Tag kommt, um im Garten zu arbeiten. Auch wenn er schon achtzig ist, er ist noch hellwach und drahtig wie ein Expander, schwimmt morgens im Werbellinsee und kennt keine Angst. Ein paarmal verjagt er Veltman vom Zaun, nachts schlägt er sein Quartier im Keller auf, er fühlt sich für meinen Schutz verantwortlich, und ich fühle mich einigermaßen sicher. Bis eines Tages wieder eine Nachricht von Veltman im Briefkasten liegt, eine von insgesamt sechzig.

»In Deinem Haus hast Du keine Sicherheit. Ich hätte ein Fenster aufbrechen, Dich vergewaltigen können, ehe Du um Hilfe hättest telefonieren können. Du wirst eher sterben, als ohne mich leben. Wer meine Befehle nicht befolgt, muß sterben.«

Ich bin, nach sechs Wochen Belagerung, mit meinen Nerven am Ende. Einmal schon war die Polizei da, aber es hieß, man könne gegen diesen Mann nichts unternehmen. An einem Zaun zu stehen, ein Haus anzustarren, das sei nicht strafbar. Es war eine eigenartige Zeit nach der Wende, ein bißchen wie im Wilden Westen. Die alten Gesetze wurden ignoriert, neue Gesetze kannte noch keiner. Auch die Polizei war völlig verunsichert – und mir deshalb keine Hilfe. Aber der letzte Brief weckt bei der Polizei dann doch Zweifel an der

Harmlosigkeit von Veltman. Als die Beamten kommen, ist er verschwunden. Wir machen uns auf die Suche und finden ihn in dem ehemaligen Ferienheim. Er liegt im Bett. Die Situation ist grotesk. Von den Polizisten ist keiner des Englischen mächtig. Ich muß übersetzen. Ob er eine Waffe hat, wollen sie wissen.

»Du you have a gun?« frage ich ihn.

Er hat keine. Die Polizisten sehen wieder keinen Grund, ihn festzunehmen. Daß ich mich bedroht fühle, manchmal sogar um mein Leben fürchte, wollen sie nicht begreifen. Ich fahre mit ihnen zurück, Veltman rennt neben dem Auto her und schreit durchs geschlossene Fenster: »Katarina, I love you!«

Eines Tages ist er dann plötzlich verschwunden. Ich denke, daß ich nun Ruhe habe vor Veltman, denn daß sich nun schon zum zweitenmal die Polizei um ihn kümmerte, hat ihm offenbar gereicht. Im Januar ist er bereits einmal festgenommen worden, in Denver. Dort hat er Kopien seiner Briefe, die er vorher an mich geschickt hatte, während einer Vorstellung aufs Eis geworfen. Das ist nicht so harmlos, wie es klingt: Läuft man mit den Kufen drüber, liegt man unweigerlich auf der Nase. Aber Briefe aufs Eis zu werfen ist kein kriminelles Delikt. Veltman wird wieder freigelassen, es gibt kein Verfahren gegen ihn.

Im Dezember 1991 muß ich nach Kalifornien – und habe Angst. Veltman hat mir wieder Briefe geschrieben, die klingen nicht mehr harmlos, sondern noch verrückter – und bedrohlich. Das sind nicht mehr nur die Zeugnisse einer perversen sexuellen Fieberphantasie. Wir sind in San Franzisko. Mit zwei Eisläufern steige ich im Hotel »Four Seasons« in den Lift. Bevor sich die Tür schließt, quetscht sich noch ein Mann herein. Er dreht sich um, ich werde blaß. Es ist Harry Veltman III. Meine beiden Begleiter spüren meine Panik, sie begreifen, was los ist. Einer drückt den Knopf für die nächste Etage, ich flüchte, die Jungs stellen sich Veltmann in den Weg und fahren mit ihm weiter. Ich renne an die Rezeption, meine Angst ist nicht zu übersehen. Zwei Hausdetektive machen sich sofort auf die Suche. Sie finden Veltman und werfen ihn aus dem Hotel. Mir wird dieser Mensch immer unheimlicher. Bevor wir dann auf unserer Tournee nach Los Angeles kommen, wo wir im Great Western Forum auftreten, wird Veltman festgenommen. Staatsanwalt Uttam Dhillon teilt anschließend der Presse mit, Veltman habe gebeten, Katarina Witt zu benachrichtigen, so daß sie kommen kann, um die Kaution für ihn zu hinterlegen.

Es dauert ein paar Monate, bis zum März 1992, dann findet die Verhandlung gegen Veltman statt, der in deutschen Zeitungen abwechselnd als »Sex-Monster« und als »Katis Sex-Peiniger« bezeichnet wird. Ich muß als Zeugin gegen ihn aussagen, es genügt dem Gericht nicht, was gegen den Angeklagten an Belastungsmaterial vorliegt: Sieben Briefe mit eindeutig sexuellen Absichtserklärungen und zehn Nacktfotos von sich, die er mir geschickt hat, waren als Beweismittel zugelassen. Dazu gab es noch den Bericht über seinen Daueraufenthalt vor meinem Haus in Altenhof.

Der Bundesanwalt fragt mich: »Hatten Sie Angst?«

»Ja, ich fürchtete um mein Leben.« Wie gefährlich dieser Mann sein kann, war mir durch zwei Briefe klargeworden. Einer klang noch reichlich verworren. »Bitte, fürchte Dich nicht, wenn Gott mir erlaubt, Dich aus Deinem Körper zu ziehen und zu umarmen.«

In einem anderen hatte er mitgeteilt: »Wenn ich meine Frau je mit einem anderen erwischen sollte, werde ich zuerst ihn, dann sie und schließlich mich selbst umbringen.« Ich mußte die Drohung auf mich beziehen, denn er hatte mehrfach geschrieben, daß er mich als seine Frau betrachtet, als Frau, die nur ihm gehören darf. Diese beiden Schreiben wurden verlesen, der Rest sollte eigentlich nur für die Geschworenen bestimmt sein und nicht an die Öffentlichkeit gelangen. Dennoch werden wörtliche Zitate aus der Anklageschrift veröffentlicht, die der Staatsanwalt vorlas. Errötend habe er das getan, schreibt *Super!* und beweist mal wieder die wahre Meisterschaft der Tiefschlagzeile:

»Kati Witt – Sex-Prozeß. Er stand vor der Tür, onanierte und schrie: Heirate mich!«

Bei Gericht geht es dezenter zu. Sogar Veltman, der sich selbst verteidigt und mich deshalb ins Kreuzverhör nehmen darf, gibt sich sehr zurückhaltend.

»Hast du je von Astro-Projektion gehört?«

»Nein.«

»Hast du nie von dem Buch ›Out of the body‹ gehört?«

»Nein.«

»Sagen dir Dinge etwas, die es auch in der Bibel gibt, daß nämlich Propheten ihren Körper verließen und dabei nicht zu Schaden kamen?«

»Ich verstehe nichts. Ich weiß nur, daß ich meinen Körper nicht verlassen will.«

Während dieses Dialoges schaue ich nicht ihn an, sondern – wie während des ganzen Prozesses – nur den Richter oder die Geschworenen. Das irritiert ihn. Einige Zuhörer lachen, der Richter hat genug von diesem Unfug. »Sie sind als Zeugin entlassen.«

In Deutschland ist dieses kurze und wirre Kreuzverhör Anlaß zu einer weiteren Schlagzeile: »Mitten im Gericht – Sex-Strolch erniedrigt Kati.« Nicht nur in Veltmans Briefen steht Schwachsinn.

Vor der Verhandlung hat Veltmans Mutter erzählt, er habe sich extra für mich in der Untersuchungshaft die Haare schneiden lassen. Außerdem bittet sie um Spenden. Sie will ihrem Sohn, einem Ex-Piloten, ein Flugzeug kaufen. Damit er mit mir eine Weltreise machen kann.

Die zwölf Geschworenen sprechen Veltman schuldig. Damit droht ihm eine hohe Haftstrafe. Doch der Richter weist ihn für drei Jahre und einen Monat in eine geschlossene psychiatrische Klinik ein.

Für ihn und für mich hoffe ich, daß er geheilt werden kann.

Aus den vielen Briefen, die ich bekomme, ist nicht immer ganz klar herauszulesen, ob es sich nur um Nachrichten von Fans handelt, die sich in eine Phantasiewelt begeben, wenn sie mir schreiben, aus der sie dann wieder in die Wirklichkeit zurückfinden, sobald sie genug geschrieben haben. Manche Texte klingen wie die Protokolle von Monologen, die gut bei einer psychotherapeutischen Sitzung entstanden sein könnten. Einige sind einfach naiv, andere von bemerkenswerter Bösartigkeit – und manche einfach nur komisch ...

Zu den verrücktesten gehört ein Brief aus Saarbrücken an Frl. Catharina Witt.

»Liebe Cati?

Bin zufälligerweise auf der Durchfahrt im Saarland.

Bedaure sehr, die bisher geknüpften pers. Beziehungen mit Dir sofort abbrechen zu müssen, da ich erst jetzt in Erfahrung bringen konnte, wie Du Dir Deinen Lebenswandel durch einflußreiche Männer der Stasi in der D.D.R. hast beschmutzen lassen.

Du warst also die *rote Hure* der D.D.R.!!

Außerdem hast Du Dir Dein Image durch einen Zeitungsartikel in der Bild Zeitung verscherzt, indem Du das Ansehen von unserem Bundeskanzler H. Kohl, welcher sich niemals vor dem mehrfachen

Mauermörder Erich Honecker

verneigt hat, versucht hast zu schänden.

Du beabsichtigst ferner, nach der Vereinigung von Gesamt-Deutschland mit Deiner Eiskunstlauferei hier Fuß zu fassen.

Das schlag Dir aus dem Schädel!!!

Hinter unserer beliebten und sauberen Claudia Leistner, Europameisterin, wirst Du Dich ohnehin künftig verstecken müssen!!

Deine großen Bewunderer werden zukünftig fehlen.

Und ich bin mir zu schade, mit Dir herumzuhuren.

Leb wohl, *Du rote Schlampe* und tanze dem Kreml in Moskau etwas vor.«

Das tollste an diesem Brief war der Absender: Boris Becker, z. Zt. auf Saarlandreise. Der Urheber hatte sich sogar die Mühe gemacht, die Autogramm-Unterschrift von Boris, die ja häufig zu sehen ist, zu üben. Es ist eine nahezu perfekte Kopie.

Irgendwann habe ich es aufgegeben, darüber nachzudenken, was in den Köpfen dieser Menschen vor sich geht. Manche entwickeln eine fast unglaubliche Energie. Zum Beispiel ein Mann aus Süddeutschland, dem ich wohl einmal begegnet bin und dem ich freundlich zugelächelt haben muß. Daraus schloß er:

»So wie Du hat mich noch keine Frau angesehen... Der Grund unserer gegenseitigen Übereinstimmung, der gegenseitigen Resonanz und Schwingung, beruht auf unserem ähnlichen Charakter...

Unser Typ braucht vor allem das seltene Glück, einen passenden Lebenspartner zu finden... Mein Wunsch ist: Komme zu mir, und werde meine Frau... Wenn Du zu mir kämst, würdest Du Hausfrau werden mit meiner vollen Unterstützung. Einem Gelderwerb bräuchtest Du nicht nachzugehen.«

Auf zwölf eng beschriebenen Seiten folgen dann Ratschläge für mich. Er hat sich viel Zeit genommen, Mühe gegeben – und das alles nur wegen einer zufälligen Begegnung, eines flüchtigen Blikkes, an die ich mich beim besten Willen nicht erinnere. Gelegentlich übt man eine Wirkung aus, die man wirklich nicht beabsichtigt hat – und die man oft auch gar nicht einordnen kann.

Bei einem Schaulaufen in Tokio, vor vielen Jahren ist das gewesen, bekomme ich nach meiner Kür Blumen, Briefe und kleine Geschenke. Darunter ist auch ein Ölbild, ein Porträt von mir, das wohl nach Fotos gemalt wurde. Im Begleitbrief schreibt ein Mann, daß er vor mehreren Jahren in Paris seine Freundin ermordet, zerstückelt, im Kühlschrank aufbewahrt und nach und nach verspeist hat. Er sei längere Zeit in einer Anstalt gewesen, aber jetzt wieder in Freiheit. Ich nehme das nicht wichtig, aber die Veranstalter machen sich Sorgen. Die Polizei stellt fest, daß es diesen Mann tatsächlich gibt, daß er jedoch untergetaucht ist. Die Folge: Beim Abschlußbankett stehen hinter mir, an jeder Tür des Saales und an jeder Seite der Tanzfläche Leibwächter, insgesamt vierundzwanzig.

Wenige Monate später schreibt der Japaner wieder. Er ist offenbar gut informiert über meinen jeweiligen Aufenthaltsort, der Brief geht an das Hotel, in dem ich während der Weltmeisterschaft 1987 in Cincinnati wohne. Wieder teilt er mit, daß er seine Freundin ermordet hat. Und: Ich sehe ihr sehr ähnlich. Ich bekomme den Brief zunächst nicht zu sehen, wundere mich aber, daß ich ständig zwei Aufpasser habe, die FBI-Beamten Upchurch und Hochstrasser. Erst nach der WM erfahre ich von der Botschaft meines japanischen Verehrers, die von unserer Mannschaftsführung für eine Drohung gehalten wurde. Grund genug, das FBI um Hilfe zu bitten.

Das Ölporträt von dem Maler, der ein Mörder war, hat mir der

Botschafter der DDR in Japan später, nachdem es von der Polizei freigegeben war, zugeschickt. Ich habe es im Keller aufgehängt. Manchmal stehe ich mit einem Schauder davor: Wie ist es möglich, daß in einem Menschen die Gabe, Schönes zu schaffen, und der Hang zur Grausamkeit vereint sein können?

In Altenhof habe ich jetzt wieder Zeit darüber nachzudenken, daß nicht nur verwirrte, kranke Menschen wie Harry Veltman III. oder der Japaner grausam sein können – eine gewisse Sorte von Journalisten braucht sich da nicht zu verstecken.

Es gibt jetzt keine Stasi-Schlagzeilen mehr, Richard/McGyver und ich, wir sind das Thema. Ich lese in *Echo der Frau* eine Überschrift und bekomme einen Schreck. »Kati Witt – Baby statt Ruhm.« Ist es möglich, daß Richard geplaudert hat?

Natürlich nicht. Der Text könnte vom Autor eines Groschenromans stammen: »Das Seelenleben der Chemnitzerin ist völlig ins Wanken geraten: Kati Witt fühlt sich zu Unrecht beschuldigt, für die Stasi spioniert zu haben. Nur einer glaubt ihr: ›McGyver‹ Richard Dean Anderson (42)! In seinen starken Armen findet die Eisprinzessin Halt, er tröstet sie und richtet sie wieder auf. Dabei hätte Kati Witt ihre Liebe zu dem Schauspieler beinahe leichtfertig aufs Spiel gesetzt. Sie wollte Karriere machen, nicht Hausfrau und Mutter sein, wie es sich Richard wünschte. Plötzlich sieht sie ihr Leben mit anderen Augen. Sie merkt, wie wichtig es ist, eine Familie zu haben, die Schutz und Geborgenheit bietet. Einen Mann, der auch die schlimmsten Zeiten gemeinsam mit ihr durchsteht. Und auf einmal ist der Wunsch nach einem Baby größer als die Sucht nach Ruhm und Geld.«

Sehr phantasiebegabt. Aber das geht noch besser. Zum Beispiel in *Frau im Spiegel*:

»Kati Witt – Für ›McGyver‹ verzichte ich sogar auf die Karriere!

... Heute ist leider nicht mehr zu klären, wer wem den Heiratsantrag gemacht hat. Sicher ist nur, daß der Hollywood-Star ursprünglich die Hochzeitsfeier in seinem Haus ausrichten wollte. Da kannte er aber die Eltern seiner Auserwählten schlecht! Katja (56) und Manfred Witt (57), die in einem Hochhaus in der Chemnitzer

Innenstadt wohnen, erklärten liebevoll, aber bestimmt: ›Geheiratet wird hier.‹ Den Chemnitzern steht also die Hochzeit des Jahres ins Haus…«

Und darauf warten die, die solchen Unfug glauben, noch heute. In dieser Geschichte stimmt nichts, aber auch gar nichts. Es gab nie einen Heiratsantrag, kein Zitat meiner Eltern, ihr Alter ist falsch angegeben – und das Haus in Chemnitz ist, selbst wenn man als Besser-Wessi davon ausgehen sollte, daß für die Bürger der ehemaligen DDR in ihrer Bescheidenheit Hochhäuser vielleicht schon sehr klein anfangen, beim besten Willen kein Hochhaus.

Ich kann mich nicht mehr empören über die erfundenen Geschichten, sie tun nur deshalb weh, weil über ein Glück phantasiert wird, das es nicht mehr gibt. *Bild* bekommt es natürlich raus: »Kati und McGyver – alles aus.« Es sind vierundzwanzig Zeilen auf der letzten Seite, ich schneide sie aus und schreibe an den Rand: »Dies ist nun alles, was übrigbleibt.«

Aber damit bin ich noch nicht durch. Nun ist es Zeit für die Spekulationen. Woran ist die Liebe gestorben? Zum Glück können sich die flotten Jungs von *Super!* nicht mehr daran beteiligen. Denen würde sicher eine Menge einfallen, aber sie wurden vom Markt genommen. Sie werden würdig vertreten von einem Reporter des Evening Standard. Der kann zwar den Namen McGyver nicht schreiben, aber sonst weiß er alles ganz genau.

»Eis-Star Witt nach Spionage-Vorwürfen abserviert.«

»Olympia-Eisläuferin Katarina Witt wurde von ihrem TV-Star-Freund abserviert, weil er fürchtet, daß sie eine kommunistische Spionin war. ›McGuyver‹-Darsteller Richard Dean Anderson hat die Verlobung gelöst, nachdem er Nachrichten-Sendungen verfolgt hatte, in denen behauptet wurde, daß sie eine heimlich Informantin der ostdeutschen Stasi gewesen sei. Ein Freund sagt: ›Katarina hat alles abgestritten, aber es arbeitete in Richard. Er wußte nicht, was er denken sollte… Er haßte den Gedanken, in was er da hineingezogen werden könnte. Er verliebte sich Hals über Kopf, als er sie bei den Olympischen Winterspielen traf, und war überzeugt, daß er endlich die Frau gefunden hat, die seine Babys bekommen sollte.

Aber plötzlich ist seine Welt in Trümmer gefallen. Obwohl Katarina ihm gesagt hat, daß die Geschichten nicht wahr seien, konnte er nicht aufhören, sich zu fragen, in was er da hineinheiraten würde.«

Es ist eigenartig. Ich weiß doch ganz genau, wieviel Wahrheitsgehalt in solchen Geschichten steckt, daß die guten Freunde, die zitiert werden und keinen Namen haben, Kopfgeburten sind und die Zitate auch.

Und doch ist es wie ein Stich ins Herz.

Die Zweifel an Richard, die Wut über seine dem angeblichen Freund anvertrauten Gedanken – vielleicht ist die selbstquälerische Grübelei für mich im Augenblick wichtig. Es ist wie ein Training für die Seele. Du gehst, wie im Sport, an die Grenzen, dorthin, wo der Schmerz beginnt – und dann noch ein ganzes Stück darüber hinaus. Das kostet zuerst Überwindung, aber dann macht es widerstandsfähig. Deshalb ist es gut, wenn ich mich frage: Hast du dich so getäuscht? Ist er ganz anders, als du ihn gesehen hast? Vielleicht ist es gut, daß er aus deinem Leben verschwunden ist?

In ehrlichen Momenten allerdings sehe ich das dann doch ein wenig anders. Ich vermisse meinen Richard schon noch. Es tut auch manchmal weh, aber ich werde mit Schmerzen gut fertig. »Du bist die stärkste Frau, die ich je kennengelernt habe«, sagte Richard einmal zu mir, »und ich meine das nicht physisch.«

Einen großen Teil meiner inneren Stärke verdanke ich dem Sport.

Was du mit deinem Körper machst, das geht am Kopf nicht einfach vorbei. Du hast gelernt, jahrelang, daß der Schmerz nur dann unerträglich wird, wenn du dich ihm ergibst. Oft genug hast du festgestellt, daß du durch diesen Schmerz durchkommst, daß du stärker bist. Dein Wille ist irgendwann so gut trainiert wie dein Körper. Was für Muskeln und Bänder, für Knochen und Gelenke gilt, das funktioniert auch für die Seele. Du hältst oft mehr aus, als du dir vorstellen kannst. Das unterscheidet Sportler, nicht alle, von vielen anderen Menschen, nicht von allen.

Ich werde natürlich nicht immer mit Kummer auf Anhieb fertig. Manchmal, früher, hätte ich mir gewünscht, ich müßte mich nur schütteln, und alles wäre vorbei. Zum Beispiel, als das mit Ingo war, von dem ich dachte, er würde eines Tages hier mit mir in Altenhof leben. Eigentlich bin ich auch seinetwegen hierhergezogen. Es gab eine Zeit, da war er der wichtigste Mann für mich. Die erste Liebe, auch die mit den ersten Tränen.

»IM Schütze soll mit einem Wartburg belohnt werden«,

regt der Oberstleutnant an.

Warum die Stasi so großes Interesse daran hat, mich und Ingo Politz auseinanderzubringen. Die erste richtige Liebe, abenteuerlich und tränenreich. »Bist du jetzt völlig blöd und vielleicht noch lesbisch«, schreit Frau Müller.

1984. Was soll dieses Jahr jetzt noch bringen? DDR-, Europa-, Weltmeisterin, Olympiasiegerin. Im Sport bin ich weit jenseits von dem Punkt, an dem es noch Wünsche gibt. Und privat? Die Neugier ist, was den Körper angeht, gestillt, aber es ist eine unbestimmte Sehnsucht da. Es muß doch noch etwas anderes geben als den lockeren Umgang, den wir im Sport pflegen. Wir sind auf dem Eis, bei Lehrgängen, bei Wettbewerben mit den Männern zusammen, aber es knistert nichts, es entsteht keine Spannung. Ich spüre das zum erstenmal richtig in Zinnowitz auf der Insel Usedom. Dort ist immer ein Sommerlehrgang, am Morgen müssen wir raus an den Strand, kollektives Baden heißt die Übung, obwohl dabei Frauen und Männer streng getrennt werden. Am Mittag gehen wir dann in der Freizeit gemeinsam zum Schwimmen, natürlich FKK. Aber das hat überhaupt nichts Erotisches. Es ist alles unverkrampft und kumpelhaft, und ich habe den Verdacht, daß ich mich wohl nie in einen Sportler verlieben werde. Die sehen dich praktisch nur als Kollegin, aber nicht als Frau.

Dann kommt Pfingsten, Jugendfestival in Berlin. Tausende Jugendliche, jedes vierte Jahr, da bin ich immer gerne hingefahren. Es gibt eine Eisshow im Stadion mit Live-Musik. Die Band, sie hat den Namen »PRINZIP«, gefällt mir, der Schlagzeuger auch. Ich lerne ihn kennen – und denke, ich bin in einer anderen Welt. Keine Kumpelhaftigkeit, er nimmt mich richtig ernst, als Frau. Er redet nicht mit mir in diesem forschen Ton der Sportler, der mit Charme überhaupt nichts zu tun hat, er ist auch richtig aufmerksam. Wenn mir mal was runtergefallen ist und ein Sportler stand direkt daneben, dann hat der sich nicht gebückt und mir das aufgehoben. Der konnte gar nicht anders, der hat gedacht: Jeder macht sein Ding, Frau gibt's nicht, Hilfe auch nicht.

Aber er ist ganz anders: Ingo.

Er ist sieben Jahre älter als ich, hat, für DDR-Maßstäbe, lange Haare und ist völlig unbeeindruckt davon, daß ich Olympiasiegerin bin. Er ist so natürlich und souverän. Das gefällt mir. Aber richtig weg bin ich, als er etwas macht, was ich bis dahin nicht für möglich gehalten habe.

Es ist Mittwoch abend, ich bin wieder in Karl-Marx-Stadt. Ingo ruft an. Wir unterhalten uns über alles mögliche. Zum Schluß fragt er: »Was machst du denn morgen?«

»Nichts Besonderes, ich habe Training bis um 13 Uhr.«

Am Donnerstag um 13 Uhr komme ich aus der Eishalle, und er steht vor mir. Da ist der eben mal die dreihundert Kilometer von Berlin runtergefahren, nur um mich zu sehen. Mir fällt, ehe ich mich richtig freue, vor Staunen der Unterkiefer runter. Das ist mir völlig neu, daß einer für eine Frau, die er gerne hat, sich soviel Mühe macht.

Aber diese Liebe, die erste richtige, große, ist nicht einfach. Wir sind irgendwie eine geschlossene Gesellschaft. Die Eislauffamilie. Jeder kennt jeden, jeder weiß alles von jedem, Eindringlinge sind nicht willkommen. Frau Müller paßt auch immer auf, daß da keiner stört. Und dann Ingo. Musiker, Künstler, lange Haare. Wenn er in die Eishalle kommt, ist es wie eine Szene, die in Western immer wiederkehrt: Ein Fremder betritt den Saloon – und plötzlich ist es totenstill. Ingo ist ein Eindringling, und er spürt das auch. Er fühlt sich nicht wohl in Karl-Marx-Stadt. Und niemand hält es für nötig, mal spontan auf ihn zuzugehen. So sehr ich mich auch bemühe, er soll einfach nicht integriert werden, obwohl doch alle spüren müssen, wieviel mir an ihm liegt, daß das nur positiv wäre.

Er würde das noch verkraften, er sagt sowieso, er hat mit Eiskunstlauf nichts am Hut. Mich kannte er nur deshalb vom Fernsehen, weil seine Freundin Jutta, Tänzerin im Friedrichsstadt-Palast, sich dafür interessiert und bei den Übertragungen immer eingeschaltet hat. Wenn ihn die Eiskunstlauffamilie nicht akzeptiert – kein Problem. Für mich schon. Ich hätte gerne, daß ein Mann, den ich liebe, auch respektiert wird.

Zu Hause gibt es auch nur Probleme. Meine Eltern freuen sich nicht grade darüber, daß ich mit Ingo eine Woche lang Urlaub an der Ostsee mache, vielleicht hätten sie mir es sogar verboten, aber ich erzähle es ihnen vorsichtshalber erst hinterher. In Karl-Marx-Stadt stellt sich mein Vater stur, er erlaubt nicht, daß Ingo bei uns schläft, wenn er aus Berlin zu Besuch kommt. Er muß im Hotel übernachten. Ich schleiche mich am Abend zu ihm – und muß um 23 Uhr zu Hause sein. Da kennt mein Vater kein Pardon, auch wenn ich schon fast neunzehn bin. Ingo sagt: »Das ist affig, das habe ich gerade durch mit meiner anderen Freundin, warum sollte ich hier noch einmal von vorn anfangen?«

Ich kann ihn verstehen, und ich bin auch bereit, für ihn einiges zu riskieren. Wir haben einen Sommerlehrgang, da gibt es nur eiserne Disziplin. Aber ich schmuggle Ingo nachts mit ins Hotel. Vor dem Morgengrauen schleicht er sich aus dem Haus. Ich liege wach und denke darüber nach, was das für ihn bedeuten muß. Er ist fünfundzwanzig, Musiker, in seiner Branche geht es ohnehin lockerer zu, noch dazu in Berlin. Er ist erfolgreich, von »PRINZIP« inzwischen zur Gruppe »datzu« gewechselt. Wie muß er sich vorkommen? Einmal, zweimal ist das vielleicht ganz amüsant, sich wie ein Dieb in der Nacht davonzuschleichen, das hat so was von Abenteuer. Aber auf die Dauer?

Mir fällt auf, daß ich eigentlich ständig unter Kontrolle bin, mein Leben ist nach einem festen Programm geordnet, es läuft Jahr für Jahr gleich ab: Training, Lehrgänge, Wettkämpfe, Tourneen, kurzer Urlaub – und dann das Ganze wieder von vorn. Mir wird zum erstenmal klar, daß ich gar kein Privatleben habe. Alle um mich herum sind offenbar der Meinung, daß es für mich nichts anderes geben darf als Sport.

Scheiß Sport, denke ich, und zum erstenmal habe ich das Gefühl, daß sich das alles nicht lohnt.

Aber dieses Gefühl vergeht. Ich glaube, daß es doch eine Basis gibt, auf der Ingo und der Eislauf und ich miteinander auskommen können.

Leider ist das ein Irrtum. Ich spüre, wie er sich von mir entfernt. Er verspricht zwar immer wieder, sich von seiner Freundin zu trennen, aber eine richtige Lösung trifft er doch nicht. Sie wohnen immer noch zusammen, aber in getrennten Zimmern, wie er behauptet. Alles rein platonisch. Ich möchte ihm das gerne glauben, aber ich bin nicht mehr so blauäugig, daß ich davon ausgehe, daß sie nichts mehr miteinander haben. Ich will mir das zwar gerne vormachen, aber ein Mann mit seiner ehemaligen Freundin in einer Wohnung – und sie schlafen nicht mehr miteinander?

Ich stelle Ingo vor die Wahl: Sie oder ich! Er will sich so klar nicht entscheiden. Also sie. Es schmerzt zwar, aber ich denke, daß er Jutta doch aufgibt, wenn er sieht, daß es mir ernst ist. Irgendwie klammere ich mich daran fest.

Aber dann kommt der Abend, an dem mir klarwird, daß ich mir diese Hoffnung besser nicht mehr mache.

Ich bin in Berlin, wir haben einen Lehrgang. Am späten Nachmittag besuche ich Vladi und Vio, beide singen im Cantus-Chor, der in der DDR populär ist, oft im Fernsehen auftritt. Sie sind gute Freunde von mir. Vladi ist der Stiefvater von Ingo, war früher mal mit dessen Mutter verheiratet. Als ich gehen will, kommt mir Ingo mit Jutta entgegen, mit der er sich inzwischen offenbar endgültig versöhnt hat. Wir sind ganz kühl, ich sage: »Hallo, wie geht's?« – und dann kann ich nur noch heulen.

Vio nimmt mich am Arm und bringt mich zum Hotel. Den ganzen Weg lang erzähle ich ihr, warum es so kommen mußte mit Ingo und mir. Ich sage ihr, wie sehr ich noch an ihm hänge. Ich muß mir das einfach von der Seele reden, und als wir am Hotel ankommen, bin ich noch lange nicht fertig. Sie nimmt mich immer wieder in den Arm, ich fange wieder an zu heulen, sie beruhigt mich, wir verabschieden uns, ich umarme sie wieder. So geht das fast eine halbe Stunde.

Dann endlich trennen wir uns, ich gehe hoch auf mein Zimmer, aber im Flur fängt mich schon Frau Müller ab, zieht mich durch die Tür und brüllt mich an: »Du kommst eine halbe Stunde zu spät und lieferst vor den Augen der gesamten Truppe auch noch eine Knutschszene auf der Straße ab. Alle hingen an den Fenstern und haben dich beobachtet. Bist du jetzt völlig übergeschnappt?«

Ich sehe sie erst einmal mit großen Augen an und fange dann an zu lachen, weil sie denkt, das vor dem Hotel sei ein Mann gewesen. Aber dann brülle ich zurück:

»Jetzt ist aber Schluß hier. Das ist eine Frau gewesen, eine Freundin von mir, die hat mich beruhigt, weil ich fix und fertig bin, weil das mit dem Ingo endgültig vorbei ist.«

Frau Müller ist so in Wut, sie will das einfach nicht akzeptieren. »Bist du jetzt völlig blöd geworden«, schreit sie mich an, »vielleicht auch noch lesbisch?«

Mir wird es endgültig zuviel. Zum erstenmal mache ich etwas, was ich mich noch nie getraut habe. Ich lasse sie einfach stehen. Ich renne aus dem Zimmer, knalle die Tür hinter mir zu. Auf dem Flur bleibe ich stehen und brülle, so laut ich nur kann: »Mir reicht es endgültig. Ich habe die Schnauze voll. Es gibt neben diesem blöden Sport auch noch was anderes auf der Welt.«

Und das alles brülle ich einem Mann praktisch direkt ins Gesicht, einem Fremden, der gerade sein Zimmer verlassen hat und nicht weiß, wie ihm geschieht. Er muß denken, er sei im Irrenhaus. Jedenfalls macht er so ein Gesicht.

Da stehe ich nun, Meisterin und Olympiasiegerin, alles habe ich in diesem Jahr gewonnen, Erich Honecker hat mir sogar den Vaterländischen Verdienstorden verliehen – aber mit meinem Problem bin ich ganz allein. Daß das ein Irrtum ist, kann ich nicht wissen. Meine Probleme sind genau erkannt – und sie werden, das Amtsdeutsch war im Osten so nüchtern wie im Westen, einer Lösung zugeführt.

Abteilung XX Karl-Marx-Stadt, 20. 06. 1984
XX/AG Sport/we-bu

Maßnahmeplan
zur OPK »Flop« Reg.-Nr. 411/83

Die bisherige Zielstellung der OPK »Flop« bestand in der »Wer ist Wer«-Aufklärung als Olympiakader speziell der Aufklärung und Kontrolle ihres Persönlichkeitsbildes, der Einflußnahme auf hemmende Faktoren in ihrer sportlichen und persönlichen Entwicklung sowie der vorbeugenden Verhinderung und Abwehr jeglicher feindlicher Aktivitäten.

Im Rahmen der Aufklärung in Vorbereitung der Olympischen Winterspiele in Sarajevo konnte diese Zielstellung im wesentlichen erreicht werden.

Mit dem Gewinn der Olympischen Goldmedaille sowie des Weltmeistertitels zur Weltmeisterschaft in Kanada ist jedoch festzustellen, daß die Witt verstärkt im Blickfeld gegnerischer Kräfte steht, wobei sie insbesondere mit Fragen des Professionalismus und in dieser Hinsicht mit verstärkter Kontakttätigkeit konfrontiert wird.

Des weiteren ist zu beachten, daß:

- durch die sportlichen Erfolge sich ihr Selbstbewußtsein sehr ausprägte, es dadurch zu einer verstärkten Konfrontation kommen kann;
- sie bei Fragen von Journalisten nicht immer die erforderliche politische Konsequenz und Reife zeigt;
- sich finanzielle Interessiertheit bei ihr verstärkt bemerkbar macht;
- noch keine Partnerschaft zu einer männlichen Person vorliegt.

Aufgrund dieser Aspekte ... machen sich in der politisch-operativen Sicherung der OPK »Flop« nachstehende Maßnahmen erforderlich, um feindliche Maßnahmen rechtzeitig zu erkennen, Kontaktversuche nicht wirksam werden zu lassen und die Persönlichkeitsentwicklung weiter positiv zu beeinflussen bzw. unter Kontrolle zu halten:

1. IM Einsatz

1.5. Entsprechend ihrer Stellung ist der IMS Sch. in der Lage, konkret die Situation zwischen der OPK und ihrer Trainerin Jutta Müller zu analysieren. Hierauf ist der Schwerpunkt der Instruierung der IMS auszurichten. Des weiteren gilt es, in der weiteren Zusammenarbeit mit dem IMS Sch. aufgrund ihres Alters und ihrer Persönlichkeit, vorhandene Ansatzpunkte der OPK, mit ihr vertrauliche Gespräche zu führen bzw. persönliche Ratschläge zu erbitten, konkret auszuwerten und ein Verhältnis »Frau zu Frau« aufzubauen.
Termin: ständig
verantwortlich: W., Oltn.

*

Karl-Marx-Stadt, 11. 09. 1984

Information

WITT, Katarina
Sektion Eiskunstlauf des SC Karl-Marx-Stadt

Bekannt wurde mir, daß die W. seit dem Jugendfestival in Berlin zu Pfingsten 1984 enge freundschaftliche, den Intimbereich einbezogene Beziehungen zu dem Schlagzeuger Politz, Ingo unterhält.

In der Vergangenheit führte ich mit der W. bereits einige Gespräche, die auf ihre Initiative zurückzuführen sind. Sie bat mich in den vertraulich geführten Unterhaltungen, ihr entsprechende Verhaltensmaßregeln zu geben.

Zum damaligen Zeitpunkt kam es der W. insbesondere darauf an, in Erfahrung zu bringen, wie sie sich als Frau gegenüber einem Mann, den sie liebt, verhält. Die damaligen Erläuterungen meinerseits bezogen sich auf spezifische, Frau und Mann betreffende Probleme sowie der Notwendigkeit, daß gegenseitiges Verständnis und Entgegenkommen vorliegen muß. Sie sollte genau prüfen, ob es für sie der richtige Mann sei, speziell unter Beachtung des Faktes, daß P. noch mit einer Frau zusammenlebt und diese Verbindung nicht endgültig gelöst worden ist.

Im Zeitraum vom 1. 08. 1984 bis 06. 08. 1984 verbrachte die W. gemeinsam mit dem P. ihren Urlaub an der Ostsee.

Die W. informierte ihre Eltern von diesem Fakt erst nach ihrem Urlaub.

Nach ihrem Urlaub trainierte die W. für eine Woche in Berlin, da in KMStadt noch nicht die entsprechenden Bedingungen vorlagen. Die Übernachtung erfolgte im Sporthotel. Von einigen Beschäftigten des Hotels erfuhr ich später, daß die W. größtenteils abwesend war, was mich zu der Vermutung veranlaßte, daß sie sehr häufig mit dem P. zusammentraf.

Ab 08. 08. 1984 weilte die W. in Karl-Marx-Stadt. Der Athletiktrainerin und mir fiel auf, daß die W. keinen solch verliebten Eindruck machte, wie es in der Vergangenheit der Fall war. Da ich sehr in Anspruch genommen war, konnte ich zu diesem Zeitpunkt kein Gespräch mit der W. führen.

Auftragsgemäß legte ich den Schwerpunkt auf den Zeitraum vom 15. 08.–28. 08. 1984, wo ... die Voraussetzungen hierzu bestanden.

... fand ein diesbezügliches Orientierungsgespräch statt, speziell unter dem Aspekt der Einhaltung der Nachtruhe, wenn sie mit ihrem Freund zusammen ist. Die W. erklärte, daß der P. sich sofort mit ihr telefonisch in Verbindung setzen wollte. Da dies jedoch nicht erfolgte, fragte sie mich, wie sie sich verhalten sollte, ob sie ihn anrufen soll.

Hiervon riet ich ihr ab. Nicht sie, sondern er soll kommen. Diesen Ratschlag akzeptierte sie. Am 17. 08. 1984 kam es zu einem entsprechenden Treffen zwischen W. und P.

Als die W. von diesem Treffen zurückkam, bat sie mich auf ihr Zimmer, um ein vertrauliches Gespräch führen zu können. Es war ihr anzumerken, daß es wesentliche Probleme mit ihrem Freund gibt, was sich auch in dem Gespräch bestätigte.

Sie erklärte, daß sie nicht weiß, was sie machen soll. Die »ehemalige« Freundin des P. lebt nach wie vor, obwohl räumlich getrennt, in dieser Wohnung. Da sie auf eine Klärung dieses Problems drängte, erklärte P., daß ihm diese Person leid tut. Des weiteren hat er sich seine Beziehung zur W. anders vorgestellt. Sie sehen sich zu wenig. Die Verbindung abbrechen will er jedoch auch nicht. Obwohl er aus der Rockgruppe »Prinzip« ausscheiden will und nur noch beabsichtigt, zu komponieren, ist er nicht bereit, dies in Karl-Marx-Stadt zu realisieren. Er will in Berlin bleiben.

Aufgrund meiner Lebenserfahrung konnte ich einschätzen, daß der P. die W. nur ausnutzt, dabei sie nur zur Repräsentation benötigt und nicht daran denkt, mit seiner »ehemaligen« Freundin zu brechen. Dies erklärte ich auch der W., die die Meinung vertrat, daß P. nicht mehr mit dieser Person intim zusammen ist. Letztendlich begriff sie, daß mit hoher Wahrscheinlichkeit P. bei ihrer Abwesenheit mit der ehemaligen Freundin schläft. Ich erklärte ihr, daß ein solches Verhältnis nicht tragbar ist, sie nur ausgenutzt wird. Zum Zeitvertreib bzw. gelegentliche Beziehungen sei sie zu schade. Wenn, dann sollte sie endgültig mit ihm brechen. Da ein weiteres Treffen am 18. 08. 1984 mit dem P. geplant war, konnte ich von der W. das Einverständnis erlangen, daß sie dem P. die konkrete Frage stellt.

Ich erklärte der W., daß, wenn er sie liebt, er etwas unternimmt, um die Verbindung aufrechtzuerhalten und sie zu unterstützen. Es geht nicht, daß sie ihm hinterherläuft. W. akzeptierte, daß dies ein Fehler von ihr gewesen sei. Sie war nur auf ihn orientiert.

Auf mein Angebot, mit dem P. persönlich zu sprechen, ging sie jedoch nicht ein.

Als sie am 18. 08. 1984 nach ihrem Treffen mit P. erschien, führte ich nochmals ein vertrauliches Gespräch mit ihr.

Sie erklärte, daß sie den P. vor eine konkrete Entscheidung gestellt hat. Obwohl sie empfunden hat, daß es ihm nicht leichtfiel, sind sie letztlich auseinandergegangen. Hierbei vertrat P. jedoch den Standpunkt, daß man nicht aus der Welt sei. Wenn beide noch etwas empfinden, dann können sie auch wieder zusammenfinden.

Ich gab ihr jedoch den eindeutigen Rat, die Verbindung zu P. absolut zu brechen, auch unter Berücksichtigung ihres derzeitigen mangelhaften Leistungszustandes, was auf diese Verbindung zurückzuführen ist.

Dies wurde meiner Meinung nach von der W. im wesentlichen begriffen.

Eine Bestätigung, daß diese Verbindung abgebrochen wurde, erhielt ich am 11.09.1984, als die Trainerin Jutta Müller eine diesbezügliche Aussprache mit der W. führte. Da ich mich im gleichen Raum hinter einer Abtrennung befand, konnte ich wesentliche Teile mitanhören.

Unter Berücksichtigung des schlechten Leistungsstandes, den sie u. a. auf das Verhältnis zu P. zurückführte, erläuterte die Müller der W. nochmals Darlegungen von mir, bezogen auf die Art und Weise des Verhältnisses, daß dies nicht zu akzeptieren ist. Es gibt nur ein Entweder – Oder.

Auf die konkrete Frage, wie der derzeitige Stand sei, erklärte die W., daß sie letztendlich Schluß gemacht habe und kein Kontakt mehr besteht. M. fragte nochmals, ob sie sich darauf verlassen kann, daß die W. es ehrlich meint. Auch dies wurde von W. bejaht.

In diesem Zusammenhang erwähnte die M. weiterhin, daß sie etwas enttäuscht sei, daß W. mit den Problemen nicht zu ihr gekommen ist, sondern sich an andere gewandt habe.

Vom Sachverhalt der Verbindung Witt – Politz hat weiterhin die Trainerin des TSC B. und der Generalsekretär des DELV der DDR, GRÜNWALD, Kenntnis.

B. kennt W. relativ gut. Die W. weilte mehrmals während ihres Aufenthaltes in Berlin bei ihr.

G. wurde genau wie Müller, Jutta über den Sachverhalt von mir informiert.

gez. Sch.

*

Abteilung XX | Karl-Marx-Stadt, 14.09.1984
XX/fra-schu/5348

Stellvertreter Operativ
Gen. OSL D.

In der Anlage übersende ich Ihnen eine Information des IMS Sch. zur Witt.

Beim IM handelt es sich um die ... Auftragsgemäß hat der IM zu Katarina Witt vertrauliche Beziehungen aufgebaut, wodurch sie in der Lage war, die intime Verbindung der Witt zu dem Musiker Politz zu trennen. Da diese Verbindung sicherheitspolitisch einen Risikofaktor darstellte, hat der IM die Witt so beeinflußt, daß sie von sich aus diese Verbindung abbrach und dem IM versicherte, sich hinsichtlich ihrer Partnerwahl mit dem IM zu beraten.

Angesichts dieser erfolgreichen Arbeit des IM Sch. schlage ich vor, sie auszuzeichnen mit der bevorzugten Zuweisung eines PKW »Wartburg«, was ihrer Interessenslage und objektiven Notwendigkeit entspricht und gleichzeitig die Bindung an unser Organ weiter festigen und vertiefen würde.

Leiter der Abteilung
E.
Oberstleutnant

*

Still vor mich hin zu leiden, das ist mir zum Glück fremd. Es ist nicht so, daß ich Ingo einfach vergessen könnte. Aber ich stelle fest, daß es mit dem Herzen so ist wie mit dem Körper: Auch der schlimmste Schmerz läßt nach. Die Kuba-Reise kommt gerade zur rechten Zeit – und danach sorgt Frau Müller dafür, daß ich mir wegen der Liebe keinen Kopf mache.

Das Übergewicht! Es ist vielleicht wirklich Kummerspeck, den ich mir zugelegt habe. Viereinhalb Kilo, das gibt einen Kampf. Meine Enttäuschung über die Trennung von Ingo verwandelt sich in Energie. Es ist wie Trotz, als ob ich beweisen wollte: Nun gerade, ich brauche niemand, allein bin ich am besten. In Zinnowitz absolviere ich die härtesten Läufe, an die ich mich erinnern kann. Ausdauertraining am Strand ist schon so ziemlich das Unerfreulichste, aber wenn es dazu noch regnet, ist es die absolute Qual. Bei jedem Schritt hast du das Gefühl, der Fuß steckt in einer Gummimasse, du bringst die Beine so schwer hoch, daß du denkst, du bist mit den Sohlen festgeklebt. Ich komme völlig verdreckt zurück und stelle mich erst mal in voller Trainingskleidung unter die Dusche. Zu Hause in Karl-Marx-Stadt muß ich stundenlang auf dem Fahrrad-Ergometer strampeln. Um die Oberschenkel binde ich mir Plastiktüten, damit mir richtig heiß wird und der Schweiß in Strömen fließt. Dazu höre ich im Walkman die Bee Gees: »You win again.«

Dieser Walkman ist ein Mitbringsel von einer Tournee. Die Veranstalter zahlen zwar gut, aber das Geld geht immer an den Eislaufverband. Wir bekommen nur ein Taschengeld, für die Verpflegung. Oft nehmen wir uns Lebensmittel von daheim mit. Manchmal lassen wir im Hotel das warme Wasser laufen, bis es richtig heiß ist, und machen uns so Würstchen warm. Wenn jemand den Wasserverbrauch messen würde, müßte er uns für die reinlichste aller Mannschaften halten. Trainer und Funktionäre verpflegen sich auch selbst, denn alle wollen mit den Devisen einkaufen, gleich im Ausland oder in der DDR in den Intershops.

Ich bin immer sparsam, fast geizig – aber mit einem konkreten Ziel: Ich entwickle eine Leidenschaft für Schmuck. Das lohnt sich nicht. In New York lasse ich meine Kettchen und Ringe im Hotelzimmer einfach im Koffer liegen, wie ich es aus der relativ diebstahlfreien Zone DDR gewohnt bin. Weg ist der Schmuck. Er hat mich fünfzehnhundert Dollar gekostet, für mich ein Vermögen. Fünfhundert Dollar bekomme ich nur ersetzt, weil ich nicht beachtet habe, daß Wertgegenstände in den Safe gehören.

Ich lerne noch.

Im Schmuggeln kann ich noch so oft üben, ich werde es nie weit bringen. Jedesmal vor der Ausreise aus der DDR verstecke ich die Devisen, die mir vom letzten Auslandsaufenthalt noch übriggeblieben sind, in den Schuhen. Das ist kein originelles Versteck, aber in der Eile fällt mir nie ein besseres ein. Bei der Rückkehr brauchen wir uns jedoch meistens gar keine Sorgen zu machen. Frau Müller hält uns vor dem Zoll zurück, wir warten mit ihr, bis ein Funktionär vom Eislaufverband kommt, meistens der Generalsekretär Grünwald selbst. Dann gibt es keine Kontrollen. Ich vermute, daß es da vor allem um die Devisen geht, die die Tournee-Organisatoren für unsere Auftritte bezahlt haben. Die müssen offenbar unbemerkt ins Land.

Beim Eislaufverband habe ich mich unterwegs einmal unbeliebt gemacht. Ich habe nämlich mitbekommen, daß die Läuferinnen und Läufer aus anderen Nationen ganz gut verdienen. »Warum soll ich eigentlich laufen, wenn ich dafür kein Geld bekomme?« habe ich gefragt. Aber ich habe keine Antwort bekommen. Meine Ansprüche sind auch noch nicht sonderlich groß. Es geht mir eigentlich um Kleinigkeiten, die bei uns selten oder teuer angeboten werden, Jeans oder eben ein Walkman, der hilft mir manche Steigung hoch.

An Ingo denke ich nicht mehr so oft. Aber vergessen kann ich ihn auch nicht. Wir telefonieren manchmal, er erzählt mir, daß er zur Nationalen Volksarmee muß, ganz weit weg, nach Rostock. Ich frage mich, ob da nicht jemand dran gedreht hat? Soll er vielleicht möglichst weit weg von mir?

Zum Thema Sport und Liebe gibt es immer wieder mal Gerüchte. Ich erfahre, daß der Eisschnelläufer Andreas Dietel aus dem Sport ausdelegiert worden ist, auf Anweisung von DTSB-Chef Manfred Ewald. Aber nicht wegen der Sarajevo-Affäre mit mir. Es wird gemunkelt, daß er nur mit zu den Olympischen Spielen gekommen ist, weil man seine Freundin Karin Enke bei Laune halten wollte. Das steht später auch in einer westdeutschen Zeitung und hat schon eine gewisse Logik: Andreas Dietel ist in Sarajevo über 10 000 Meter nur hinterhergelaufen. Er hatte keine Chance, und normalerweise werden nur Sportler nominiert, die Aussichten auf einen Platz unter den ersten sechs haben. Es sei denn, ein sicherer Goldmedaillenkandidat will einen Partner als moralische Unterstützung an seiner Seite.

Ich bin sicher, daß er nicht meinetwegen seine Karriere beenden mußte, sondern weil von ihm keine Siege mehr erwartet wurden. Ich brauche mir keine Vorwürfe zu machen, das hätte ich nicht auch noch verkraftet. Mein Training ist eine erbarmungslose Schinderei. Und sie bringt mich kaum voran. Frau Müller macht mich oft so fertig, daß ich das Gefühl habe, ich habe meine Zukunft schon hinter mir. Mit nichts ist sie zufrieden, sie sagt, es sei besser, ich höre auf. Und wenn ich dann völlig am Ende bin, nimmt sie mich in den Arm und sagt: »Kind, ich hole dich da wieder raus. Wir schaffen das.« Und ich weiß, daß sie mich nicht belügt.

Sie ist schon eine harte, eigenartige und große Frau. Würde bei mir irgendetwas strahlen ohne ihren Schliff? Ich kann ihr nur dankbar sein. Auf ihre Weise ist sie einfach optimal für mich.

»Sie haben wohl ein Ei auf dem Kopf«, *sage ich zu Frau Müller*

Wie die Stasi alles über unsere täglichen Auftritte beim Training in der Eishalle »VIII. Parlament« erfährt. Meine Ausreise soll verhindert werden. Ich werde wieder Europameisterin. Frau Müllers antisowjetische Äußerungen werden notiert.

Was für ein Betrieb war hier noch vor wenigen Jahren! Von morgens bis abends! Die Sektion Eiskunstlauf des SC Karl-Marx-Stadt, der Stolz der Stadt. Die Fabrik der Meister. Hunderte sind mit großen Wünschen und Hoffnungen hierhergekommen. Ein paar haben es immer geschafft. Gabi Seyfert, Jan Hofmann, Anett Pötzsch, ich. Und jetzt? Ich schaue auf die Eisfläche und sehe ein paar Läufer. Mandy Wötzel und Ingo Steuer kenne ich, ein Paar, das zur Spitzenklasse zählt. Evelyn Großmann ist nicht da, sie ist verletzt, sie hat viel Pech.

Ich habe das Gefühl, daß es früher hier mehr Trainer gab, als heute Läufer da sind. Im Glaskasten hängt ein Zettel. Ein kleines Fest wird vorbereitet, die Eltern werden gebeten, Imbiß und Kuchen mitzubringen. An der Wand der Ostseite hängt eine große Uhr. Oft habe ich es gar nicht erwarten können, daß der große, schwarze Zeiger auf die Zwölf springt und das Training beginnt, manchmal habe ich nichts so sehr herbeigesehnt wie diesen kurzen Sprung auf die volle Stunde – damit die Quälerei endlich ein Ende hat. Der Zeiger bewegt sich schon lange nicht mehr, die Uhr ist irgendwann um zwanzig nach fünf stehengeblieben.

Ich bin zu Besuch bei meinen Eltern und will ein paar Tage mit

Frau Müller trainieren. Die Stasi-Akten habe ich dabei. Es ist viel aufgeschrieben worden über Frau Müller und mich. Ich erzähle ihr davon, und auch, daß ich das in einem Buch schreiben will. Sie ist ganz entsetzt.

»Willst du wirklich schreiben, daß ich zu dir ›fette Sau‹ gesagt habe, das heißt, gesagt haben soll?«

»Ach, Frau Müller, das ist doch schon so lange her. Und es ist auch gar nicht schlimm. Ich werde das schon richtig erklären.«

*

Seit dem Sommer 1984 weiß ich, daß ich für die DDR zu einer wichtigen Person geworden bin. Und daß das auch sehr unerfreuliche Folgen hat. Anett Pötzsch und mein Bruder Axel heiraten, selbstverständlich sollen unsere Verwandten aus der BRD, die Schwester und der Bruder meiner Mutter, an dem Fest teilnehmen, auch die Familie von Anett will Bekannte aus dem Westen einladen. Mein Vater und der von Anett werden deshalb im Mai zum DTSB-Bezirksvorstand Rolf Wagner gebeten, der ihnen erklärt, daß es nicht erwünscht ist, Kontakte zwischen Spitzensportlern der DDR und Bürgern aus dem nichtsozialistischen Wirtschaftsgebiet (NSW) zu ermöglichen. Nicht erwünscht, das wird so ausgesprochen, daß es durchaus als Drohung verstanden werden darf. Die Hochzeit findet ohne Gäste aus dem Westen statt. Mein Onkel und meine Tante sind praktisch jedes Jahr in der DDR zu Besuch, bei meiner Tante in Falkensee, dort treffen wir uns dann alle. Auch das soll in Zukunft nicht mehr vorkommen, wird vom DTSB verlangt.

Das jedoch sind eher Kleinigkeiten. Vom 6. Februar 1985 an bin ich bei der Stasi nicht mehr als OPK (Operative Personen-Kontrolle), sondern als OV (Operativer Vorgang) mit dem Namen »Flop« erfaßt. IM (Inoffizielle Mitarbeiter) werden gezielt auf mich angesetzt, und nicht zu knapp. Und mit mir werden auch noch Menschen aus meiner nächsten Nähe beobachtet.

*

Operativplan
OV »Flop«, Reg.-Nr. XIV/411783

Im OV »Flop« wird die Eiskunstläuferin
WITT, Katarina
geb. am 3. 12. 1965 in Staaken
operativ bearbeitet. Die Bearbeitung des OV ist schwerpunktmäßig auf die vorbeugende Verhinderung jeglicher gegnerischer Angriffe und Versuche der Kontakttätigkeit mit der Zielsetzung auszurichten, begünstigende Umstände und Bedingungen zur Begehung von Verratshandlungen auszuschließen.

Gleichzeitig ist mit der Bearbeitung des OV ein wesentlicher Beitrag zur weiteren Erhöhung der ständig aktuellen Lageeinschätzung in diesem Schwerpunktbereich auf der Grundlage der Fortführung der »Wer ist Wer?«-Aufklärung zu ausgewählten operativen Schwerpunkten aus dem Umfeld der Verdächtigen zu leisten.

Ausgehend von dieser Zielsetzung ergeben sich nachfolgende operative Maßnahmen:

1. IM-Einsatz

Der IM-Einsatz zum OV ist schwerpunktmäßig und differenziert, sowohl im Sport- als auch im Freizeitbereich, darauf auszurichten, daß

- Angriffe des Gegners auf die WITT rechtzeitig erkannt und vorbeugend verhindert werden;
- begünstigende Faktoren für Verratshandlungen zu beseitigen bzw. auszuschließen sind;
- verstärkt auf die weitere Persönlichkeitsentwicklung, speziell im beruflichen und persönlichen Bereich, Einfluß genommen wird, um damit die Bindungsfaktoren an die DDR weiter auszuprägen.

Zur Lösung dieser Aufgabenstellung gelangen schwerpunktmäßig nachfolgende IM zum Einsatz:

IMS Sch., Ge., To., C. P., IMB P. S., Be., Ma.

1.6. Zur weiteren operativen Aufklärung der Kontakte und Verbindungen der WITT im Sport- und Freizeitbereich ist der Einsatz eines weiteren IM vorzubereiten bzw. ein geeigneter IM-Kandidat zu schaffen.

1.7. In Absprache mit der Abt. XVIII und dem Referat XX/1 ist der Einsatz geeigneter IM im Arbeitsbereich der Eltern der WITT zur Erarbeitung ständig aktueller Einschätzungen über Reaktionen der Eltern hinsichtlich der leistungssportlichen, beruflichen und persönlichen Entwicklung ihrer Tochter zu sichern bzw. über diese IM vorbeugend Einfluß auf Verhaltens- und Handlungsweisen der Eltern zu nehmen.

2.1. Auf der Grundlage der eingeleiteten operativen Maßnahmen der Abteilungen 26, VI und M/PZF sind bestehende bzw. neue Kontakte und Verbindungen ständig aktuell aufzuklären und analytisch weiter zu verdichten, um in deren Ergebnis geeignete operative Maßnahmen einzuleiten. Im Zusammenhang damit sind insbesondere gegnerische Kontaktversuche und Störungen rechtzeitig zu erkennen und vorbeugend zurückzudrängen.

2.3. Aus dem unmittelbaren Umfeld der WITT im Schwerpunktbereich Eiskunstlauf sind zu den Personen
MÜLLER, Jutta
SUCHY, Rolf
PETERWITZ, Ingeborg
auf der Grundlage operativer Erkenntnisse und unter Nutzung der IM operative Auskünfte zu erarbeiten sowie weiterführende operative Maßnahmen festzulegen.

bestätigt:	erarbeitet:
Leiter der Abteilung	
E.	W.
Oberstleutnant	Oberleutnant

*

In einer geheimen Verschlußsache des Ministeriums für Staatssicherheit vom 18. 12. 1979 werden in der Richtlinie Nr. 1/79 für die Arbeit mit Inoffiziellen Mitarbeitern (IM) und Gesellschaftlichen Mitarbeitern (GMS), die Begriffe IMS und IMB so erklärt:

Mit elf noch kurzhaarig und knochig, ein freches, sprungfreudiges Mädchen – aber schon mit den ersten Ansätzen von Grazie.

Gruppenbild mit Katarina: Mutter Käthe, Nichte Claudia und die Oma, Vater Manfred (unten), das inzwischen geschiedene Paar Anett Pötzsch-Witt und Axel, Katarinas Bruder (oben).

Es gibt Dinge, da muß man einfach durch: Die ungeliebte, seit 1990 abgeschaffte Pflicht – und die gnadenlose Strenge der Erfolgstrainerin Jutta Müller.

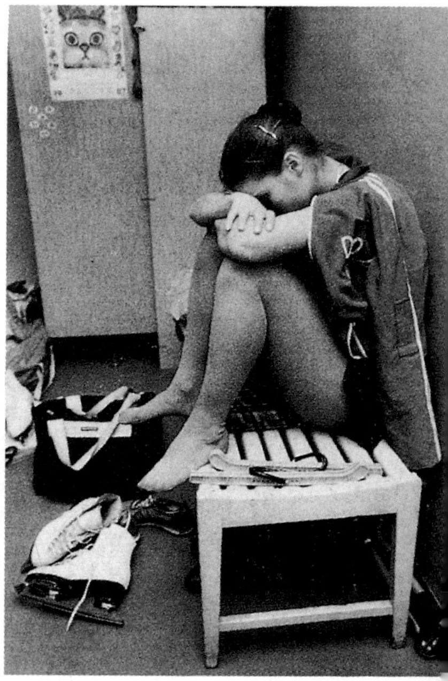

Glückwunsch für die DDR-Meisterin 1979, Anett Pötzsch – von der Nachfolgerin. Mit 13 Jahren ist Katarinas Weg nach oben schon vorgezeichnet, aber er kostet Kraft. Das Training geht oft bis zur totalen Erschöpfung.

Anstrengung muß kein verzerrtes Gesicht haben. Ein kurzer Moment der Erholung beim Training im Ballett-Saal.

»Marxens schöne Tochter« stand in den Zeitungen, dieses Foto gab die Anregung: Legende Katarina vor dem Denkmal in ihrer Heimatstadt Chemnitz, als diese noch Karl-Marx-Stadt hieß.

Katarina und Jutta Müller, seit 1976 zusammen. Ein Verhältnis, das lange Jahre von Haßliebe geprägt war.

Katarina und Ingo Politz. Die erste Liebe mißfiel der Stasi.

Das freut den Eislauf-Nachwuchs: Tips im Training von Katarina der Großen.

Improvisation über Michael Jackson. Ein echter »Thriller« auf dem Eis.

Liebe, Leidenschaft und Drama auf dem Eis. Katarina als »Carmen«.

Für die Kür gab es Gold in Calgary, für den Film den TV-Oscar »Grammy«.

Leistung und Sex-Appeal – das kann durchaus zueinander passen. Schaulaufen mit Vamp Katarina. Das kleine Foto ist ohne symbolischen Wert: Die Schlittschuhe hat sie noch lange nicht an den Nagel gehängt.

IM zur politisch-operativen Durchdringung und Sicherung des Verantwortungsbereiches (IMS)
Das sind IM, die wesentliche Beiträge zur allseitigen Gewährleistung der inneren Sicherheit im Verantwortungsbereich leisten, in hohem Maße vorbeugend und schadensverhütend wirken und mithelfen, neue Sicherheitserfordernisse rechtzeitig zu erkennen sowie durchzusetzen. Ihre Arbeit muß der umfassenden, sicheren Einschätzung und Beherrschung der politisch-operativen Lage im Verantwortungsbereich und der Weiterführung des Klärungsprozesses »Wer ist wer?« dienen.

IM der Abwehr mit Feindverbindung bzw. zur unmittelbaren Bearbeitung im Verdacht der Feindtätigkeit stehender Personen (IMB)
Das sind IM, die unmittelbar und direkt an feindlich tätigen Personen oder im Verdacht der Feindtätigkeit stehenden Personen arbeiten, deren Vertrauen besitzen, in ihre Konspiration eingedrungen sind und auf dieser Grundlage Kenntnis von deren Plänen, Absichten, Maßnahmen, Mitteln und Methoden erhalten, operativ bedeutsame Informationen und Beweise erarbeiten sowie andere Aufgaben zur Bekämpfung subversiver Tätigkeit sowie zum Zurückdrängen der sie begünstigenden Bedingungen und Umstände lösen.

*

Ich bin nun also umgeben von IMS und IMB, mit mir meine Eltern, mein Choreograph Rudolf Suchy, die Konditionstrainerin Inge Peterwitz und auch Frau Müller. Wir beide sind nun ein Jahrzehnt zusammen, wir haben zusammen unheimlich viel erreicht – und stürzen nun von einer Krise in die andere. Die Szenen auf dem Eis sind oft wie Szenen einer Ehe, die nicht so richtig funktioniert. Zänkisch und keifend gehen wir miteinander um. Mein Gewicht, mein Fleiß, meine Kondition – nichts ist so, wie Frau Müller es sich vorstellt. Und wie es sein müßte, wenn ich nach WM und Olympiasieg weiterhin Erfolg haben soll. Auf dem Eis spielt sich täglich ein

Drama ab. Ich hätte die Einzelheiten längst vergessen, wäre nicht in den Stasi-Akten alles genau notiert. Wir sind von Inoffiziellen Mitarbeitern umzingelt in der Halle mit dem ungelenken Namen »VIII. Parlament«. Sie liefern unsere Auseinandersetzungen wörtlich ab – und was damals ein Drama ist, liest sich heute wie eine Komödie. Aber nur teilweise.

*

Zunächst einmal liefert der IM Sch. einen bemerkenswerten Bericht ab. Sch., das ist der, der für seine Arbeit bei der Trennung von Ingo mit der bevorzugten Zuweisung eines Wartburg belohnt werden sollte. Und der IM ist eigentlich eine Sie.

Bandabschrift Karl-Marx-Stadt, 7. Jan. 1985
Information zu Katarina WITT

Es ist zwar bekannt, und meines Wissens vom Verband auch bestätigt, daß Katarina Witt bis 1988 weitergeführt werden soll, ich muß jedoch einschätzen, bezogen auch auf Äußerungen von Katarina und Jutta Müller, daß ein Optimum ihres Leistungsvermögens noch zwei Jahre vorhanden ist, wenn überhaupt.

Begründet ist dies u. a. damit, daß in der Regel der Leistungshöhepunkt bei Mädchen (Eiskunstlauf) mit 18 Jahren beendet ist. Katarina Witt wäre die erste Ausnahmeerscheinung, wenn sie nach ihrem Olympiasieg weitergeführt wird. Des weiteren spielt die gegenwärtige Konkurrenz im Frauenbereich eine Rolle, die sich leistungsmäßig weiter gesteigert hat. Es sind junge sowjetische und amerikanische Läuferinnen vorhanden, die bereist mit 14/15 Jahren vier bis fünf Dreifachsprünge beherrschen, Katarina jedoch mit Sicherheit nur drei Dreifachsprünge absolvieren kann. Damit wäre auch ihr Image als Olympiasiegerin dahin. Die Gunst der Preisrichter über vier Jahre zu halten, ist im Prinzip unmöglich.

Dazu kommt, daß Constanze Gensel mit ihren 15 Jahren die Nachfolgerin von Katarina Witt wird und jetzt schon im Kürbereich bzw. Sprungbereich der Katarina Witt überlegen ist und es nur noch eine Frage der Zeit ist, sie gesamtbildmäßig so zu formen, daß sie 1988 Olympiasiegerin wird.

gespr. IM Sch.

*

Der IM Sch. setzt schon mal vorsichtshalber auf eine Zukunft ohne mich. Der Stasi genügt diese Aussage nicht, sie sammelt Berichte aller IM und auch Erkenntnisse der Abteilung 26, von der ich später erfahre, daß sie »Physikalische Aufklärung« betreibt, also Telefone abhört und Wanzen verwendet. Die Berichte werden vom Januar an täglich, manchmal auch stündlich erfaßt.

5. 1. 85, AIM D. S.: Der Vorsitzende des DTSB-Bezirksvorstandes, WAGNER, Rolf, teilt mit, daß es nach den DDR-Meisterschaften wegen der unbefriedigenden Leistungen von WITT und wegen ihrer Gewichtsprobleme mehrere Aussprachen durch GRÜNWALD, Jochen, den Vorsitzenden des SCK, GENSEL, Heinz, und MÜLLER, Jutta, mit ihr gegeben hat. Grünwald hat davon den Präsidenten des DTSB, EWALD, Manfred, informiert. Am 4. 1. 85 habe GENSEL WAGNER in Kenntnis gesetzt, daß eine Aussprache zwischen GRÜNWALD und EWALD stattfand, bei der EWALD entschieden habe, die Nominierung der WITT für die Europameisterschaft in Frage zu stellen, wenn sie die Trainingsleistungen/Siegleistungen nicht bringt. EWALD habe festgelegt, diese Entscheidung MÜLLER und WITT mitzuteilen und ihr zu sagen, daß sie nicht nach Göteborg fährt, wenn sie ihr Verhalten nicht ändert.

8. 1. 85, 15.15 Uhr Abt. 26: MÜLLER, Jutta informiert GRÜNWALD, Jochen über den Wunsch der WITT, Katarina nach einer eigenen Wohnung und macht den Vorschlag, die Gewährung von einigen Auflagen abhängig zu machen, wie z. B. einer Gewichtsabnahme.

9. 1. 85, 12.15 Uhr Abt. 26: MÜLLER, Jutta informierte den Vizepräsidenten des DTSB für Leistungssport, Dr. KÖHLER, Thomas, daß sie WITT, Katarina zu sich in die Wohnung genommen und ihr Gewicht durch vernünftiges Essen und durch besondere Maßnahmen wie Skiwanderungen von 56 auf 54 kg reduziert hat. Unter Hinweis auf die Verratshandlung durch den Schwimmer BERNDT vom ASK »Vorwärts« macht KÖHLER auf die zu treffende Entscheidung aufmerksam, bemerkt, daß WITT schon auf einem Millionenangebot sitzt, Kurzschlußhandlungen im Zusammenhang mit der Europameisterschaft aufgrund der ständigen Unzufriedenheit mit ihrer Entwicklung möglich sind, und fordert die Müller auf, ein wenig zu beachten, ob nicht das eine oder andere nur gemacht wird, um jetzt auch wegzukommen. Auf Befragen durch KÖHLER kann MÜLLER einen Kurzschluß nicht ausschließen.

15. 1. 85, 9.15 Uhr Abt. 26: MÜLLER, Jutta informiert das Mitglied des Trainerrates EKL, KUHRÜBER, Horst, über den Leistungsstand der WITT zum Überprüfungswettkampf, schließt sich dessen Einschätzung an, daß es zur Europameisterschaft eine Katastrophe werde und man gleich hierbleiben könne.

15. 1. 85, 15.40 Uhr Abt. 26: MÜLLER, Jutta informiert GRÜNWALD, Jochen über die Gewichtszunahme der WITT auf 54,7 kg und ihre Erwartung, daß es bald wieder bei 56 kg sei. GRÜNWALD äußerte dazu: »Also werden wir jetzt langsam deutsch reden, ich muß ja irgendwie bald auftauchen da unten, dann glaube ich, können wir die Segel streichen, denn wir können sie ja nicht vorführen, wenn sie nicht Spitze ist. Also, wir haben ihr alles gesagt, ich mach' die Stimme nicht mehr hoch.«

15. 1. 85, 17.30 Uhr Abt. 26: MÜLLER, Jutta informiert den Eiskunstlaufpreisrichter MIRMSECKER, Reinhard über die »beschissenen« Leistungen der Witt, ihre Trainingsergebnisse und Gewichtsprobleme. Sie schätzt ein, daß die WITT nach der Saison sowieso nicht weiterlaufen wird oder nicht weiterlaufen kann. MIRMSECKER äußert, »daß man sie mit Mühe über diese Saison noch bekommt, das wird sie bestimmt machen, Europa auf jeden Fall und Welt sicherlich dieses Jahr auch nochmal, aber ob sie sich im nächsten Jahr nochmal so hochrappeln kann, bezweifle ich auch schon«.

21. 1. 85, 9.35 Uhr Abt. 26: MÜLLER, Jutta informiert GRÜNWALD, Jochen, daß WITT, Katarina plötzlich die Kombination mit dem Lutz und dem dreifachen Rittberger bringt und das Gewicht wieder bei 54,2 kg liegt.

23. 1. 85, 11.40 Uhr Abt. 26: GRÜNWALD, Jochen reagiert auf die Einschätzung von MÜLLER, Jutta über WITT: »Das erste, was man zur Europameisterschaft feststellen wird, ist, die ist aber ganz schön dicke... Wir werden uns entscheiden, wenn nicht, lassen wir sie hier. Es will nur gut überlegt sein. Irgendwie werden wir es meistern, wir werden sehen.«

13.45 Uhr: MÜLLER, Jutta informiert GRÜNWALD, Jochen über einen totalen Zusammenbruch bei WITT, Katarina mit den Worten: »Weißt du, was... wiegt! 54,7 kg«, da sie zuviel Kalorien zu sich genommen hat und dadurch keinen Salchow und keinen Flip gebracht hat. »Habe sie kurz erst an ihrem Schwanz gezogen, habe sie hin- und hergerüttelt. Das hat bestimmt sehr weh getan.« GRÜNWALD reagiert: »Nun, da müssen wir uns durchringen wahrscheinlich. Was soll es, da lassen wir sie zu Hause. Gut, lassen wir sie.«

15.30 Uhr: Auf die Mitteilung der MÜLLER, Jutta, daß die WITT, Katarina im Kürtraining überhaupt nicht dreifach springt und »mit fürchterlichem Würgen ihre Massen nach oben bringt«, reagiert GRÜNWALD: »Es gibt da nur eins. Es gibt ja keine Wunder. Da müssen wir uns eben durchringen und müssen sie hierlassen.«

24. 1. 85, 18.20 Uhr Abt. 26: MÜLLER, Jutta schätzt gegenüber MIRMSECKER, Reinhard die Leistungen der WITT als nicht gut ein, und ihr sei klargewesen, daß diese sich nicht verbessern, da sie fast nie einen Salchow steht, schwer und fett aussieht und ständig zwischen 54 und 55 kg wiegt. Jede Woche sei GRÜNWALD in Karl-Marx-Stadt zu einem großen Vorlaufen, und auf geführte

Aussprachen reagiere die WITT nicht. Die MÜLLER hoffe von Tag zu Tag, aber jetzt hoffe sie schon nicht mehr. Sie erwartet, daß die WITT zur Europameisterschaft wegen ihrer äußeren Erscheinung sofort unter Kritik stehen wird...

30. 1. 85, 20.00 Uhr Abt. 26: WITT, Katarina informiert ihre Eltern, daß sie zur Europameisterschaft fährt.

30. 1. 85, 22.00 Uhr Abt. 26: MÜLLER, Jutta informiert ihren Ehemann MÜLLER, Bringfried, daß nun im Endergebnis WITT, Katarina mit nach Göteborg fährt, weil sie die letzten zwei Tage gut war, besser als zu den Olympischen Spielen. »Bis gestern war klar, sie fährt nicht mit, und dann hat die Kuh die letzten zwei Einheiten noch gestrafft, und da war sie heute super.«

*

Ich bringe sie wohl wirklich zur Verzweiflung, die gute Frau Müller. Es sieht nach allem aus, nur nicht danach, daß ich auch nur einen Blumentopf gewinnen könnte. Auch die Stasi macht sich Sorgen. Alle Berichte werden in den Akten unter einer Sammelrubrik abgelegt:

Abteilung XX *Karl-Marx-Stadt, 15. 2. 1985*

Übersicht
zu Aussagen über die Leistungssportliche Entwicklung von WITT, Katarina vor ihrer Nominierung zur Europameisterschaft 1985

Offenbar befürchtet man bei der Stasi bis zu meinem Prüfungsauftritt in Berlin doch sehr stark, das nicht besonders erfreuliche Verhältnis zu meiner Trainerin (sie können es ja nicht anders einordnen), meine allgemeine Unzufriedenheit und Angebote aus dem Ausland könnten mich veranlassen, von der EM nicht mehr in die DDR zurückzukehren. Und natürlich hat man auch längst herausgefunden, daß Verwandte aus der BRD zu Besuch waren und ich das nicht gemeldet habe. Es werden Drähte gezogen – auf höchster Ebene.

Der Leiter der Bezirksverwaltung für Staatssicherheit Karl-Marx-Stadt schreibt am 6. Januar an das Staatsministerium für Staatssicherheit Berlin, Stellvertreter des Ministers, Gen. Generalleutnant M.:

Bezugnehmend auf das mit Ihnen geführte Telefonat teile ich Ihnen zur Eiskunstläuferin des SC Karl-Marx-Stadt WITT, Katarina folgendes mit:

... am 4. 1. wurde der Vorsitzende des DTSB-Bezirksvorstandes Karl-Marx-Stadt, Gen. Wagner, durch den Vorsitzenden des SC Karl-Marx-Stadt, Gen. Gensel, in Kenntnis gesetzt, daß bei einem Gespräch zwischen Gen. Grünwald und dem Präsidenten des DTSB, Gen. Ewald, die Witt betreffend, durch Gen. Ewald in Erwägung gezogen wurde, die Witt wegen ihrer Leistungsschwankungen für die Europameisterschaften nicht zu nominieren, wenn bis dahin keine sichtbaren Trainingsleistungen, die einen Erfolg garantieren, zu verzeichnen sind ... Ich schlage Ihnen vor, mit dem Präsidenten des DTSB, Gen. Ewald, eine Aussprache führen zu lassen, mit dem Ziel, unter Ausnutzung des Trainings- und Leistungsrückstandes der Witt die Entscheidung zu treffen, sie für die Europameisterschaft nicht zu nominieren ... Der 1. Sekretär der Bezirksleitung des SED, Gen. Lorenz, stimmt diesem Vorschlag zu.

G., Generalmajor

Am 26. Januar schickt der Leiter der Bezirksverwaltung für Staatssicherheit Karl-Marx-Stadt ein Fernschreiben an das MfS Berlin, Stellvertreter des Ministers, Gen. Generalleutnant M., und Leiter der HA XX, Gen. Generalmajor K.:

Am 25. 1. 1985 fand in Karl-Marx-Stadt die Abschlußüberprüfung der Kandidaten des SC Karl-Marx-Stadt für die Teilnahme an den Eiskunstlauf-Europameisterschaften in Göteborg statt ... Die Trainingsleistungen der WITT wurden als völlig unzureichend eingeschätzt. Gen. Grünwald äußerte, man könne die WITT in dieser Verfassung der Weltöffentlichkeit nicht zeigen ... Die WITT befindet sich in einer äußerst depressiven Lage, die u. a. zum Ausdruck kommt in Tränenausbrüchen, Trotzreaktionen und persönlichen Unsicherheiten. Aufgrund dieser weiter bestehenden Konfliktsituation bitte ich Sie, über die Zentrale Einfluß darauf nehmen zu lassen, daß die Witt nicht für die Teilnahme an der EM nominiert wird.

Der letzte Versuch, meine EM-Teilnahme zu verhindern, findet am 29. Janaur statt.

Abteilung XX Karl-Marx-Stadt, 30. 01. 1985

XX/Ltr.

Aktennotiz

Entsprechend der Festlegung des Leiters der Bezirksverwaltung, Genossen Generalmajor G., habe ich am 29. 01. 1985 mit dem stellvertretenden Leiter der HA XX Genossen Oberst G. und dem Leiter der HA XX/3 Genossen OSL R. eine Absprache geführt zu Katarina Witt.

Eingangs wurden nochmals Einzelheiten zur Lage und die Witt dargestellt... Davon ableitend und unter Bezugnahme auf das letzte Fernschreiben des Leiters der Bezirksverwaltung habe ich auf die unseres Erachtens bestehende Notwendigkeit verwiesen, eine Ausreise der Witt zu verhindern... Genosse Oberst G. versuchte mir unter Bezugnahme auf das Fernschreiben des Leiters der Bezirksverwaltung vom 26. 01. 1985 die Kompliziertheit der Entscheidungsfindung in Sachen Witt zu erläutern. Einerseits erkenne er die sicherheitspolitische Brisanz des Sachverhaltes an, andererseits müsse man auch beachten, daß eine Nichtteilnahme an der EM politisch negative Auswirkungen zum Schaden der DDR haben kann.

E., Major

In Göteborg werde ich trotz allem Europameisterin, aber damit ist der Fall noch lange nicht abgeschlossen, sechzehn Tage nach Beendigung der EM werden die Probleme, die Frau Müller mit mir hatte, in einer neuen Akte noch einmal zusammengestellt. Sie ist in einigen Details gründlicher und trägt nun eine völlig andere Rubrik:

Abteilung XX Karl-Marx-Stadt, 26. 02. 1985

Übersicht
zu Verhaltensweisen der Trainerin MÜLLER, Jutta zur leistungssportlichen Entwicklung von WITT, Katarina, zu Hinweisen auf finanzielle Unregelmäßigkeiten, zu ihrer Haltung zum MfS im Zusammenhang mit der Klärung von Westkontakten sowie zu antisowjetischen Äußerungen.

8. 1. 1985, 15.15 Uhr Abt. 26: Der Generalsekretär des DELV der DDR, Grünwald, Jochen, informiert Müller, Jutta über ein Gespräch mit dem Vizepräsidenten des DTSB für Leistungssport, Dr. Köhler, Thomas, mit den Worten: »Die zuständigen Organe des Bezirkes haben hierhergetragen, sie sind strikt dagegen, daß Katarina ins Ausland reist.« Müller, Jutta reagierte darauf: »Stell dir mal vor, die Organe, die haben doch nun ihre Leute da vom Sport, die ständig beim Sport sind. Die dann zu mir zum 50. Geburtstag kommen und für die gute Zusammenarbeit danken usw. usf.... Karl-Marx-Stadt, die Abteilung, die muß unmöglich sein... Ich finde das unmöglich... Das ist für mich keine Zusammenarbeit. Ich habe es schon einmal gesagt, ich habe mich schon einmal so aufgeregt mit denen...«

9. 1. 1985, OSL, E.: Der stellvertretende Leiter der HA XX, Gen. Oberst G., informierte über die am 9. 1. 1985 mit dem Präsidenten des DTSB der DDR, Gen. Ewald, Manfred, geführte Aussprache über die Konfliktsituation der Witt, Katarina im Zusammenhang mit den Trainingsleistungen. Gen. Ewald habe die Auffassung hinsichtlich der Konflikte geteilt. Nach Meinung des Gen. Ewald trage die Trainerin Müller, Jutta die Hauptschuld an der Situation bei der Witt, da sie immer nur mit »Härte und Verboten« antreten würde. Deswegen sei am 9. 1. 1985 mit der Gen. Müller gesprochen worden, mit dem ausdrücklichen Hinweis, sie solle ihr Verhalten zur Witt ändern.

7. 2. 1985 IMS A. R.: Durch die Trainerin Müller, Jutta war in den Tagen vor der Abreise am 25. 1. 1985 nach Berlin Witt, Katarina beim Training in der Trainingshalle des Eissportkomplexes Küchwald in Anwesenheit von Trainern der Sektion unschön beschimpft worden. Laut betitelte sie die Witt als »dicker Mops«. In Erregung bei schlechten Trainingsleistungen fielen die Worte »du fettes Schwein« und »fette Sau«. Die Witt nahm dies zur Kenntnis und lief dann jeweils in eine Ecke der Trainingsfläche und ließ die Müller allein. Erst nach mehrmaliger Aufforderung zur Weiterführung des Trainings bewegte sich die Witt nach den Anweisungen der Müller.

Bei Auslandsstarts erhält der Delegationsleiter, bei dem es sich in der Regel um Grünwald, Jochen handelt, für die Dauer der Veranstaltung für die Sportler und Begleitpersonen vom Veranstalter Devisen. Erfolgt eine zeitigere Anreise aufgrund des Trainings, zahlt der Verband des Eislaufsports der DDR zusätzliche Devisen. Die weitere Auszahlung an die Sportler erfolgt über Müller, Jutta. In der Vergangenheit wurde diesbezüglich durch ehemalige Eiskunstläufer, z. B. ... bekannt, daß Müller, Jutta nicht immer den Gesamtbetrag Tagesgeld an die im Ausland befindlichen Sportler auszahlte und einiges an Devisen (speziell Geld des Eislaufverbandes der DDR) für sich behielt. Obwohl dies die genannten Personen nicht beweisen können, wird davon ziemlich verbindlich gesprochen. Hier wurde ganz klar versucht, der stets korrekten Frau Müller etwas anzuhängen.

23. 1. 1985 IMS C. P.: Zum Verhältnis Müller – Witt ist einzuschätzen, daß dies trotz der gegenwärtigen Situation (Gewichtsproblematik und schlechte Trainingsleistungen) noch relativ normal ist, das heißt, es kam zu keinen tätlichen Auseinandersetzungen. Müller, Jutta arbeitet zur Zeit mit »Zuckerbrot und Peitsche«.

24. 1. 1985, 18.20 Uhr Abt. 26: Müller, Jutta schätzt gegenüber dem Eiskunstlaufpreisrichter Mirmsecker, Reinhard die mangelhaften Leistungen aufgrund der Gesamtsituation ein, äußert, bezogen auf den 22. 1. 1985, »da bin ich bald ausgeflippt ... da bin ich hinten um die rum, habe sie an ihrem Schwanz gezogen. Da hätte ich die bald umgebracht ... Heute habe ich noch einmal gesagt, ich weiß nicht, wie ich dich einschätzen soll. Es gibt für mich eigentlich zwei Varianten, entweder du bist strohdumm oder du bist unverfroren ... Da nehme ich lieber das zweite, dumm bin ich nicht, sagt die da.«

30. 1. 1985, 20.00 Uhr Abt. 26: Witt, Katarina informierte Witt, Manfred aus Berlin: »Die Frau Müller hat mich immer wieder gefragt, ob wir Besuch hatten im letzten Vierteljahr ... Ich habe das abgestritten, aber sie hat mich immer wieder gefragt, und dann habe ich es ihr gesagt, weil sie es schon wußte ... Das haben die herausbekommen ... da hat sie natürlich ganz schön rumgestunken, also ich bin schuld, ich hätte es melden müssen und so, Vertrauenssache ... Das war natürlich ganz schön belastend, hat sie hier herumrandaliert, nun ja.«

14. 2. 1985, 17.20 Uhr Abt. 26: Der Vorsitzende des SCK, Gensel, Heinz, informierte Müller, Jutta über die Trainingsleistungen der Witt, Katarina: »Es ist furchtbar, weil man gar nicht mehr weiß, was man machen soll. In den Arsch treten kann man auch nicht.« Auf Tendenzen in den Leistungsprotokollen aufmerksam gemacht: »Wir haben gar nicht mehr viel Freude«, reagierte die Müller, Jutta: »Jetzt haben wir gar keine mehr. In der Pflicht haben uns die *Sowjets* noch gehalten – aber klar ist, daß sie uns jetzt schon in der Pflicht verwerten. Die verwerten uns auch, wenn wir gut sind ... Die brauchen uns nicht mehr, die hauen uns jetzt voll in die Pfanne. Denn am Endergebnis haben sie uns schon in die Pfanne gehauen. Stell dir vor, die Leistner noch davor zu setzen, *das ist von den Sowjets eine ganz schöne Frechheit.* Die (Ungarn und Tschechen) haben dann zuletzt gesagt, da machen sie nicht mehr mit, sie stehen völlig unter dem Druck der Sowjets. Haben die Tschechen dann noch laut werden lassen, *daß sich jetzt die sozialistischen Länder zusammentun müssen gegen die Sowjets.*«

22. 2. 1985 IMS To.: In Vorbereitung der Weltmeisterschaft ist zu verzeichnen, daß Müller, Jutta relativ schlechte Laune hat, sehr hektisch ist, keinen Spaß versteht und sie im Verhältnis zur Vorbereitungsphase der Europameisterschaft mehr herumschreit, wobei sich Müller und Witt fast täglich anschreien. Obwohl die Müller berechtigte Kritik an den Leistungen der Witt übt, findet sie nicht den richtigen Ton und äußert sich sehr explosiv. Da die Witt sich vermutlich nicht alles anhören will, rennt sie teilweise weg, was die Müller wiederum noch mehr auf die »Palme« bringt. Am 19. 2. 1985 schrie die Müller Witt, Katarina aufgrund ihrer schlechten Trainingsleistungen und unter Bezugnahme ihres Gewichtes ... an und drohte an, wenn sie weiter so mache, fahre sie nicht mit nach Japan und werde auch am Schaulaufen nicht teilnehmen. Witt konterte darauf, daß die Müller dann ebenfalls nicht teilnimmt, und äußerte zu Müller: »Sie haben wohl ein Ei auf dem Kopf.« Darauf verließ die Müller die Eishalle und die Witt verließ ebenfalls das Eis. Zurückgekehrt fragte Müller: »Wo ist denn unser Star?« Weiterhin äußerte Müller, Jutta, Bezug nehmend auf die Leistungen der Witt, daß sie ihren »Brummer« (Eisschnelläufer Brumm, Karsten) an die Hand nehmen und mit ihm auf dem Eis spazierengehen kann, worauf Witt, Katarina, erwiderte, daß die Müller dann mit der Sheila (Tochter der Seyfert, Gabriele) rodeln gehen kann.

*

Es braut sich etwas zusammen über dem Kopf meiner Trainerin. Die Stasi ist offenbar die Sorge noch nicht los, daß ich eines Tages doch im Ausland bleiben könnte. Es scheint, als solle Frau Müller vorsichtshalber für diesen Fall als Sündenbock aufgebaut werden. Daß da auch unsere gegenseitigen Beschimpfungen so detailliert festgehalten sind, zeigt, daß sie falsch und überbewertet werden.

Wie könnten Nichtsportler, Bürokraten noch dazu, diese Sprache auch richtig verstehen. In den Grenzsituationen, in denen wir uns oft befinden, wenn ich den Schmerz schon ahne, da müssen Worte manchmal wie Peitschenhiebe sein – wie für ein Pferd, das über ein Hindernis muß. Katarina Witt verweigert leicht, Jutta Müller weiß es. Und wenn es um mein Gewicht geht, was soll sie sagen? Vielleicht: »Meine liebe Katarina, wir sehen aber heute nicht besonders vorteilhaft aus. Die 1200 Gramm werden uns hindern, die etwas stämmigen Beine hoch genug vom Boden wegzubekommen«?

Unser rüder Ton hat ja dann doch immer etwas gebracht. Ich werde in Tokio wieder Weltmeisterin, ich kehre nach der Schaulauf-Tournee brav wieder in die DDR zurück, die Stasi läßt Frau Müller in Ruhe. Aber Frau Müller mich keineswegs. Sie denkt schon wieder an die nächste Saison, ich habe schon wieder ein paar Pfund zuviel und im Training schon wieder mal nicht den ganz großen Elan.

Bei der Stasi wird ein nicht gekennzeichneter Zettel abgelegt:

Probleme:

1. Einrichtung der Wohnung
2. möchte Auto – hat keine Fahrerlaubnis
3. MÜLLER zu WITT:

23.4.1985
- die redet schon wieder vom Aufhören;
- ist völlig unbefriedigt;
- braucht einen Kerl/ die hat zur Zeit nichts!

24.4.1985
- sie bleibt nicht mehr länger hier im langweiligen Karl-Marx-Stadt

6.5.1985
- hat mit ihr wieder die größten Probleme;
- es geht von vorne los/ schlimmer;
- hat keine Lust zum Trainieren;
- eigentlich wäre sie die geborene Läuferin für da drüben/ die will »Holiday« machen;

– große Probleme in Frankreich/ täglich beim Schaulaufen gestürzt;
– die braucht einen Mann

Sie kann eben nicht immer recht haben und nicht alles wissen, die gute Frau Müller.

Ich brauche wirklich keinen Mann. Ich habe eher einen zuviel.

».... zu verweisen, daß bei xxx Hinweise auf Aids-Verdacht bestehen«,
schlägt der Leiter der Abteilung XX vor.

Wie meine Verbindung zu Marco getrennt werden soll. Meine erste eigene Wohnung und der Preis der neuen Freiheit. Ein Zerwürfnis mit meinen Eltern und der Verlust des WM-Titels. Aber ein neues Glück mit Ingo.

Meine Heimatstadt heißt jetzt wieder Chemnitz, sieht aber immer noch aus wie Karl-Marx-Stadt. Meine Schule ist so schmucklos, wie sie immer war. Und sogar die Markierung, die ich hinterlassen habe, vor acht Jahren, ist immer noch zu sehen. Mit Schwung bin ich eingebogen mit meinem nagelneuen Lada, und dann gab es ein ganz häßliches Schleifgeräusch. Ich habe die Kurve nicht erwischt, der erste Lack ist ab – und an der Wand des Schulhauses fehlt seitdem ein Stück Putz.

»Katarina fährt weiter – und zwar wie der Henker –, während sich die Reporter mit gefrorenem Lächeln klammheimlich am Sitz festkrallen. Geschwindigkeitsbegrenzungen, Durchfahrt- und Halteverbote interpretiert sie nach rasantem Gutdünken.« Das hat Paula Almqvist im *Stern* geschrieben, gut beobachtet, selbst erfahren und erlitten. Das Auto und ich, eine Geschichte, wie sie dramatischer nicht hätte beginnen können. Nach zwei Wochen hatte ich das Gefühl, ich sollte den Lada besser wieder zurückgeben – und den Führerschein gleich dazu.

Der erste Lackschaden ist immer der schlimmste. Ich komme also mit Tränen in den Augen zu meinem Lehrer für Mathe und Physik, der tröstet mich mit einem detaillierten Bericht über seine Unfälle und sagt: »Sei doch froh, jetzt hast du deine erste Karambolage hinter dir, so schnell wird dir jetzt nichts mehr passieren.«

In Mathe ist er klasse, als Prophet ist er ein Versager.

Es dauert keine vierundzwanzig Stunden bis zum nächsten Unfall. Ich fahre auf der Augustusburger Straße hinter einem Mann her, der hat es nun aber wirklich nicht eilig, im Gegensatz zu mir. Ich überhole ihn rechts, leider kurz vor der Stelle, an der es statt zwei Fahrspuren plötzlich nur noch eine gibt. Und wo meine endet, ist ein riesiger Kohlehaufen. Also gebe ich Vollgas, versuche mich links reinzuquetschen. Peng! Ihm ist nichts passiert, mir nichts, alles andere läßt sich regeln.

Nun muß es aber gut sein, denke ich. Ist es aber nicht. Wenig später komme ich von meinen Eltern und fahre auf eine Kreuzung zu, ich habe zwar Vorfahrt, aber ein Mann mit einem Trabi hat's eilig. Es kracht fürchterlich, jemand reißt meine Beifahrertür auf und fragt: »Ist Ihnen was passiert?« Ich jammere vor mich hin: »Mein Kuchen, mein Kuchen ...« Ich hatte auf dem Beifahrersitz einen selbstgebackenen Pflaumenkuchen, der lag nun zerkrümelt und zermanscht wie Kompott auf der Fußmatte. Seitdem weiß ich, daß Panikreaktionen reichlich komisch ausfallen können.

Am nächsten Tag komme ich mit einem Bekannten an der Unfallstelle vorbei, der Trabi steht noch am Straßenrand. Totalschaden. Mein Bekannter sagt: »Der muß gegen die Straßenbahn gedonnert sein, so wie der aussieht!«

»Von wegen Straßenbahn«, wollte ich sagen, »das war ich.« Aber ich lasse es lieber, ich bin schon dabei, mir einen respektablen Ruf als Kamikaze-Fahrerin zu erwerben. Zu einer Probefahrt habe ich vier Freunde aus der Eislaufabteilung eingeladen. Wir wollen hinterher noch was trinken gehen. Ich freue mich, daß mein Lada mit starrer Hinterachse auf der Autobahn tatsächlich hundertvierzig Sachen macht. Diese Freude scheint niemand mit mir zu teilen. Alle sind merkwürdig blaß, als wir wieder in Karl-Marx-Stadt sind. Von etwas trinken gehen und so ist nicht mehr die Rede, alle wollen nur noch schnell nach Hause. Zu Fuß.

Der Lada ist eine von drei Belohnungen für die erfolgreiche

Saison 1984. Nicht, daß ich ihn geschenkt bekomme, ich muß ihn schon bezahlen – aber ich muß nicht erst auf die Warteliste. Als Auszeichnung gilt auch eine Tournee durch Asien im Anschluß an die WM in Tokio, mit Stationen in Japan, China und Korea und einem Abstecher nach Hongkong.

Die Tournee dauert vom 10. März bis zum 2. April, und so aufregend es auch ist, Städte wie Peking oder Hongkong zu sehen – ich sehne mich nach Karl-Marx-Stadt, denn ich möchte endlich meine erste eigene Wohnung einrichten. Endlich die neue Freiheit genießen, um die ich so hart kämpfen mußte.

Der Wunsch, auszuziehen, mich abzunabeln, ist durch Ingo entstanden. Die Schwierigkeiten, die wir hatten, wenn wir bei seinen Besuchen in Karl-Marx-Stadt mal allein sein wollten, haben mich zu dem Entschluß gebracht: Ich muß weg aus dem Elternhaus. Also gehe ich zu unserem Clubvorsitzenden, der wendet sich, nachdem er Frau Müller gefragt und die zugestimmt hat, an den Oberbürgermeister – und mir wird, als Motivationshilfe, eine Einraumwohnung versprochen, wenn ich Europameisterin werde. Als das geschafft ist, muß ich nur noch meinen Eltern beibringen, daß ich ausziehe. Aber daraus wird nichts, sie erfahren es nicht von mir, sondern vom Vertrauensmann des Hauses Zwickauer Straße 12. Während ich unterwegs bin und mir angestrengt schonende und einleuchtende Formulierungen überlege, sucht er meine Eltern auf, und erkundigt sich, wie denn das mit der Hausordnung wäre.

Nun wissen sie es also. Ihre Freude hält sich in Grenzen. Mein Vater droht zunächst sogar: »Wenn du das machst, sind wir geschiedene Leute«, aber seine Worte sind härter als seine Gefühle. Trotzdem, er ist ganz schön stur. Es muß renoviert werden, tapeziert, der Kühlschrank ist anzuschließen, die Waschmaschine, er rührt keinen Finger für mich. Ich muß alles selbst organisieren. »Du willst doch auf eigenen Beinen stehen«, sagt er ungerührt, »also dann steh mal schön.« Da merke ich, daß das Leben als Single ganz schön strapaziös ist. Bisher wurde mir immer alles abgenommen, ich mußte nur für den Sport leben. Jetzt kaufe ich selbst ein, wasche, suche Möbel, Lampen aus. Das klingt nach Bagatellen, aber zusätzlich zu Schule, Training, Reisen ist das doch eine entnervende Belastung.

So anstrengend hatte ich mir die neue Freiheit nicht vorgestellt.

Aber das Familienleben ist jetzt viel intensiver als vorher. Ich fahre jeden Abend zu meinen Eltern, wir essen gemeinsam, bleiben in der Küche sitzen und unterhalten uns. Früher ging es nach dem Abendbrot zum Fernseher und dann ab ins Bett. Endlich nehmen wir uns Zeit, miteinander zu reden.

Eines Abends muß ich wohl wieder einmal ziemlich erschöpft sein und schlafe auf dem Stuhl ein. Da sagt meine Mutter: »Ab morgen bringst du mir wieder deine Sachen zum Waschen.« Ich weiß: Jetzt sind wir endgültig versöhnt.

Mit Ingo bin ich noch nicht ganz so weit, aber irgendwie kommen wir nicht voneinander los, das heißt – wir wollen es im Ernst wohl auch gar nicht. Er kommt immer mal wieder zu Besuch. Auch das hat Frau Müller nicht ins Konzept gepaßt. Manchmal habe ich das Gefühl, ihr wäre es am liebsten, ich würde meine Jugend wie eine Nonne verbringen, und dann verstehe ich nicht, warum sie sich eigentlich dafür eingesetzt hat, daß ich eine eigene Wohnung bekomme.

Sie erwarte von mir einen soliden Lebenswandel, daß ich mir die Nächte nicht um die Ohren schlage, aber sie ist auch zu souverän, um mich zu kontrollieren. Das tut sie nur auf Reisen, vor Wettkämpfen oder Schaulaufen. Einmal waren wir mit der ganzen Truppe bei einer Party von amerikanischen Läufern, als wir im Morgengrauen in unsere Zimmer kamen, hatte sie einen Zettel unter der Tür durchgeschoben: Bei Rückkehr sofort melden! Tassilo Thierbach hat den Zettel genommen, unter einer anderen Tür durchgeschoben und so getan, als ginge ihn das alles nichts an. Morgens haben wir uns dann unseren Anpfiff abgeholt.

Wenn ich mal erst morgens um vier in meiner Wohnung im zehnten Stock ankomme, bin ich dennoch schon um sieben Uhr auf dem Eis und kommandiere mich: Nur nichts anmerken lassen. Das ist eine verdammt harte Arbeit, nach nur zwei Stunden Schlaf. Aber: Wer in die Disco geht, muß sich auch quälen können.

Ich glaube, ich verkrafte das, aber ich mache mir da was vor. Trainer, die sagen, daß ein intensives Nachtleben und Erfolg nicht zusammengehen, wissen schon, wovon sie reden. Mit Neunzehn hältst du sie natürlich für weltfremde, verknöcherte, lustfeindliche Spielverderber. Aber die Praxis beweist das Gegenteil. Meine Leistungen sind wieder einmal völlig indiskutabel, sagt Frau Müller. Daran habe ich mich ja nun in den letzten Jahren schon gewöhnt. Ich denke mir: Mach dir nichts draus, am Ende gewinnst du wieder – und alles ist vergessen. Ich schinde mich schon zur rechten Zeit.

Wenigstens nervt sie mich nicht mehr mit ihrer Standardaufforderung: »Lächeln mußt du, lächeln!« Es ist schon wichtig, daß man bei der Kür nicht mit einem finsteren Gesicht antritt. Auch die schwierigsten Sprünge soll man so abliefern, daß es nach grenzenloser Leichtigkeit aussieht, wie die aufs Eis gezauberte Lust eines durch und durch fröhlichen, unangestrengten Menschen, für den es ein Klacks und einziges Vergnügen ist, den dreifachen Salchow zu springen. Das macht den Preisrichtern Freude, da greifen sie zu hohen Noten.

Aber, wozu soll ich im Training lächeln, für Träger aus Stahl und Wände aus Beton? Ich hasse diese antrainierte, an den Backenknochen festgeschraubte Fröhlichkeit, die so künstlich wirkt. Ich sehe sie so oft bei Meisterschaften und kann mir vorstellen, wie diese Mädchen und Jungen immer wieder aufgefordert wurden: »Lächeln, das Lächeln nicht vergessen!« – auch wenn ihnen eher zum Weinen war. Frau Müller kann das auch, sogar mit vier ä – »Läääächeln!«

Ich muß ein freundliches Gesicht nicht üben, das habe ich drauf, wenn es sein muß. Es kommt von innen und wie von selbst, wenn ich laufe und gut bin. Irgendwann hat sie das wohl begriffen. Sie will mein Lächeln nicht mehr auf Kommando sehen, sie überprüft nur gelegentlich, ob es noch vorhanden ist. Dann bestellt sie Publikum in die Halle, ein paar Sportler aus der Eisschnellaufabteilung zum Beispiel, die nebenan auf der Bahn trainieren. Das wirkt sofort, automatisch. Wenn jemand zuschaut, strenge ich mich nicht nur etwas mehr an, es steigert auch mein Vergnügen ganz erheblich.

Und das sieht man dann. Und dann endlich kann sich auch mein Choreograph Rudi Suchy freuen, der bei der täglichen Routine oft vor Verzweiflung am liebsten in die Bande beißen würde. Endlich sieht er dann die Früchte seiner Arbeit. Manchmal.

Ich muß nicht mehr lächeln im Training – und Frau Müller kann nicht mehr. Denn bedauerlicherweise hält sich die Freude, die ich ihr bei der Vorbereitung auf die neue Saison bereite, arg in Grenzen. Mir wird meine schlechte Form langsam auch unheimlich, ich werde unsicher, bei einer Schaulauf-Reise durch Frankreich stürze ich bei jeder Vorstellung mindestens einmal.

Das ist die erste Rate des Preises für die neue Freiheit.

Frau Müller führt meine Probleme wieder auf Ingo zurück. Daß wir uns im Herbst 1984 getrennt hatten, war für sie eine große Erleichterung. Aber auch diese Trennung war, wie so viele, nur vorläufig endgültig. Ihr bleibt natürlich nicht verborgen, daß wir uns jetzt ab und an wiedersehen. Sie mag ihn einfach nicht, diesen langhaarigen, dünnen, unsportlichen Musiker aus Berlin, der Lederjacken trägt und Hosen mit breiten, bunten Streifen. Und damit ist sie nicht allein.

*

Abteilung XX Karl-Marx-Stadt, 26. 07. 1985
XX/Ltr.-schu

Bericht
zum Treffen mit dem IM Ge. am 26. 07. 1985 in der Zeit von 13.00 bis 15.30 Uhr im Objekt »Ufer«

Der IM berichtete über die Katarina Witt. Ausgehend von diesem Bericht ist nochmals zu prüfen, inwieweit IM der Bezirksverwaltung Karl-Marx-Stadt während des Urlaubsaufenthaltes der Witt in Albena Reisen nach Bulgarien durchführen. Außerdem ist eine Auskunft über den xxxxxxxx zu beschaffen.

Ge. erhielt folgende Aufträge:

Er hat die Reise der Witt nach Berlin zu xxxxxxx (durchgestrichen) zu verhindern und die Witt zu einem Besuch in seiner Wohnung einzuladen. In diesem Zusammenhang muß Ge. offensiv weiter Einfluß darauf nehmen, die Verbindung mit POLITZ zwingend und endgültig abzubrechen, und diesbezüglich auch Einfluß auf ihre Eltern geltend machen. Außerdem muß vom IM geklärt werden, welche Kontakte zwischen der Witt und dem xxxxxxxxxx Staatsbürger M. bestehen. Da Ge. diesen M. persönlich kennt, hat er die Verbindung zu diesem mit dem Ziel der Aufklärung der Persönlichkeit zu intensivieren, in der Folge muß er erwirken, daß die Beziehungen Witt–M. gestört werden.

Der nächste Treff findet am 31. 07. 1985, 17.00 Uhr statt.

E., Oberstleutnant

*

Es ist etwas freudlos in Karl-Marx-Stadt, wenn Ingo nicht da ist. Und leider sind seine Besuche selten. Von Berlin konnte er in unserem ersten halben Jahr öfter mal schnell nach Chemnitz kommen. Aber von Rostock, seinem NVA-Standort, ist das schon eine Tagesreise. Und ich bin zum Alleinsein nicht gemacht. Ich lerne Marco kennen, er hat ein technisches Studium abgeschlossen, arbeitet aber in einem künstlerischen Beruf. Er ist verheiratet, aber das stört mich nicht. Ich will nur manchmal nicht allein, aber keineswegs auf Dauer gebunden sein.

Ich bin fast zwanzig Jahre alt, auf den Reisen in den Westen habe ich mich schon oft über das verkrampfte Verhältnis zur Sexualität gewundert. Mit welchen kämpferischen Parolen dort die Gleichberechtigung, die Selbstverwirklichung der Frau einschließlich der sexuellen Befreiung eingefordert werden. Ich kann das Problem bei uns in der DDR nicht erkennen. Vielleicht liegt es daran, daß die Frauen bei uns schon immer mit in den Aufbau einbezogen sind, daß es die Nur-Hausfrau praktisch kaum gibt und daß seit dem Ende des Zweiten Weltkrieges das sozialistische Prinzip Gleichheit auf alle Fälle im Verhältnis der Geschlechter gilt. Frauen sind und nehmen sich selbst wichtig, ihre Leistungen und ihre Forderungen. Es gibt keine Abhängigkeitsehen, die aus Gründen der Versorgung aufrechterhalten werden müssen um den Preis eines lebenslangen Verzichts auf Liebe und Lust. Kinder sind keine Ketten, Alleinerziehende haben durch das komplette Angebot an Hort- und Kindergartenplätzen jede Entfaltungsmöglichkeit. Das macht sehr selbstbewußt und frei von Zwängen, von Konventionen. Für die Jugend entfällt der gepredigte Verzicht, die Kirche ist bedeutungslos, die Partei zwar prüde, aber duldsam. Es gibt Länder und Systeme, in denen ist es schwerer als bei uns, Frau zu sein. Die innere Freiheit ist als Folge der geringeren Möglichkeit zum Kompensationskonsum viel ausgeprägter als anderswo. Sie ist bei mir keineswegs unterentwickelt und versetzt mich in die Lage, zu tun, was sich so ganz nicht schickt. Dazu gehört mein Verhältnis zu Marco. Ich stelle zum erstenmal fest, daß ich zwei Männer lieben kann, mit der glücklichen Gabe, kein schlechtes Gewissen zu haben. Wenigstens eine Zeitlang. Natürlich sorge ich dafür, daß der eine nichts vom anderen erfährt, aber nicht aus einem Schuldbewußtsein heraus, sondern nur, um keinen zu verletzen. Ich bringe das gut auf die Reihe. Sicher hat eine solche Einstellung auch mit dem unverkrampften Verhältnis von Sportlern zu ihrem eigenen Körper und damit zur Sexualität zu tun. Sie betrachten Sex unverklemmter und natürlicher, aber das heißt nicht, daß sie pausenlos und wahllos die Partner wechseln. Ich denke auch, daß Menschen in einer permanenten Extremsituation, die ständig in der Öffentlichkeit unter Erfolgsdruck stehen, Sportler und Künstler zum Beispiel, viel intensiver und spontaner leben und lieben. Das kann auf andere unmoralisch wirken.

*

Abteilung XX Karl-Marx-Stadt, 12. 12. 1985

Genosse Oberst!
Beiliegend schlage ich im Zusammenhang mit der weiteren Bearbeitung des OV »Flop« nachfolgende Maßnahmen vor, die insbesondere auf die Einschränkung und Lösung des bestehenden Kontaktes zwischen der WITT, K. und dem M. ausgerichtet sind:
1. Erarbeitung einer zusammenfassenden Information zur Einschätzung des aktuellen Standes der Beziehung zwischen Witt und

M. unter Beachtung aller operativ bekannten Fakten als Grundlage für die Ableitung weiterer operativer Maßnahmen.
2. Der mit dem Stellvertreter Operativ, Gen. Oberst Sch. abgesprochene Einsatz des IM »xxxxxxxx« ist darauf auszurichten, der W. bei einem geplanten Besuch die negativen Erfahrungen im früheren Verhältnis zu M. (ehemaliges Verhältnis des M. zur Ehefrau des IM) aufzuzeigen.

Gleichzeitig ist auf Grundlage eines vorliegenden Werbefotos auf den Kontakt des M. zum Berliner Dressmann xxxxxxxx (op. bekannte Person unter homosexuellen Kreisen) zu verweisen, einschließlich der Tatsache, daß bei xxxxxx Hinweise auf Aids-Verdacht bestehen und M. zu diesem sexuelle Beziehungen unterhalten haben soll.
3. Erarbeitung einer aktuellen Übersicht zu Programm- und Veranstaltungsterminen des M. im Dezember 1985 in Abstimmung mit der Abteilung VI, einschließlich bestehender Möglichkeiten zum außerbezirklichen Einsatz des M. bzw. einer Einbeziehung zu geplanten Maßnahmen der FDJ in Vorbereitung des XI. Parteitages.
4. Vorbereitung und Durchführung einer Verkehrskontrolle zur Feststellung einer weiteren Geschwindigkeitsüberschreitung mit dem Ziel, dem M. zeitweilig die Fahrerlaubnis zu entziehen.
5. Überprüfung zu möglichen Manipulationen des M. im Zusammenhang mit seinem Berechtigungsschein zur Fahrerlaubnis, der Zulassung weiterer Pkw bzw. zur Abführung von Steuern bezüglich seines Einkommens.
6. Einsatz des IM Be. (Ref. XX/7) zum weiteren Ausbau des bestehenden Kontaktes zur W. durch Realisierung von Gaststättenbesuchen außerhalb von Karl-Marx-Stadt und der Prüfung bzw. Organisierung einer gemeinsamen Silvesterfeier, in die eine Einbeziehung des IM Ge. zu prüfen ist, mit der Zielstellung vertraulicher Beziehungen.

Darüber hinaus ist durch den IM Be. Verbindung zur Ehefrau des M. mit dem Ziel aufzunehmen, ihre Haltung zur Verbindung M. und W. sowie Ansatzpunkte für die Schaffung von Differenzen

zwischen M. und seiner Ehefrau herauszuarbeiten, um damit über die Ehefrau die Beziehung W. und P. in Frage zu stellen.
7. Weiterer Einsatz der IM P.S. (XX/7) und Ma. (Abt.II) zur weiteren Ausprägung von Bindungsfaktoren an die DDR, einschließlich der weiteren Konkretisierung der beruflichen Pläne und Absichten der W.
8. Realisierung kurzfristiger Maßnahmen zur Aufklärung des xxxxxxx als eine aktuelle Verbindung der W.

Im Zusammenhang mit der gegenwärtigen Verletzung der W. ist der Sachverhalt der Bereitstellung erforderlicher Medikamente sowie der echte Gesundheitszustand durch inoffizielle Möglichkeiten der Abteilung XX zu prüfen.

Ich bitte um Kenntnisnahme und Bestätigung der vorgeschlagenen operativen Maßnahmen.

Leiter der Abteilung
E.
Oberstleutnant

*

Ich bin auf eine sonderbare Art glücklich. Und zum Glück brauche ich mich nicht zu entscheiden. Marco ist in Karl-Marx-Stadt, Ingo ist in Rostock, er kann nicht so oft kommen, nach Kilometern ist er weit weg, aber vom Herzen her ist er mir weiterhin nah. Sie bedeuten mir beide sehr viel. Mit Ingo ist es anders als im letzten Jahr, als ich den Gedanken von Eifersucht so weit wegschob und doch unter Ingos Beziehung zu seiner angeblichen Ex-Freundin J. litt.

Eine satte Zufriedenheit breitet sich in mir aus. Das unterscheidet meine Gemütslage ganz erheblich von der von Frau Müller. Sie sieht mich schon wieder einmal weit von der Weltklasse entfernt und befürchtet für die Saison das Schlimmste.

Sie beginnt mich mit ihrem Pessimismus anzustecken, und prompt bekomme ich zum erstenmal eine ernsthafte Verletzung, eine Schleimbeutelentzündung im Fußgelenk. Der Vereinsarzt Dr. Nicolai reicht mich weiter an Professor Jungnickel in Bad

Düben, danach kümmert sich Professor Hannemann, der Leiter des sportärztlichen Dienstes der DDR, um mich. Ich weiß, daß diese Art Verletzung in der BRD und in Übersee mit einem speziellen Tape-Verband behandelt wird, den es bei uns noch nicht gibt. Er sieht aus wie Toast-Käse. Also besorge ich mir Scheibletten und klebe sie mir an die Achillessehne. Es hilft natürlich nichts – ich habe nur im wahrsten Sinne des Wortes Käsefüße. Das richtige Material, es heißt »Skin Care Pad«, wird schließlich von der UNO-Vertretung der DDR in New York besorgt und per Kurier nach Berlin geschickt. Trainieren darf ich dennoch eine ganze Weile nicht. An einem Tag im Dezember gehe ich morgens in die Halle am Küchwald, schaue den anderen zu und bekomme eine solche Lust aufs Eislaufen, daß es mir die Tränen in die Augen treibt. Frau Müller versteht die Welt und die Witt nicht mehr.

»Ich habe dich ja schon oft heulen sehen, meistens aus Wut. Aber daß du einmal weinst, weil du nicht trainieren kannst, das hätte ich mir nicht träumen lassen.«

Ich liebe den Eiskunstlauf – und ich hasse das Verlieren. Vielleicht sind es meine Vorahnungen, die mich so traurig machen.

Widerwillig und in einer bescheidenen Form gehe ich bei der DDR-Meisterschaft an den Start, da kann ich gar nicht verlieren. Auch für die Europameisterschaft in Kopenhagen reicht es noch. Aber bei der Weltmeisterschaft in Genf bin ich nicht gut genug für Debi Thomas und die Preisrichter.

Oft beklagen sich die Gewinner von Silbermedaillen über die Geringschätzigkeit, mit der ihre Leistung registriert wird. Auch ich fühle mich nach der Weltmeisterschaft zunächst ungerecht behandelt. Kein Egon Krenz, der zur Begrüßung erscheint, kein großer Bahnhof in Karl-Marx-Stadt. Aber warum sollte denn die offizielle und die öffentliche Meinung eine andere sein als meine eigene. Wenn ich ganz ehrlich und unbeleidigt über die Weltmeisterschaft nachdenke, sage ich mir: Zweite zu werden ist halt kein berauschender Erfolg, wenn du vorher Erste warst.

Ein Trost in dieser Situation ist Ingo. Wir verstehen uns jetzt besser als je zuvor, und ich kann es durchsetzen, daß wir einen gemeinsamen Urlaub an der Schwarzmeerküste in Bulgarien verbringen dürfen. Unsere Stimmung könnte besser nicht sein. Ich bin so aufgekratzt, daß ich mich von unserer Reisegruppe zu einem Blödsinn überreden lasse. Ich nehme an der Wahl zur »Miß Albena« teil. Natürlich habe ich keine Chance, die wollen keine durchtrainierte, sondern eine zierliche Miß. Es soll auch abseits vom Eis nichts werden mit einem Sieg, aber ich werde immerhin noch Dritte.

Die Heimlichtuerei mit Ingo hat ein Ende, er ist jetzt ganz offiziell mein Freund. Auch wenn es noch immer nicht allen gefällt.

*

Abteilung XX — Karl-Marx-Stadt, 1. 9. 1986
Leiter der Bezirksverwaltung
Gen. Generalmajor G.

Am 29. 8. 1986 erfolgte beim Leiter der Abteilung XX, Gen. OSL E., durch den Leiter der Abteilung 3 der Hauptabteilung XX, Gen. OSL K. ein Anruf in Sachen Katarina WITT.

Genosse OSL K. teilte mit, daß der stellvertretende DTSB-Präsident, Genosse Thomas KÖHLER, auf ihn zugekommen sei und ihm mitgeteilt habe, daß dem DTSB-Bundesvorstand Informationen vorliegen würden, wonach Katarina WITT ein Verhältnis zu dem Musiker POLITZ unterhalten würde. Thomas KÖHLER habe darüber hinaus Informationen, daß es zu dem POLITZ Probleme geben würde und diese Verbindung für Katarina WITT nicht geeignet sei. Er bat Genossen OSL um Auskünfte hinsichtlich des Verhältnisses der WITT zu POLITZ sowie um Auskünfte zu der Person des POLITZ, um auf dieser Grundlage nach Karl-Marx-Stadt fahren zu können und mit der Klubleitung des SCK, der Trainerin und Katarina WITT über das Fortbestehen dieses Verhältnisses eine Entscheidung herbeiführen zu können.

Durch den Leiter der Abteilung XX wurde das... Ansinnen zurückgewiesen.

Ich bitte um Kenntnisnahme

Leiter der Abteilung, E. Oberstleutnant

Dringend! Telegramm KMSt, 2. 9. 86
Absender: Bezirksverwaltung Karl-Marx-Stadt, Abteilung XX
Empfänger: MfS Berlin, Leiter der HA XX, Gen. Generalmajor K.
Den hier vorliegenden Erkenntnissen zufolge ist die WITT eine feste Verbindung mit POLITZ eingegangen. Sie beabsichtigt zwar vorerst, POLITZ nicht zu heiraten, bezeichnet aber das Verhältnis als »die große Liebe«.

Die Verbindung WITT/POLITZ zu trennen wird für nicht zweckmäßig erachtet, müßte jedoch von einer umfassenden Einschätzung des POLITZ, der für die Bezirksverwaltung Berlin einliegt, letztendlich abhängig gemacht werden.

Ich erlaube mir, darauf zu verweisen, daß die WITT sich gegenwärtig in einer die Trainerin MÜLLER nicht befriedigenden Verfassung befindet und das Verhältnis WITT/MÜLLER, auch ob der Tatsache, daß die WITT die Verbindung mit dem POLITZ eingegangen ist, äußerst gespannt ist.
Leiter der Abteilung XX i. V. R., Major

*

Es machen sich wieder alle Sorgen um mich. Um meine Form vor allem. Habe ich meinen Höhepunkt schon hinter mir, bin ich mit Einundzwanzig auf dem Eis schon eine Frau von gestern? Viele glauben es, sprechen es auch aus – aber nur hinter vorgehaltener Hand. Das wollen wir doch erst mal sehen. Das erneute Duell mit Debi Thomas, die Revanche ist eine persönliche Herausforderung. Sie reizt mich um so mehr, als sie in Cincinnati stattfinden wird. In den USA gegen eine Amerikanerin zu gewinnen, das wäre schon etwas Besonderes. Aber ich habe nicht das Gefühl, daß mir das jemand zutraut. Frau Müller vielleicht.

»Wir wollen ordentliche Kleidung, keine Tangakordel«, *sagt der kanadische Trainer.*

Wie sexy darf man bei Olympischen Spielen sein? Das große Duell in Calgary. Zum Ende der Karriere gibt es Gold, Tränen, einen Orden und ein Versprechen von Erich Honecker.

Wieder ein grauer Tag in Chemnitz, ich bin müde vom Training, von Stasi-Akten habe ich im Moment genug. In meinem Zimmer, das meine Eltern immer noch für mich reserviert haben, stehen, sauber ausgerichtet, dicke Ordner mit Zeitungsausschnitten, Programmhefte, Bücher. Hier ist meine Karriere abgelegt.

»... richtig ist auf jeden Fall, daß Debi Thomas die einzige aus dem Kreis der Weltklasseläuferinnen war, mit der Katarina nicht auskam«, lese ich in einem Buch.

Richtig ist auf jeden Fall, daß wir uns nichts geschenkt haben, drei Jahre lang.

Nachdem ich 1986 den Weltmeistertitel an sie verloren habe, weiß ich, daß ich eine zweite Niederlage gegen sie nicht einstecken will. Wenn man einundzwanzig ist, schon Weltmeisterin und Olympiasiegerin war, ist die Gefahr groß, daß man bei Rückschlägen sagt, noch nicht beim ersten, aber wenn sie zur Regel zu werden scheinen: »Was soll's, ich habe schon alles erreicht.« Ich bin kurz davor. Aber ich schinde mich vor dieser WM wie nie zuvor, Frau Müller braucht mich nicht mehr zu tyrannisieren, sie spürt meine Leidenschaft, hat Vertrauen zu mir.

Wir reisen in die USA, es gibt das erste Fernsehinterview – und ein Satz von mir wird dann immer wieder gesendet: »I came to Cincinnati, to win my title back.« Mit meinem sächsischen Akzent klingt das so komisch, daß es die Amerikaner gar nicht oft genug hören können. Ich bin mit meinem Englisch das Unterhaltungsprogramm des Tages.

Ich gehe zum erstenmal aufs Eis, und es ergibt sich eine Situation, von der behauptet wird, ich hätte sie bewußt herbeigeführt, um meine Konkurrentinnen zu provozieren und sie nervös zu machen. Ich hatte lange bei den Funktionären gebohrt, bis sie endlich beschlossen, die Kür-Musiken vom Band laufen zu lassen, wenn wir uns gemeinsam einlaufen. Bis dahin war das immer eine nüchterne Angelegenheit ohne jede Stimmung und Atmosphäre. Als der Mann am Mischpult in Cincinnati die Kürmusik von Caryn Kadavy auflegt, irgend etwas Spanisches, vergesse ich meine Einlaufpläne, habe keine Lust, irgendwelche Sprungansätze, Schrittkombinationen zu üben, und fange an, zu dieser Melodie Figuren zu improvisieren. Das geschieht ganz instinktiv, ich kann gar nicht anders. Die Zuschauer applaudieren, die ganze Aufmerksamkeit gehört mir, ohne daß ich mir dessen bewußt bin. Es ist einfach so, daß ich mich von der Musik treiben lasse. Sie hat für mich in den letzten beiden Jahren eine ganz andere Bedeutung bekommen. Ich sehe keinen Sinn mehr darin, daß sie nur die Untermalung zur Aneinanderreihung von Schwierigkeiten sein soll, dramatisch auf einen Höhepunkt zutreibend, wenn eine Kombination mit einem Dreifachsprung bevorsteht, langsam und lieblich, wenn du als Läuferin eine kleine Atempause nötig hast. Meine Idee – und auch die von Frau Müller – ist es, auf dem Eis Geschichten zu erzählen. Eis-Kunst-Lauf, wie ihn die Eistänzer auch verstehen und zeigen, Torville / Dean und Bestemjanova / Bukin zum Beispiel. Die Musik soll mehr als nur Begleitung sein, ich will sie interpretieren, dazu bin ich erst durch die privaten Erfahrungen gekommen.

Wenn man die Liebe kennt, sieht man vieles, fast alles anders. Ich denke mir, daß man nicht den Part der Julia bringen kann, wenn man Sehnsucht und Schmerz nicht erlebt hat. Und daß

Bewegungen zu spanischer Musik wie eine hölzerne Pantomime wirken, wenn man nicht erlebt hat, was Leidenschaft ist. Ich laufe jetzt so, wie ich lebe: intensiv, voller Gefühle.

Ich weiß nicht, wo ich in Gedanken war, als die Kürmusik von Caryn Kadavy lief. Jedenfalls nicht mit der Idee beschäftigt, ich müßte schon mal das Publikum auf meine Seite ziehen und die anderen nervös machen.

Debi Thomas wächst in ihrer Kür wirklich über sich hinaus. Muß sie auch, denn nach der Kurzkür haben fünf Läuferinnen die Chance, Weltmeisterin zu werden. Elizabeth Manley aus Kanada, Caryn Kadavy und Debi Thomas aus den USA, Kira Ivanova aus der UdSSR und ich. Wer die beste Kür läuft, gewinnt. Ich gehe als letzte aufs Eis, das heißt, ich will – aber ich darf nicht. Die Noten für Debi sind längst da, aber ich werde zurückgehalten.

Will man mich nervös machen?

»Was ist los?« frage ich

»Werbung«, sagt jemand.

»Wie, Werbung? Ich denke hier sind Weltmeisterschaften.« Woher sollte ich wissen, daß in der Live-Übertragung eine Pause für einen kurzen Werbe-Block vorgesehen ist. Der Westen hat immer wieder Überraschungen für mich bereit.

Die zwanzigtausend Zuschauer in der Halle, die nach Debis Kür getobt hatten vor Begeisterung, sind verstummt. Aber als ich dann endlich aufs Eis darf, gibt es für mich einen unglaublichen Beifall. Unglaublich für mich deshalb, weil ich ja noch die Chance habe, ihrer Landsmännin den Sieg wegzunehmen. Da wären die Menschen in anderen Ländern doch eher etwas zurückhaltend. Aber die Amerikaner sind eben im Sport von einer beispiellosen Objektivität, sie wollen Leistung sehen, ganz egal, wer sie bringt.

Sie sehen die beste Kür meines Lebens. Nichts macht mir Mühe, nichts strengt mich an. Ich laufe an zum dreifachen Rittberger, den ich im Training fast nie stehen konnte, und weiß: Du schaffst ihn.

Ich werde Weltmeisterin, zum drittenmal – und wahrscheinlich habe ich auch an diesem Abend bereits die Goldmedaille der Olympischen Winterspiele 1988 in Calgary gewonnen. Vielleicht hat sich in Cincinnati an diesem Abend in Debis Unterbewußtsein der Gedanke festgesetzt, daß sie eine Superleistung braucht, um mich zu schlagen.

Ich fühle mich auf dem absoluten Höhepunkt, ich weiß jetzt auch, daß die Preisrichter meine Art akzeptieren, daß ich nicht mehr viel besser werden kann und daß ich eine echte Chance habe, als erste Frau nach Sonja Henie mehr als eine Goldmedaille im Eiskunstlauf zu gewinnen.

In amerikanischen Zeitungen steht, ich hätte meine Technik der Wissenschaft zu verdanken. Mit Computern seien zum Beispiel die ideale Körperhaltung bei Absprüngen, das Anwinkeln der Arme, die optimale Anlaufgeschwindigkeit und ähnliches errechnet worden. Es sind tatsächlich immer wieder mal Leute von der DHfK (Deutsche Hochschule für Körperkultur in Leipzig) da, machen stundenlang Videoaufnahmen, berechnen die theoretischen Voraussetzungen für einen perfekten Sprung – und Frau Müller und ich, wir sehen uns an und denken: »Laß sie nur ...«

Es gibt sicher den rein rechnerischen Idealablauf, aber der enthält nur leider nicht den Risikofaktor deiner dummen, kleinen Fehler, die Hundertstelsekunde, die du zu spät dran bist und durch die du dann spürst: Es reicht nicht mehr für einen dreifachen Sprung, du bekommst gerade noch einen zweifachen hin. Für meine Sprünge brauche ich vor allem Höhe, im Gegensatz zu leichteren Mädchen, die nur auf Geschwindigkeit und schnelle Drehungen setzen. Ich brauche eine ganz andere Technik – und das weiß Frau Müller, da ist sie besser als jeder Computer und jeder Wissenschaftler.

Auch andere Tips bringen nichts ein. Natürlich versuchen sich auch Psychologen an mir, ich soll autogenes Training machen. Ich liege auf dem Boden, angeblich werden jetzt meine Beine schwer, angeblich wird mir jetzt warm. Ich aber friere, und schwer sind die Beine erst, als ich wieder aufs Eis komme. Das ist also auch nichts für mich. Wir bleiben bei unseren bewährten Methoden. Dazu gehören die gnadenlosen Konditionslehrgänge in Zinnowitz im Sommer, in Oberwiesenthal im Winter. Mir fällt die Knochenarbeit diesmal leichter, weil ich weiß: Einmal noch, und dann bist du damit durch. Es wird meine letzte Saison, tierischer Ernst mit kleinen Eskapaden. Einmal gehen wir in der Mittagspause auf den Fichtelberg, essen Eis, essen Kuchen, trinken einen Glühwein und noch einen Glühwein – und in der Halle warten schon die Trainer. Wir haben uns Plastiktüten mitgenommen und rutschen den ganzen Weg vom Gipfel auf dem Hosenboden nach Hause. Kichernd kommen wir im Trainingszentrum an. Ich bin die Dienstälteste, murmle etwas von verlaufen, Weg verpaßt – hinter vorgehaltener Hand, weil Glühwein eine ganz penetrante Fahne macht. Unsere Trainer tun zwar so, als wären sie unheimlich angesäuert, aber ich habe das Gefühl, in Wirklichkeit lachen sie in sich hinein.

Die Vorbereitung auf meine letzte Saison ist von der Belastung her genauso hart wie die Quälerei in all den Jahren vorher, aber die Atmosphäre ist unvergleichlich entspannter. Kein Drill mehr, kein Gezänke, wir arbeiten konzentriert, aber locker auf den letzten Höhepunkt hin. Endlich hat sich Frau Müller an das Phänomen gewöhnt, daß ich im Ernstfall besser bin, meistens jedenfalls, als mein Trainingszustand und auch mein Fleiß vermuten lassen. Ich verweigere auch nicht mehr so oft. Vieles an ihren Nerven wird in diesem Jahr repariert.

Ein sonderbarer Zufall hat uns auch die Basis für die neue, ungewohnte Harmonie geschaffen. Nach Cincinnati überlege ich, zu welcher Musik ich bei den Olympischen Spielen meine Kür laufen will. Ich komme auf »Carmen« von Bizet, aus mehreren Gründen. Ich weiß inzwischen, daß ich die temperamentvolle Musik aus Spanien am besten umsetzen kann. Für sie habe ich die richtige Körpersprache. Leidenschaft, Schmerz, Trauer und Erotik kann ich auf dem Eis glaubhaft ausdrücken. Und dann ist auch die Geschichte der Carmen, der Frau zwischen zwei Männern, ein Thema, das mich interessiert, das kann ich nachvollziehen und verstehen. Auch wenn ich mir denke, daß ich für das Finale eine andere Lösung vorgezogen hätte, daß Carmen bei mir nicht gestorben wäre, sondern überlebt hätte, glücklich mit zwei Liebhabern, mit einem oder alleine.

Immer und immer wieder höre ich mir die Oper an, überlege eine

Grundchoreographie, da kommt eines Tages Frau Müller ins Training und fragt: »Was hältst du davon, wenn wir es einmal mit ›Carmen‹ versuchen?«

Wir fangen an – und haben keine Ahnung davon, daß jenseits des Atlantiks genau das gleiche geschieht: Auch Debi Thomas studiert eine Kür nach der Musik von Georges Bizet ein. Sie arbeitet sogar mit dem sowjetischen Tänzer Michail Barishnikov zusammen, um sich im tänzerischen Bereich zu verbessern.

Als bekannt wird, daß wir beide die »Carmen« bringen werden, sind die Amerikaner in ihrem Element. Sie zeigen, was eine PR-Strategie ist, wie man das Interesse für einen Wettbewerb wecken und steigern kann, bis es nichts Wichtigeres mehr zu geben scheint als das Duell der beiden »Carmen«. Es wird mit der Dramaturgie gearbeitet, mit der Regisseure im Western auf den Showdown hinarbeiten, die ultimative Schießerei. Bei uns beiden allerdings sind die Rollen nicht festgeschrieben, es gibt nicht die Gute und die Böse, die Figuren sind zunächst einmal wertfrei.

Der Wettkampf folgt dann auch der von den Medien vorgegebenen Rollenverteilung: Nach der Pflicht liegen Debi und ich dicht beisammen. Die perfekte Ausführung von Schlingenparagraphen, Achtern und anderen Präzisionsaufgaben ist nicht mein Fall, aber ich habe mich verbessert, bin Dritte hinter Kira Ivanova und Debi. Ich muß jetzt endlich mal diesen Namen erklären, über den ich beim Schreiben selbst immer wieder stolpere. Sie heißt natürlich Debbie. Aber ihre Mutter erzählt, daß sie auf zwei Buchstaben verzichtet, weil sich so Autogramme schneller schreiben lassen.

Also: Debi und ich dicht beisammen. Dadurch ist eigentlich schon genügend Spannung vorhanden, aber die amerikanischen Journalisten finden noch ein zusätzliches Reizthema: Unsere Kostüme für die Kurzkür. Meines, das ich schon bei der Europameisterschaft getragen habe, beschreibt einer so: Es beginnt unten sehr spät und hört oben sehr früh auf. Es ist blau mit aufgenähten Silberfäden und tatsächlich sehr gewagt geschnitten, mit viel Beinfreiheit. Es beginnt seitlich, wie die damals modern werdenden einteiligen Badeanzüge, nicht an den Oberschenkeln, sondern knapp unter den Hüften. Dekolletiert ist es auch, passend eben zur Musik, einem Broadway-Medley.

Der Kanadier Peter Dunfield, Coach von Elizabeth Manley, bezeichnet meine Kleidung als »unschicklich«. Er giftet: »Wir sind gewöhnt, daß man ordentlich angezogen läuft und nicht mit einer Tangakordel ...«

Noch bevor die Kurzkür beginnt, ist der Streit entfacht. Experten warnen, Preisrichter könnten mir ein oder zwei Zehntel abziehen für das eher zu einer Revue passende Outfit, und bei einer knappen Entscheidung könnte das den Ausschlag geben – gegen mich. Mir wird vorgeworfen, ich würde mit meiner Wirkung auf Männer spekulieren. Prompt beschwert sich Alex McGowan, der Trainer von Debi Thomas, nachdem ich die Kurzkür gewonnen habe: »Kein Wunder, es waren sieben männliche Preisrichter am Werk.«

Peggy Fleming, die Olympiasiegerin von 1968, drückt es anders aus. »Katarina spielt einfach ihr Aussehen aus und ihre Gabe, das Publikum gefangenzunehmen. Es ist, als ob sie sich mit den Zuschauern unterhält, sie gibt jedem einzelnen das Gefühl, daß sie nur für ihn läuft. Ich denke, daß sie davon profitiert, daß man unseren Sport heute anders sieht, daß die Athletik nicht mehr überbewertet wird, sondern die Persönlichkeit zählt, der Einklang mit der Musik – und natürlich auch die Kleidung.« Debi Thomas trägt einen schwarzen Vollbody mit tiefem Rückenausschnitt und Silberstickereien, er liegt so eng an, daß die Männer bei ihrem Lauf auch nicht gerade an ihre Spielzeugeisenbahn gedacht haben werden.

Debis Trainer McGowan spricht nach dem Wettbewerb von Schiebung, ihm sind die Noten zu niedrig. Mir wird vorgeworfen, ich habe seine Läuferin irritiert. Debi geht unmittelbar hinter mir aufs Eis, ich stehe mit verschränkten Armen neben ihrem Coach und schaue ihr zu. Manche wollen darin eine Provokation sehen. Psychologische Kriegführung? wird Debi gefragt. »Kann sein, so macht sie das immer. Aber ich sehe ihr auch immer zu, nur nicht ganz so auffällig.«

Von der Kurzkür an spielen die anderen neunundzwanzig Teilnehmerinnen nicht mal mehr eine Nebenrolle. Alles dreht sich nur noch um die doppelte »Carmen«. Ich bin auf dem Titelblatt von *Time*, als erste deutsche Sportlerin überhaupt. Eine Pressekonferenz findet statt – es kommen über sechshundert Journalisten, das hat es im Eiskunstlauf noch nie gegeben. Ich bin völlig konsterniert, und als auch noch einer fragt, ob ich glaube, daß in der DDR die Menschenrechte beachtet werden, falle ich vor Schreck beinahe vom Stuhl. Menschenrechte?

Ich sage, das habe schon alles seine Ordnung bei uns, denn ich denke an das Recht auf Arbeit, auf eine Wohnung und daran, daß keiner hungern muß. Reisefreiheit, Pressefreiheit, Meinungsfreiheit? Ich sehe die Bedingungen, mit denen ich aufgewachsen bin, als völlig normal an. Aber ich gerate bei dieser Frage schon ein wenig ins Stocken. Politik interessiert zum Glück in diesem Augenblick nicht so sehr.

Die Kür ist für den Samstag abend angesetzt, zur besten Fernsehzeit, *prime time*. Der TV-Sender ABC mißt eine Einschaltquote von 40,2 Prozent, die zweithöchste, die bis dahin jemals im Sport erreicht wurde, nur knapp übertroffen von der Super Bowl XXII, dem Football-Finale zwischen den Denver Broncos und den Washington Redskins. Peggy Fleming bringt die Auseinandersetzung zwischen Debi und mir auf einen einfachen Nenner: »Entscheidend ist, wer seine Stärken besser beherrscht, Debi Thomas ihre athletischen Fähigkeiten oder Katarina Witt ihre Ausstrahlung.«

Am Mittag sitze ich bei den Bobfahrern, sie polieren ihre Kufen, ich putze meine Schuhe, ziehe neue Schnürsenkel ein. Wir unterhalten uns, ich sage: »Ich tu' mein Bestes, wenn's nicht reicht, kann ich auch nichts machen.« Ich versuche, so ruhig wie möglich zu sein – oder wenigstens zu wirken. Auf der Fahrt ins Stadion sehe ich die Menschen, die spazierengehen, und denke, wie schön sie es haben, so ganz zwanglos gestalten sie ihren Samstag. Wie angenehm wäre es, jetzt einfach rumzulaufen, keinen Wettbewerb zu haben.

»Es kommt nicht immer nur auf das Können an«, sagt Peggy Fleming, »wenn es knapp ist, entscheidet Sympathie mit.«

Politische Interessen sind auch dabei. Ich habe es selbst erlebt. Zum Beispiel in Sarajevo vor vier Jahren. Da zieht der italienische

Mathematiklehrer Giorgio Siniscalco nach der Kür in der B-Note für Rosalyn Sumners eine 6.0, die kein Mensch versteht und die mich, wäre ich nicht so gut gewesen, Gold kosten könnte. Aber damals bin ich so souverän, daß auch eine durchaus nicht unübliche Vorsichtsmaßnahme völlig überflüssig wird. Unser Läufer Falko Kirsten sollte taktisch für mich eine Art Opferlamm spielen. Er wurde von eigenen Preisrichtern strenger beurteilt als nötig. In der Hoffnung, im Gegenzug von anderen Ländern Sympathie für mich zu ernten.

So etwas wird schon mal eingefädelt. Sonderbarerweise können wir uns dabei auf unseren großen roten Bruder, die UdSSR, nicht verlassen. Dagegen sind die Noten, die ich aus der BRD bekomme, stets korrekt, oft sogar sehr wohlwollend. Aber so weit geht es bei allen Tricks nicht, daß die Schlechtere gewinnt. Nach so vielen Titelkämpfen weiß ich in Calgary ganz genau: Gold gibt's nicht als Sonderangebot.

Dann stehe ich endlich an der Bande, warte auf meinen Auftritt und fühle mich unendlich müde und schwach. Ich erinnere mich an die Weltmeisterschaft in Kopenhagen, 1982, als ich vor der Kür plötzlich Angst bekommen hatte und versagte, nur Zweite wurde, obwohl ich es in der Hand hatte, den Titel zu gewinnen.

Nur jetzt nicht die Nerven verlieren, gar nicht dran denken, daß in der Halle zwanzigtausend Augenpaare auf dich gerichtet sind.

Ich laufe, es gelingt mir alles. Zwei dreifache Toeloop, ein dreifacher Salchow, ein Doppelaxel. Es kommt die schönste Szene, die, in der Carmen singt: »Die Liebe ist ein wilder Vogel, den niemand zähmen kann, und es ist sinnlos ihn zu rufen, wenn er nicht kommen will...« Ich fühle mich plötzlich hundeelend, so schwach und müde – ich möchte am liebsten aufhören. Jetzt müßte der dreifache Rittberger kommen. Ich merke schon beim Anlauf, daß es nichts wird. Wenn Du jetzt stürzt, ist alles aus. Also lieber nur einen doppelten, ich gehe auf Nummer Sicher. Danach kehrt irgendwie meine Kraft zurück, ich laufe an zur Kombination Salchow und Flip, und es hämmert im Kopf: »Dreifach, dreifach,

dreifach.« Wenn ich den Salchow auch nur doppelt springe, kann ich alles vergessen. Es gelingt mir, aber ich kann das nicht genießen. Ich würde am liebsten jubeln, aber ich kann hier jetzt nicht meine Erleichterung zeigen, ich muß im Charakter der Carmen bleiben. Ich kann jetzt nicht einmal lächeln, wenn die gleich abgeschlachtet wird. Das ist der Unterschied zwischen Debis und meiner Interpretation. Ihre »Carmen« überlebt – »weil mich auf dem Eis niemand besiegt«, hat sie vorher gesagt. Meine Kür geht mit Carmens Tod zu Ende. Endlich tut sie das. Ich liege da – und denke mir: Das war's, vier Dreifache habe ich geschafft, aber der Rittberger hat gefehlt, wenn Debi ihr Programm perfekt präsentiert, wird sie Olympiasiegerin.

Ich warte auf meine Noten, sie sind nicht überwältigend. Ich gehe in den Aufenthaltsraum, es dauert noch eine Weile, bis die Entscheidung fällt. Ich könnte jetzt Trost brauchen, ein gutes Wort. Aber Frau Müller ist nirgendwo zu sehen. Ich denke, das gibt es doch nicht, die kann mich doch jetzt nicht allein lassen, wir gewinnen zusammen und verlieren zusammen. Ich gehe in die Halle zurück, sehe Debi, sie verabschiedet sich von ihrem Trainer. Die beiden haben ein Ritual, sie schlagen ihre Hände zusammen, bevor Debi losläuft. Doch diesmal schlägt Debi vorbei. In diesem Augenblick weiß ich, daß sie unheimlich nervös ist.

Tatsächlich mißlingt ihr vieles an diesem Abend. Sie wird mit dem Druck, der in den letzten Tagen durch die Medien erzeugt wurde, überhaupt nicht fertig. Als ihre Noten kommen, weiß ich: Das ist Gold für mich.

Jetzt ist auch Frau Müller wieder da. Sie umarmt mich.

Ich gehe in die Umkleidekabine, um mich für die Siegerehrung vorzubereiten, da höre ich plötzlich eine Jubelexplosion aus der Halle bis hierher in die Katakomben. Ist da etwa noch etwas schiefgegangen, sollte die Elizabeth Manley eine außerirdische Kür gelaufen sein und gewonnen haben? Aber da kommen die ersten Leute und gratulieren mir. Die kanadischen Zuschauer hatten diesen Freudenausbruch, weil Elizabeth die Debi noch überholt und Silber gewonnen hat.

Der große Tag endet leicht peinlich. Ich muß zur Dopingkontrolle, das ist manchmal nicht so einfach. Ich beginne die der Siegerehrung folgende Pressekonferenz kichernd mit einer Erklärung: »Es könnte jetzt etwas komisch werden. Ich habe ein Bier getrunken, und das tue ich sonst nie. Ich fürchte, ich vertrage kein Bier.« Viel ist von mir, so spät in der Nacht vom 27. auf den 28. Februar, nicht mehr zu erfahren. In den Zeitungen steht am nächsten Tag, ich hätte mich an einem Plüschtier festgehalten und wäre sehr fröhlich gewesen.

Zu dieser Zeit sind zu Hause die Lichter wieder ausgegangen. Es muß eine der hellsten Nächte in Deutschland gewesen sein. In Karl-Marx-Stadt, Berlin, Ost wie West, in Hamburg und München waren Millionen Fenster um vier Uhr morgens noch hell erleuchtet.

»Gold! Alle Deutschen lieben Kati«, steht als Schlagzeile in *Bild*. »Carmen-Ost stahl Carmen-West die Show! Katarina Witt (22) wurde im Saddledome von Calgary von 19 000 Fans bejubelt. Die bezaubernde Eis-Madonna aus Karl-Marx-Stadt tanzte sich in die Herzen aller Deutschen.«

Unsere Sprache ist da etwas nüchterner. Bei uns schreiben die Zeitungen lieber Staatstragendes. Zum Beispiel über die Rückkehr von Olympischen Spielen. »Egon Krenz begrüßt die Sportler im Namen von Erich Honecker. ›Er hat uns beauftragt, dem bewährten Kollektiv und jedem einzelnen zu danken für eure große Einsatzbereitschaft, für euren Fleiß und euren starken Kampfeswillen. Die Partei und die Staatsführung der DDR wünschen euch weiterhin viele schöne Erfolge im Sport, Freude im Beruf und bei der Ausbildung und alles, alles Gute. Es drückt die enge Verbindung zwischen den Sportlern und der Partei der Arbeiterklasse, zwischen den Sportlern und unserer DDR, unserem sozialistischen Vaterland aus, wenn ihr selbst sagt, daß ihr mit euren Leistungen bei den 14. Olympischen Winterspielen den 35. Geburtstag unserer DDR würdigt. Dieses unser Land ist als Heimstatt des Friedens und des Sozialismus im Herzen Europas auch zugleich eine Heimstatt des Sports.‹«

So war es 1984, es wird auch diesmal nicht anders sein. Ich bereite mich auf die Dankesrede vor, die ist diesmal mir zugeteilt.

»Wir wissen, daß die Werktätigen unseres Landes täglich mit anstrengenden Leistungen die Grundlage dafür schaffen, so daß sich der Sport der DDR auf solch hohem Niveau entwickeln kann. Deshalb waren unsere Leistungen auch ein Dankeschön an unsere Bevölkerung, die uns trotz der großen Entfernung zum anderen Kontinent sehr nahe war.«

Ich meine das ehrlich.

Eigentlich hatte ich jetzt genug vom Eislaufen, Urlaub wäre schön. Aber ich muß auch noch durch den endgültig letzten Wettbewerb durch. Weltmeisterschaft in Budapest. Das Feuer fehlt, ich bin nicht mehr so hungrig nach Erfolg, aber ich möchte auch nicht mit einer Niederlage abtreten. In der Kurzkür bekomme ich eine 6.0 für den künstlerischen Eindruck, dennoch werde ich in dieser Disziplin zum erstenmal von Debi Thomas besiegt. Ich gönne es ihr, sie hat mir leid getan in Calgary. In der Kür hole ich das wieder auf, die Plazierung ist genauso wie in Calgary: 1. Witt, 2. Manley, 3. Thomas.

Es ist ein Tag voller Wehmut. Erst freue ich mich. Zum letztenmal die ungeliebte Pflicht, denke ich. Das ist doch eine Erleichterung. Nie mehr auf die Waage – das ist ein ernster Vorsatz, und er beglückt mich richtig. Doch vor der letzten Kür kommt dann doch die Trauer. Und bei der Siegerehrung fließen Tränen, diesmal nicht nur die der Freude. Beim Bankett muß ich eine Rede halten. Ich bedanke mich bei allen, bei den Preisrichtern, den Funktionären, den Sportlern. Das Ende war mir den ganzen Tag schon durch den Kopf gegangen. Ein Satz des Titelsongs aus »Dirty Dancing«. Ich bringe ihn auch gerade noch einigermaßen über die Lippen: »I had the time of my life«. Dann muß ich schwer schlucken.

Ehrungen gibt es auch noch.

»Der Vorsitzende des Staatsrates der Deutschen Demokratischen Republik verleiht Katarina Witt die Ehrenspange zum Vaterländischen Verdienstorden in Gold in Würdigung überragender Ver-

dienste beim Aufbau und bei der Entwicklung der sozialistischen Gesellschaftsordnung in der Deutschen Demokratischen Republik und der Festigung der Freundschaft zwischen den Völkern.
Berlin, den 25. April 1988 Erich Honecker«

Außerdem sagt Honecker, der in der Nacht von Calgary auch aufgestanden ist und meine Kür im Fernsehen gesehen hat: »Hervorragende Leistungen zur Ehre und zum Nutzen unserer Deutschen Demokratischen Republik finden seit jeher die besondere Anerkennung unserer Gesellschaft. Wer sich um das Wohl des Volkes verdient macht, dem sagt unser Arbeiter- und Bauernstaat auf besondere Weise Dank.«

Der Dank, den ich erwarte, würde nicht zu Lasten des Staates gehen. Ich will einfach nur weiter Eislaufen, nicht mehr bei Meisterschaften. Ich habe da meine eigenen Vorstellungen.

In Calgary habe ich auf die Frage, ob ich mir einen Wechsel zur Revue vorstellen könnte, geantwortet: Vorstellen könnte ich mir das wohl. Das war nur als Versuchsballon gedacht. Ich bin neugierig, wie der Eislaufverband darauf reagiert oder der DTSB. Wenn ich dort nach meiner Zukunft frage, nach den Plänen, die man mit mir hat, bekomme ich keine klaren Auskünfte.

Aber ich habe Helfer. Ich habe sie mir nicht gesucht. Sie haben sich in mein Leben gedrängt. Die Männer von der Stasi.

»Lassen Sie Katarina Witt nach Hollywood«,

schreibt Armand Hammer an Erich Honecker.

Wie ich von den Millionenangeboten aus dem Westen erfahre. Der Verdacht, daß die Stasi in meiner Wohnung Wanzen plaziert hat – und der Beweis. Ein Dank an Erich Honecker wird zensiert, aber Egon Krenz hilft. Michael Jackson singt im Westen, ich bekomme im Osten Pfiffe.

Zwickauer Straße 12, zehnte Etage. Mein Nachmieter hat sogar meine Rollos behalten. Die habe ich vor acht Jahren gekauft. Auf eines sind Vögel aufgemalt. Sie sind von der Straße aus gut zu erkennen.

Hier bin ich zum erstenmal der Stasi begegnet, es war im Mai 1986, ich weiß es noch genau. Ich würde gerne wissen: War es nur Zufall, wie mir gesagt wurde, oder äußerst geschickt vorbereitet.

Ich komme eines frühen Abends vom Training nach Hause. In den letzten Tagen hat mich auf dem Parkplatz mehrfach ein junger Mann angesprochen. Er sagt, er sei aus der BRD und möchte mit mir einen Kaffee trinken gehen. Ich habe keine Lust, bedanke mich für die Einladung und lasse ihn stehen.

Diesmal erwartet mich die Überraschung im zehnten Stock vor meiner Wohnung. Ich sehe sofort: Am Schloß hat sich jemand zu schaffen gemacht. Das Schließblech ist zerkratzt, die Schrauben sind gelockert. Am Rahmen sind Spuren, als hätte jemand versucht, die Tür aufzusprengen. Aber es hat wohl nicht geklappt. In der Wohnung fehlt nichts.

Ich rufe den Vorsitzenden unseres Sportklubs an und frage ihn, was ich machen soll. Er sagt, er wird sich darum kümmern. Es dauert keine Stunde, dann kommt ein Mann in mittlerem Alter, ich wundere mich, daß er keine Vopo-Uniform trägt. Er erklärt mir das. Er sei vom Ministerium für Staatssicherheit, ich sei ja doch so bekannt durch meinen Sport, daß man sich um meine Sicherheit besonders intensiv kümmern müsse. Niemand könne das besser als die Staatssicherheit, dafür sei sie ja schließlich da. Ich soll mich, wann immer mir etwas Ungewöhnliches auffällt, ein Einbruchsversuch wie dieser zum Beispiel, oder wenn jemand aus dem Ausland mit mir Kontakt aufnehmen will, mit ihm in Verbindung setzen. Er sei jederzeit für mich da.

*

Bezirksverwaltung für Staatssicherheit Karl-Marx-Stadt
Leiter

Karl-Marx-Stadt, 22. 4. 1988

Persönlich
Ministerium für Staatssicherheit
z. Hd. des Ministers
Genossen Armeegeneral Mielke
Berlin

Ich halte es für erforderlich, Sie über eingeleitete sicherheitspolitische Maßnahmen zur mehrfachen Welt- und Europameisterin sowie Olympiasiegerin im Eiskunstlaufen
Katarina WITT
geboren am 3. 12. 1965 in Staaken
wohnhaft: Karl-Marx-Stadt, Zwickauer Straße 12
zu informieren.

Im Verlaufe des Jahres 1985 kam es zwischen WITT und ihren Eltern (sie wohnte zu diesem Zeitpunkt noch in der elterlichen Wohnung) zu laufenden Auseinandersetzungen, was sich in schwankenden sportlichen Leistungen niederschlug und in Folge zu Auseinandersetzungen mit der Trainerin MÜLLER, Jutta führte.

Ich informierte daraufhin das Mitglied des Politbüros und 1. Sekretär der SED-Bezirksleitung Karl-Marx-Stadt, Genossen Siegfried Lorenz. Es wurde entschieden, Katarina WITT eine Einraum-Neubauwohnung zur Verfügung zu stellen, die von einem Architekten der Bezirksverwaltung Karl-Marx-Stadt ausgestaltet wurde, ohne dabei als Ministerium für Staatssicherheit in Erscheinung zu treten.

Am 21.5.1986 informierte die WITT den Vorsitzenden des Sportclubs Karl-Marx-Stadt, Genossen Gensel, daß unbekannte Täter versuchten, in ihre Wohnung einzubrechen. Sie stellte diesbezüglich Beschädigungen am Türrahmen sowie gelockerte Schrauben am Türschloß fest... Genosse Gensel erstattete gegenüber dem zuständigen Referatsleiter der Abteilung XX dazu Anzeige.

Ich habe daraufhin den Einsatz der Abteilung IX/SK angewiesen und eine Anzeige aufnehmen lassen. Um Katarina WITT zu beruhigen und ihr ein gewisses Gefühl der Sicherheit zu geben, beauftragte ich einen verantwortlichen Mitarbeiter (Abteilungsleiter), den Kontakt zu ihr aufrechtzuerhalten, damit sie bei erneuten Vorkommnissen direkt Verbindung zum Ministerium für Staatssicherheit aufnehmen kann, sowohl was Einbruchshandlungen als auch Kontaktversuche von BRD-Bürgern betrifft.

Durch die seit Mai 1986 regelmäßig durchgeführten konspirativen Treffs gelang es, zwischen Katarina WITT und dem Ministerium für Staatssicherheit ein echtes Vertrauensverhältnis aufzubauen und das teilweise noch gespannte Verhältnis zu ihrer Trainerin MÜLLER, Jutta zum Positiven zu beeinflussen.

Katarina WITT sieht im Ministerium für Staatssicherheit einen Partner, dem sie alle Probleme und Sorgen, bis hin zu ihren Beziehungen zu Männern, anvertrauen kann und auch Rat und Unterstützung im Rahmen des Möglichen erhält, was ihr teilweise beim Sportclub versagt bleibt.

Ich bitte um Kenntnisnahme G., Generalleutnant

*

In den ersten Monaten werde ich immer wieder angerufen, vor allem vor und nach Auslandsreisen, und zu einem Gespräch eingeladen. Mein Kontaktmann warnt mich vor den Gefahren, die überall im kapitalistischen Westen lauern. Da braucht er sich aber nicht anzustrengen, das kenne ich alles schon. Wir haben auch beim Eislaufverband und beim DTSB regelmäßig vor den Starts im NSW (nichtsozialistischen Wirtschaftsgebiet) Instruktionsstunden.

Die SED hatte den Trainern und Funktionären ein Papier in die Hand gegeben, in dem unter anderem stand:

»DDR-Sportler müssen gegen Athleten kämpfen, die so motiviert und eingestellt sind, die Vertreter des Sozialismus unter allen Umständen und mit allen Mitteln zu schlagen ... Deshalb gilt es, die DDR-Sportler auf Athleten und Mannschaften einzustellen, die sich mit Wort und Tat bewußt für das imperialistische System einsetzen. Ungeachtet der Wirkung finanzstarker Triebkräfte ist für sie die sportliche Auseinandersetzung mit den Leistungssportlern sozialistischer Länder eine politische Aufgabe, der sportliche Sieg gegen sie ein politischer Auftrag. Sie sind also eindeutig auch die politischen Gegner der DDR-Leistungssportler. Um so mehr wird der sportliche Wettkampf mit ihnen bedeutsamer Bestandteil der internationalen Klassenauseinandersetzung und des Ringens um den Frieden ... Als Inhalt kollektiver Kampfpositionen ist zu formulieren: Wir fürchten diese profihaft vorbereiteten Athleten nicht, wir wissen, daß wir sie schlagen können ... Diese politisch-moralische Entschlossenheit ist in jeder Hinsicht eine entscheidende Voraussetzung für die Siegorientiertheit und die Schlagkraft der Kollektive. Sie ist ein kostbarer Vorzug des sozialistischen Leistungssports.«

Auf dieser Basis werden wir vor unseren Reisen an unseren sozialistischen Leistungsauftrag erinnert. Und wenn mich das alles auch manchmal nervt und ich schon lange nicht mehr so richtig hinhören mag, so sitzt doch tief in mir die Überzeugung: Wir kommen zwar aus einem armen Land, wir leben nicht im Überfluß, aber wir brauchen uns nicht zu verstecken, im Gegenteil. Im Sport nehmen wir es mit allen auf. Wir haben das Gefühl, wir müssen uns unter bescheideneren Bedingungen vorbereiten, einen Vorsprung aufholen. Das erhöht auf eine besondere Art den Wert der eigenen

Leistung und auch den Stolz. Es ist das Gefühl, das jeder Außenseiter kennt.

Meinen Gesprächspartner von der Staatssicherheit freut das. Er fragt mich nach Auslandsreisen, wie die Stimmung in der Mannschaft war, ob irgendwelche Ausländer mit mir Kontakt aufnehmen wollten. Er erkundigt sich auch nach meinem Verhältnis zu Frau Müller. Ob ich irgendwelche Probleme habe, bei deren Lösung mir geholfen werden kann. Wie mir meine Wohnung gefällt. Zu diesen Gesprächen werde ich immer in ein Haus am Stadtrand gebeten. Mir fällt schon beim erstenmal auf, daß die Einrichtung der in meiner sogenannten Einraumwohnung doch sehr ähnlich ist. Im Scherz sage ich: »Na, wir haben wohl den gleichen Architekten.«

Im Laufe der Zeit werde ich doch skeptisch und frage mich, ob mit dieser Wohnung alles mit rechten Dingen zugegangen ist und ob ich vielleicht abgehört werde. Mein Gesprächspartner wird daraufhin richtig ungehalten und erzählt etwas von Beleidigung.

*

Abteilung XVIII Karl-Marx-Stadt, 10. 12. 1987

Aktenvermerk

Im weiteren Gespräch äußerte Katarina Witt erneut ihre Vermutung, daß in ihrer Wohnung nach ihren Worten »Wanzen« wären. Auf die Frage, wie sie darauf käme, antwortete sie in scherzhafter Art, daß es in ihrer Wohnung doch sicherlich für das MfS interessant sei. Katarina wurde ebenfalls zum wiederholten Male erklärt, daß wir zu ihr vollstes Vertrauen haben... und ihre ständigen Vermutungen in diese Richtung schon fast für unser Organ beleidigend sind.

W., Major

*

Während und nach den Olympischen Spielen von Calgary bin ich immer wieder gefragt worden, ob ich denn weiß, wieviel Geld ich im Westen verdienen könnte und ob es mir nicht leid tut, daß ich diese Gelegenheit nicht nützen kann. Ich hatte dafür eine Standardantwort, sogar das Magazin *People* hat sie gedruckt. »Das Problem mit zu vielen Menschen im Westen ist, daß sie glauben, für Geld könnte man alles kaufen. Ich bin nicht reich, aber ich habe genug Geld, um das zu kaufen, was ich brauche, und ich werde nie arm sein.«

Das stimmt schon, ich habe von meinen Prämien und den Vergütungen für Schaulauf-Tourneen einiges gespart, ich bekomme auch vom DTSB so etwas wie ein monatliches Gehalt. Doch ich will einen Beruf, er soll mit dem Eislauf zu tun haben, jedenfalls eine Tätigkeit auf künstlerischem Gebiet sein, ich möchte weiterhin vor Publikum auftreten.

DTSB-Präsident Manfred Ewald schlägt einmal vor, ich solle Medizin studieren, das war zwar mal eine Lieblingsidee meines Vaters, aber mir liegt das nun überhaupt nicht. Und außerdem fehlt mir das Abitur. 1986 habe ich die zehnte Klasse abgeschlossen, mit Zwanzig, drei Jahre später als üblich. 1987 sollte ich mit dem Abitur beginnen. Das ist aussichtslos, ein halbes Jahr vor den Olympischen Spielen.

Ich sage mir: Ich werde auf alle Fälle einen kreativen Beruf ausüben, das schaffe ich auch ohne Abitur. Und außerdem will ich weg aus Karl-Marx-Stadt und nach Berlin. Ich möchte auch Ordnung in mein Privatleben bringen, ich habe zwei Männer, und jeden nur halb. Das ist zuviel und auch wieder zuwenig.

Ich bin schon seit 1986 zum Studium an der Hochschule für Schauspielkunst »Ernst Busch« in Berlin zugelassen, aber das ist bisher eine eher theoretische Beschäftigung. Ich werde als Fernstudentin geführt, manchmal kommen sogar Professoren nach Karl-Marx-Stadt, um nachzusehen, ob ich auch mit dem nötigen Ernst an Fächer wie Rollenstudium und Marxismus-Leninismus herangehe. Es ist ganz interessant, aber ich habe nicht das Gefühl, daß ich auf dem Weg zur Schauspielerin bin.

Aber jetzt will ich wenigstens diese Ausbildung versuchen.

*

Abteilung XX/7 Berlin, 24. 3. 1987

kra-schu-42888

Inoffizielle Information

Katarina Witt – Eiskunstläuferin Karl-Marx-Stadt

Unserer Diensteinheit liegen gesicherte operative Erkenntnisse vor, wonach die Witt, Katarina mit ihrer jetzigen Situation unzufrieden ist.

Darüber hat sie mit ihrer Trainerin Jutta Müller und dem DTSB-Vorsitzenden, Manfred Ewald, gesprochen ... Im Ergebnis dieser Gespräche äußerte sie den Wunsch, Fernsehmoderatorin zu werden. Daraufhin wurden Voraussetzungen geschaffen (Sonderstudienplan), die ein Studium an der Hochschule für Schauspielkunst ermöglichen.

Nach nicht auswertbaren inoffiziellen Einschätzungen ist die schauspielerische Ausbildung der Witt problematisch wegen der Talentlage. Derzeit sind keine Ansatzpunkte für eine erfolgreiche Ausbildung vorhanden. Bei ihr bestehen sogenannte Impulsprobleme – sie ist zu diszipliniert. Die Dozenten stellen in Frage, ob sie überhaupt Schauspielerin werden will. Ihre Stimme ist sehr klein und nicht sehr kräftig.

K., Hauptmann

*

Beim DTSB kann man sich noch immer nicht entscheiden, ob ich nun im Westen in der Revue auftreten darf, aber Manfred Ewald will meine Ausbildung an der Schauspielschule, jetzt etwas gründlicher, unterstützen. Er fährt mit mir durch Berlin, wir schauen Wohnungen an. Es ist keine dabei, die ich akzeptieren will. Zu laut, zu klein – irgendeinen Mangel gibt es immer. Zurück in Karl-Marx-Stadt erzähle ich das meinem Gesprächspartner von der Staatssicherheit. Ich weiß inzwischen, daß durch ihn meine Probleme auf direktem Weg zu Siegfried Lorenz kommen, der als 1. Sekretär der SED im Bezirk und Politbüromitglied der einflußreichste Mann in der Stadt ist. Und er ist auch ein sportbegeisterter Mann, bei dem zum Beispiel unser Klub nicht zweimal um Hilfe bitten muß.

In kürzester Zeit wird auch eine Lösung für mein Wohnungsproblem sichtbar. Der Bezirk Karl-Marx-Stadt besitzt in Altenhof am Werbellinsee ein Haus, das ich mieten kann. Es hat 282 Quadratmeter Wohnfläche, groß genug also, daß sich Ingo im ausgebauten Keller ein Studio einrichten kann. Beim Auszug in Karl-Marx-Stadt stelle ich meine Einraumwohnung auf den Kopf, ich möchte wissen, ob es Wanzen gab. Ich finde aber nichts. Habe ich nicht gründlich genug gesucht?

*

Karl-Marx-Stadt, 28. 10. 1985

Information
über bisher bekanntgewordene Kontakte in der Wohnung der
WITT, Katarina
Nachstehend genannte Personen hielten sich seit dem Bezug der Wohnung im August 1985 bei der WITT auf!
1. Personen mit häufigen Aufenthalten bei der WITT
1.4 – xxxx besuchte die WITT im Zeitraum vom 17.–19. 9. 1985 in ihrer Wohnung, wo es auch zu Intimkontakten kam.
2. Personen mit bisher einmaligem Aufenthalt bei der WITT
2.2. xxx ist der Witt durch ihren Kontakt zu xxxx bekannt.
Das persönliche Interesse des xxxx an der WITT wurde von ihr bisher nicht erwidert.

*

Bezirksverwaltung für Staatssicherheit Karl-Marx-Stadt
Leiter
Karl-Marx-Stadt, 22. 4. 1988

Persönlich
Ministerium für Staatssicherheit
z. Hd. des Ministers
Genosse Armeegeneral Mielke
Berlin

Die seit 1985 laufenden Maßnahmen der Abteilung 26 – Kategorie A und B – belegen, daß sich Katarina WITT gegenüber allen

Personen, die in ihrer Wohnung verkehrten, einschließlich ihres Freundes POLITZ, Ingo, an die Regeln der Konspiration hielt und ihre Kontakte zum Ministerium für Staatssicherheit in keinster Weise offenbarte.

G., Generalleutnant

*

Ich stehe voller Ehrfurcht vor der Hochschule für Schauspielkunst in der Schnellerstraße 104. Hans-Peter Minetti ist Rektor, sie besteht seit 1905, hier wurde Marlene Dietrich ausgebildet, auch O. E. Hasse und Hans Joachim Kuhlenkampff lernten hier.

Es dauert nicht lange, dann kann von Ehrfurcht nicht mehr die Rede sein. Nur noch von Angst. Manchmal kommen mir die Tränen, wenn ich vor der Tür stehe. Ich werde von den anderen nicht akzeptiert. Ich kann das zum Teil auch verstehen. Manche haben sich die Aufnahme hart erkämpfen müssen, haben vielleicht die Aufnahmeprüfung einige Male wiederholt. Schauspielerei ist ihre Leidenschaft, sie müssen Opfer bringen, müssen sparen, sind in einem Studentenwohnheim untergebracht. Und dann kommt so eine Eisläuferin daher, sie fährt mit dem eigenen Auto vor, hat Klamotten aus dem Westen, kein Geldproblem, sie ist auch nicht besonders kommunikativ, verschwindet nach dem Unterricht sofort wieder.

Mir sind alle ihre Vorbehalte klar. Aber das hilft mir nicht weiter, ich fühle mich dennoch elend. Zum Unterricht komme ich immer aus der Eishalle, ich trainiere täglich, weil es doch noch etwas zu werden scheint mit der Revue. Auf dem Eis bin ich in einer vertrauten Gemeinschaft, wir kennen uns alle. Und dort bin ich noch immer die nach Titeln Beste der Welt, Olympiasiegerin, Weltmeisterin. Und eine halbe Stunde später komme ich hierher als Null. Ich hänge mit der Jacke meine Persönlichkeit in den Kleiderschrank – und bin Außenseiterin.

Einmal machen wir ein Assoziationsspiel. Wir stehen im Kreis, Worte gehen reihum. Wenn das Mädchen neben mir zum Beispiel Schaf sagt, muß ich ein Wort sagen, das mir dazu einfällt. Wolle etwa. Das Mädchen neben mir sagt jedoch: »Blau.« Ich will ganz spontan antworten »Côte d'Azur«, weil ich dort schon mal trainiert habe. Aber sofort schießt es mir durch den Kopf: Das kannst du jetzt nicht bringen, die sind noch nie im Westen gewesen, die denken sofort: diese blöde, privilegierte Kuh. Jetzt gibt sie auch noch an.

Mir macht nicht nur die anfängliche Ablehnung Probleme, ich stelle bei mir auch Defizite fest, die mir vorher nicht bewußt waren. Vor allem bei Improvisationsspielen, wenn ich zum Beispiel ein Tier darstellen oder mich in einen anderen Menschen versetzen soll, in einen Bettler oder einen Krieger. Ich habe eine Sperre, ich kann das einfach nicht. Sport war etwas völlig realistisches, die möglichst perfekte Umsetzung deiner eigenen körperlichen Möglichkeiten. Nicht mehr ich zu sein, das fällt mir entsetzlich schwer. Und es fehlt mir einfach an Phantasie. Auf dem Eis Charaktere darzustellen, mit Hilfe der Musik, das fiel mir leicht. Aber auf der Bühne, mit Worten und mit Mimik, das schaffe ich einfach nicht.

Ich habe als Kind vielleicht zuwenig mit Puppen gespielt, ich habe mir keine eigenen Geschichten ausgedacht, und ich war zu müde, wenn mir meine Eltern eine Geschichte hätten erzählen können. Ich habe zuwenig Märchen gelesen, ich hatte keinen Musikunterricht in der Schule, Zeichnen auch nicht. Die Fähigkeit, mich in eine Traumwelt zu versetzen, ist nicht besonders ausgeprägt. Ich spüre das zum erstenmal, ich habe das vorher nie als Mangel empfunden. Es kam in den letzten zwanzig Jahren vor allem darauf an, daß mein Körper mir gehorcht.

Das Verhältnis zu den anderen Studenten wird langsam besser, sie spüren vielleicht doch, wie sehr ich mich bemühe. Nach Wochen bekomme ich für ein Improvisationsspiel sogar Beifall. Aber ich habe nicht das Gefühl, daß die Hochschule für Schauspielkunst der Ort ist, an dem ich viel Sinn mache. Ich gehöre doch eher aufs Eis. Auf die Schauspielerin Katarina Witt werden wir im Moment wohl besser verzichten.

*

Washington normal
Gen. O. F.
Gen. K. N.
erhielt zur weiterleitung an gen. honecker brief von armand hammer. darin uebermittelt hammer glueckwuensche zu erfolgen bei olympischen winterspielen und unterstuetzt das dem brief beigefuegte angebot einer fuehrenden unterhaltungsfirma – weintraub – aus los angeles an katarina witt, ihre karriere in film, fernsehen, buehne und anderweitig zu foerdern.

weintraub (filmproduzent und showbusiness) beabsichtigt, delegation von experten zu sondierungsgespraechen mit k. witt zu entsenden, da alles in uebereinstimmung mit deutschen gesetzen und heimatstaat vereinbart werden soll. hammer wende sich in dieser angelegenheit an gen. honecker in dem glauben, dasz ein solcher vertrag zur besseren verstaendigung in der welt beitragen und k. witt die moeglichkeit geben wuerde, regelmaeszig im westen zu erscheinen. er bittet um die meinung des gen. honeckers oder eines beauftragten von ihm bezueglich der realisierung obengenannten vorschlages.

einschaetzung:
es handelt sich eindeutig um vorschlag zur vermarktung von k. witt. empfehle, dasz botschafter beauftragt wird, hammer mitzuteilen, dasz k. witt informiert wurde, sie jedoch andere plaene habe und deshalb angebot nicht annehmen koenne.

briefe und materialien ueber weintraub mit naechster post.
h.

*

Bald steht fest, daß der Unterricht meistens ohne mich stattfinden wird. Ich darf endlich einen Vertrag bei »Holiday on Ice« unterschreiben. Ich habe mit Egon Krenz gesprochen, den ich von FDJ-Veranstaltungen und Empfängen kenne, er hat sich beim DTSB für mich eingesetzt. Manfred Ewald, der Präsident, hat irgendwie die Befürchtung, daß vielleicht postwendend die Hälfte aller Goldmedaillengewinner vor seiner Tür steht und Profi werden will, wenn ich gegen Geld im Westen auftreten darf. Aber schließlich setzt sich mein Argument durch. Ich weise immer wieder darauf hin, daß es sich hier nicht um sportliche Wettbewerbe handelt, sondern eher um künstlerische Auftritte.

Ewald will aber unbedingt, daß ich dem Sport angeschlossen bleibe. Er versucht alles, um mich auf seine Seite zu ziehen. So verschafft er mir eine Wohnung am Potsdamer Platz, damit der Anfahrtsweg zu meinen Verpflichtungen in Berlin kürzer wird. Und mit der Miene eines Verschwörers gibt er mir an einem Nachmittag (»aber nur für 24 Stunden«) einen dicken Aktenordner. Er enthält alle Angebote, die aus dem Westen für mich eingegangen sind. Darunter sind vier Werbeangebote, elf Angebote aus der Unterhaltungsbranche, von Film und Fernsehen (dabei ist das Empfehlungsschreiben des amerikanischen Multimillionärs, Lenin- und Honekker-Freundes Armand Hammer), acht Angebote für Eislaufengagements, unter anderem ein Vier-Jahres-Vertrag von »Holiday on Ice« bei einer Gage von 5,5 Millionen D-Mark.

Gestattet wird dann lediglich ein Vertrag mit »Holiday on Ice«, der vom 2. November 1988 bis zum 4. April 1989 befristet ist und zweiundsechzig Veranstaltungen vorsieht. Als Gage werden 372 000 Mark ausgehandelt, davon bekomme ich zwanzig Prozent, der DTSB den Rest. Es ist nicht so, daß ich nun vor lauter Freude eine Pirouette drehe, aber wenigstens ist ein Anfang gemacht. Wohl eher zur Beruhigung, weil ich gar nicht daran denke, meine Unzufriedenheit zu verbergen, bekomme ich einen roten Golf geschenkt. Den jedoch vom Bezirk Karl-Marx-Stadt. Siegfried Lorenz, der 1. Sekretär, sorgt dafür.

Aber dieses Geschenk rettet den unerfreulichen Sommer auch nicht mehr. Das Entgegenkommen des Staates hält sich durchaus in Grenzen. Zum Beispiel im Juni. Ich möchte Michael Jackson sehen, zu dessen Musik ich schon bei einigen Schauveranstaltungen gelaufen bin. Und natürlich ist Ingo als Musiker besonders interessiert. Er stellt den Antrag auf eine Reisegenehmigung. Jackson gibt ein Open-Air-Konzert am Reichstag. Nichts da, sagt die Stasi. Man wisse doch, wie das sei. Ich mit meiner Popularität stünde dort doch sofort im Mittelpunkt, das werde von westlichen Medien ausgeschlachtet, und um meine Gesundheit sei bei dem Riesenandrang auch zu fürchten.

Statt dessen kommt jemand auf die Idee, mich für eine FDJ-Veranstaltung, die zur gleichen Zeit in Weißensee stattfindet, als Moderatorin einzusetzen. Es ist ein Rockkonzert unter dem Motto »Für ein atomwaffenfreies Europa«, unter anderem tritt Brian Adams auf. Er sagt, er ist nur gekommen, weil wir uns kennen. Ohnehin hatte die FDJ mit meinem Namen einige Künstler hergelockt. Diether Dehm, Songschreiber für Klaus Lage, Joe Cocker, macht mit mir die Moderation. Es gibt Buh-Rufe und Pfiffe. Sie gelten nicht eigentlich mir, es ist der erste offene Protest der Jugend gegen alles, was Osten ist.

Ich bekomme keine Gage, sondern ein Geschenk im Wert von zweihundertfünfzig Mark Ost.

Im Juli verleiht mir IOC-Präsident Julio Antonio Samaranch in Lausanne den Olympischen Orden. Egon Krenz schwingt sich zu einer ganz großen Geste auf und sorgt dafür, daß ich in einer Regierungssondermaschine reisen darf. Mit an Bord sind Frau Müller, DTSB-Präsident Manfred Ewald, ZK-Mitglied Hellmann, weitere Funktionäre, Politiker und Journalisten. Von Ewalds potentiellem Nachfolger Eichler kommt die Frage, wie den Bürgern ein solcher Aufwand erklärt werden soll. »Na, Flugzeuge müssen fliegen, wenn sie nicht kaputtgehen sollen, Piloten müssen üben, das brauchen wir nicht zu erklären«, sagt Egon Krenz. Seit meiner Abschlußtournee durch die USA seien praktisch keine Geschichten über mich erschienen, da müsse jetzt mal wieder was kommen, sagt Ewald.

Ich denke, daß ich von seinem Nachfolger nichts Gutes zu erwarten habe, wenn er erst einmal im Amt ist. Zäh arbeite ich darauf hin, daß ich aus dem Sport entlassen und der Kultur zugeteilt werde. Ich bekomme prompt den Tip, mich an Professor Wolfgang Vogel zu wenden, den bekanntesten Anwalt der DDR. Der Jurist, den mir der DTSB zugewiesen hat, scheint mich nur halbherzig zu vertreten, der von Ewald abgestellte Manager ebenfalls. Der scheint mehr die Interessen des DTSB im Kopf zu haben als meine. Ich bekomme also die Adresse von Professor Vogel und den Rat: Einfach hingehen und klingeln. Er läßt mich ein – und macht künftig meine Verträge.

Verlassen kann ich mich auch auf Egon Krenz. Er erscheint mir progressiver als andere. Ein Beispiel dafür liefert er mir, als mehrere Sportler ausgezeichnet werden, ich mit der Ehrenspange zum Vaterländischen Verdienstorden in Gold. Ich bin als Sprecherin ausgewählt, soll die Dankrede halten. Ich setze mich also nachts noch hin, es ist in Amsterdam, wir haben eine Schaulauf-Tournee, und schreibe. Ich will das alles etwas persönlicher machen. Mit einem Kurier wird die Rede nach Berlin geschickt, weil die abgenickt werden muß.

Ich komme in Berlin an, jemand drückt mir ein Manuskript in die Hand – und ich erkenne meinen Text nicht mehr. Es war wieder dieser staatstragende Jargon, mit Leistungsauftrag, Verbundenheit mit der Arbeiterklasse, Kampf für Frieden und Freiheit und Völkerfreundschaft und so weiter.

Ich gehe zu Egon Krenz und beschwere mich: »Können Sie mir sagen, warum ich mir die Mühe mache, mich nachts hinsetze und mir eine Rede aufschreibe – und dann darf ich sie nicht halten. Statt dessen bekomme ich einen Text, wie er schon hundertmal runtergeleiert worden ist. Das mach' ich nicht. Entweder ich halte meine Rede – oder keine.«

»Gut«, sagt Krenz, »dann hältst du eben deine.«

Mein Dank ist übrigens viel herzlicher als der von irgendeinem Ministerial-Heini entworfene. Ich bedanke mich fast überschwenglich bei der Staatsführung, das ist auch in diesem Augenblick meine feste Überzeugung, daß wir ohne ihre Unterstützung diese Erfolge nicht geschafft hätten. »Also, mein persönlicher Dank gilt hier auch Erich Honecker, der, wie viele andere auch, nachts aufgestanden ist, um trotz der Zeitumstellung unsere Olympiasiege in Calgary mitzuerleben.« Kein Wort wurde nachher darüber verloren, daß der Text nicht ganz der Norm entsprach.

Egon Krenz, das Gefühl haben wir alle, ist der kommende Mann. Daß er zu meinen Bewunderern zählt, hilft mir offensichtlich. Nach so vielen vergeblichen Versuchen und Bittgängen ist nicht nur mein Gastspiel bei »Holiday on Ice« möglich, sondern auch ein Projekt mit Brian Boitano, ein TV-Special mit dem Titel »Canvas of Ice«. Das läßt sich schwer übersetzen, am ehesten als »Eine Leinwand aus Eis«. Es ist eine einfache Liebesgeschichte. Wir laufen in den USA und in Karl-Marx-Stadt.

*

1. Stellv. des Leiters	Dresden, den 21. November 88
der BV Dresden	Abt. 26/6/B Ca. 449/89
Oberst A.	Ni

Vertrauliche Dienstsache

Information über den Zeitraum vom 17. 11. bis 19. 11. 17.45 Uhr

Am 17. 11. gab es in der Zeit von 07.24 Uhr bis 07.54 Uhr ein A-Gespräch zwischen zwei männlichen Personen in englischer Sprache.

15.04 Uhr gab es erneut ein A-Gespräch in englischer Sprache.

16.35 Uhr befanden sich kurz drei Personen in dem Objekt. Sie unterhielten sich in englischer Sprache.

Es handelte sich um zwei weibliche und eine männliche Person.

Am 18. 11. wurde das Objekt 01.58 Uhr von zwei Personen betreten. Es handelte sich dabei um eine weibliche und eine männliche Person, mit hoher Wahrscheinlichkeit um Frau Katarina WITT und um Herrn xxxxxxx.

Sie verblieben im Objekt bis 12.07 Uhr.

Die teilweise geführten Unterhaltungen waren alle in englischer Sprache.

11.03 Uhr, 11.14 Uhr und 11.34 Uhr wurden jeweils A-Gespräche in englischer Sprache geführt. Dabei sprachen teils die männl. und teils auch die weibliche Person.

12.03 Uhr traf eine weitere weibliche Person im Objekt ein, mit der es um 12.07 Uhr wieder verlassen wurde.

Am 19. 11. wurde das Objekt 04.30 Uhr von einer weiblichen

und einer männlichen Person betreten. Die Personen sprachen englisch. 04.18 Uhr verließen beide Personen wieder das Objekt und betraten es 05.04 Uhr erneut.

Es traf gleichzeitig noch eine weitere weibliche Person mit ein. Es gab nachfolgend Unterhaltungen in englischer Sprache.

Dabei lagen die Personen im Bett.

05.20 Uhr verließ eine der beiden weiblichen Personen das Objekt. Die im Objekt verbliebene Person war Frau K. Witt.

Bei der männlichen Person handelt es sich um Herrn xxxxxxx.

Zwischen 06.00 Uhr und 06.18 Uhr kam es zwischen den beiden Personen zum Geschlechtsverkehr.

10.14 Uhr führte dann Frau K. Witt eine Unterhaltung (A-Gespräch) mit einer Frau xxxxxx über Fragen der Dreharbeiten mit den Amerikanern.

10.28 Uhr verließen beide Personen das Objekt.

F. d. R. d. A. N.

*

Die Liebesgeschichte findet nur im Drehbuch statt. Es gab keinen Intimverkehr, den haben die Lauscher einfach erfunden. Vielleicht war es ihnen peinlich, daß sie kein Englisch verstanden und deshalb nicht viel berichten konnten. Brian Boitano ist für mich der ideale Partner – auf dem Eis. Wir haben fast bis ins Detail die gleichen Vorstellungen. Auch er möchte auf dem Eis nicht nur eine perfekte Technik und möglichst viele Sprünge zeigen, sondern Geschichten erzählen. 1988 ist er als Napoleon gelaufen, er hat sich nicht nur eine Figur gesucht und Schlittschuhe druntergeschraubt. Größenwahn und Machtkrankheit eines Volksverführers darzustellen, das ist ihm perfekt gelungen. Er wäre der ideale Don José für eine Verfilmung von Carmen. Ich begeistere ihn für meine Idee. Weniger angetan sind die Fans von Brian, die einfach nicht glauben können, daß wir nur Freunde sind. Wenn wir auf Tournee gehen, bekommt er Fotos mit Autogrammwünschen. Wenn ich mit auf den Fotos bin, wird mein Gesicht durchgestrichen, oder ich werde ganz rausgeschnitten.

Diese Eifersucht ist völlig grundlos.

Ich bin mit Ingo zusammen, und wir dürfen auch zusammen verreisen. Einmal treffen wir uns in Paris, ich bin schon ein paar Tage vorher da. Er kommt am Abend an, wir begegnen uns am Lift. Es reicht gerade noch, daß ich zu ihm sage »hallo« und »tschüs, bis später«.

Spät nachts komme ich vom Training zurück. Endlich haben wir Zeit – und Hunger. Ich nehme die Speisekarte, wir sehen ein Gericht mit einem ganz bombastischen Namen. Das bestellen wir. Diese Köstlichkeit, und das auch noch im Hotel »Crillon« in Paris, das muß der wahre Genuß sein. Es kommt eine Zwiebelsuppe.

Am nächsten Tag stehe ich auch von 6 Uhr morgens bis Mitternacht auf dem Eis. Ingo streunt mit der Videokamera durch Paris. Von wegen Stadt der Liebenden. Tags darauf geht es wieder zurück nach Berlin. Ingo trägt die Trophäe, die ich bekommen habe. Eine Nachbildung meines Can-Can-Rockes von Cristal Lalique. Es ist ihr kein langes Leben gegönnt. Am Gehsteig vor dem Flughafengebäude höre ich es klirren, ich brauche mich gar nicht umzudrehen. Das war Lalique.

*

Bezirksverwaltung für Staatssicherheit Berlin
Abteilung XX

Berlin, 15. Dez. 1987
her-mei 42720
/87

Ministerium für Staatssicherheit
Hauptabteilung XX
Leiter
Berlin

Politz, Ingo – Musiker Gruppe »Nanu«
Freund von Katarina Witt – Eiskunstlaufweltmeisterin

Entsprechend eines Befehls des Genossen Minister werden Verwandte 1. Grades von Olympiakadern der DDR im Zeitraum vom 1. Febr. 1988 bis 1. März 1988 in Reisesperre, Rückfrage vor Entscheid, gelegt.

Eine Überprüfung bei der Künstleragentur der DDR zum Musiker der Gruppe »Nanu« (Begleitband von Frank Schöbel)

Ingo Politz

hat ergeben, daß die Gruppe »Nanu« vom 4. Febr. bis 5. Febr. 1988 ein Gastspiel in der Westfalenhalle Dortmund/BRD durchführen soll. Sollte Ingo Politz an diesem Gastspiel nicht teilnehmen können, muß rechtzeitig entschieden werden, ob

1. das Gastspiel abgesagt oder
2. ein Ersatzmusiker eingesetzt wird und
3. mit welcher Begründung die Künstleragentur der DDR gegenüber der Gruppe »Nanu« den Nichteinsatz von Ingo Politz erklärt.

Bei einer Absage des Gastspiels sind mögliche Vertragsstrafen einzukalkulieren. Aus den o. g. Varianten ergibt sich, daß noch im Dezember 1987 eine zentrale Entscheidung zur Teilnahme von Ingo Politz am Gastspiel am 4./5. Febr. in Dortmund getroffen werden muß.

Um diese Entscheidung und Information darüber wird gebeten.

Leiter der Abteilung
i. V. H., Oberst

*

Beim DTSB hat es eine Änderung gegeben, Manfred Ewald ist ausgeschieden, Klaus Eichler ist Präsident. Er ist nicht unbedingt mein Freund. Ich muß jetzt ganz dringend erreichen, daß konkrete Entscheidungen über meine Zukunft getroffen werden. Ich habe das Gefühl, daß man mich nach dem Zwischenspiel bei »Holiday on Ice« nicht mehr im Westen laufen lassen will. Ich bekomme keine Zusage, daß ich den Carmen-Film machen darf, auch Tourneepläne für 1989 sind noch nicht gebilligt. Es gibt immer noch die Angst, ich könnte im Westen bleiben. Aber ich spüre auch, daß viele Dingen nicht mehr so engstirnig behandelt werden. Ein Hauch von Liberalität macht sich bemerkbar.

*

Abteilung XVIII Karl-Marx-Stadt, 2. 12. 1988

Aktennotiz

Der Leiter der Bezirksverwaltung informierte Genossen Oberst G., daß er sowohl den Genossen Minister als auch den Genossen Generalmajor K. umfassend über die Problematik Katarina Witt in Kenntnis setzte und sich Genosse Oberst G. diesbezüglich anhand der beim Genossen Generalmajor K. vorliegenden Schreiben sachkundig machen kann.

Der Leiter der Bezirksverwaltung wies noch einmal ausdrücklich darauf hin, daß es bezüglich Katarina Witt viele Probleme gibt, daß man sie in den Vertragsausarbeitungen nicht mit einbeziehe, sie vor vollendete Tatsachen stellt, daß sie weiterhin mit dem Präsidenten des DTSB, Genossen Eichler, mit ihrem Betreuer xxxxx und dem Rechtsanwalt xxxxxx nicht klarkommt und sich einfach niemand findet, der sich um Katarina Witt kümmert.

Oberst G. vertrat die Auffassung, daß es natürlich auch noch andere Sportler mit entsprechenden Verdiensten außer Katarina Witt gäbe. Der Leiter der Bezirksverwaltung entgegnet darauf, daß man aber nun einmal zentralerseits Katarina Witt auf das »Goldene Tablett« gesetzt habe und nun müsse man auch ihre Wünsche erfüllen, weil sonst sofort »andere« da sind, die ihren Wünschen nachkommen.

Es solle hinterher, wenn Katarina Witt im Ausland verbleiben sollte, was keiner wünscht und hofft, keiner sagen, wir hätten es nicht verhindern können. Es gibt nur einen Weg, die Zentrale muß sich nun endlich dieser Sache annehmen.

W.
Oberstleutnant

*

Die Auftritte bei »Holiday on Ice« sind anstrengender, als ich mir das vorgestellt habe. Die Umstellung auf die kleine Eisfläche fällt mir schwer, das ist nicht unbedingt mein Ding. Alle kümmern sich rührend um mich, aber so richtig wohl fühle ich mich zwischen Plüschtieren, Tüllröckchen und Clowns nicht. Es ist zwar eine wertvolle Erfahrung, aber ich weiß doch genau, daß meine Zukunft woanders liegt. Was Brian und ich uns ausgemalt haben, das lockt mich mehr und mehr. Im Westen ist man der Meinung, daß mich nun doch endlich mal das Geld locken müßte. Fast jeder Reporter spricht mich darauf an. Bis es mir zuviel wird und ich einen anblaffe: »Daß ihr im Westen immer die Millionen rauskratzen und mir das Leben in meinem Land schwermachen müßt.«

Mein Interesse am Reichtum hält sich wirklich in Grenzen. Ich will meine Siege und Medaillen nicht als Kreditkarten ansehen, die mir den Eintritt in eine Luxuswelt ermöglichen. Meine Welt ist immer noch die DDR. In der ich mich wohl fühle, in der ich leben will; ohne übertriebene oder erfundene Geschichten – und ohne Neid.

»Enttäuscht war sie über das Vorgehen der Sicherheitsorgane«,
berichtet der Oberstleutnant.

Wie die Stasi sich bemüht, mir die neue Zeit zu erklären und mich bei der Stange zu halten. Eine zensierte Rede und eine sonderbare Unterhaltung mit Erich Honecker. Ich will Gorbatschow kennenlernen – aber (Zufall oder Absicht?) Egon Krenz verhindert das.

Aus Frau Müller ist schwer etwas herauszubekommen. Entweder will sie mich schonen – oder sie will mich nicht übermütig machen. Wir trainieren jetzt schon wieder ein paar Tage zusammen in Karl-Marx-Stadt, ich möchte gerne wissen, wie weit ich von meiner Form von vor vier Jahren entfernt bin, als ich Olympiasiegerin und Weltmeisterin wurde. Habe ich fünfzig Prozent erreicht, mehr, siebzig vielleicht? Oder sind es erst vierzig?

Was läßt sich schon sagen in Prozenten?

Ich erinnere mich an einen der vielen Kongresse, zu denen ich erscheinen muß. Irgendein Jahrestag von irgendwas. Ein Redner nach dem anderen tritt ans Pult und verkündet stolz, mit wieviel Prozenten der Plan übererfüllt wurde. 120, 130 Prozent. Einige gehen noch höher, unter 100 Prozent ist im ganzen Land niemand geblieben. Ich sitze da und denke: Wovon reden die? Ich bin froh, wenn ich mein Leistungsvermögen zu 80 Prozent ausschöpfen kann, wenn es mal 90 sind, bin ich stolz. Und damit bin ich absolute Weltspitze. Und die reden hier von 120, 130 und mehr Prozent – und trotzdem sind wir als Wirtschaftsmacht unbedeutend. Da kann doch irgend etwas nicht stimmen. Wenn ich dann einem von ihnen mit meinen Zweifeln komme, heißt es: Bei uns geht der Aufbau langsam und zielstrebig, nicht so hitzig und ungesund, auf Kosten sozial Schwacher wie im Westen.

Ich möchte das gerne glauben. Ich denke an Hongkong, welche Pracht, jedes Geschäftshaus, jede Bank wie ein Palast. Auf der Rückseite jedoch Elendsquartiere. Menschen, die sich in Lumpen kleiden und in Pappkartons wohnen. Lieber vorne nicht soviel Glanz, sage ich mir dann, wenn er hinten mit Not und Hunger bezahlt werden muß. Manchmal frage ich mich, ob meine Erfahrung mit dem Westen schon ausreicht, um den Kapitalismus und seine Stärken und Schwächen zu beurteilen. Bei Reisen zu Meisterschaften sehe ich Flughafen, Hotel und Stadion, ein paar Sehenswürdigkeiten, so vorhanden, und ein paar Kaufhäuser. Bei Schaulauf-Tourneen, wo alles etwas lockerer ist, fehlt die Zeit.

Ich habe mir das Programm der ersten Reise aufgehoben, zu der ich von der Internationalen Eislauf-Union eingeladen wurde. Es war 1982, nach der Weltmeisterschaft in Kopenhagen. Ich habe gedacht, das wird jetzt mal was Schönes, wie ein wohlverdienter Urlaub. Und so sah dann die Wirklichkeit aus.

Montag, 15. März: Ruhetag in Kopenhagen.
Dienstag, 16. März: Flug Kopenhagen – Moskau.
Mittwoch, 17. März: Ruhetag in Moskau.
Donnerstag, 18. März: Schaulaufen in Moskau.
Donnerstag, 18. März: Nachtzug Moskau – Leningrad.
Freitag, 19. März: Schaulaufen in Leningrad.
Samstag, 20. März: Flug Leningrad – Helsinki.
Sonntag, 21. März: Schaulaufen in Helsinki.
Montag, 22. März: Flug Helsinki – Oslo.
Dienstag, 23. März: Schaulaufen in Oslo.
Mittwoch, 24. März: Flug Oslo – Amsterdam.
Mittwoch, 24. März: Schaulaufen in Amsterdam.
Donnerstag, 25. März: Flug Amsterdam – Luxemburg.
Donnerstag, 25. März: Schaulaufen in Luxemburg.
Freitag, 26. März: Flug Luxemburg – London.
Freitag, 26. März: Schaulaufen in London.

Samstag, 27. März: Flug London – Bordeaux.
Sonntag, 28. März: Schaulaufen in Bordeaux.
Montag, 29. März: Ruhetag in Bordeaux.
Dienstag, 30. März: Flug Bordeaux – Paris – Grenoble.
Dienstag, 30. März: Schaulaufen in Grenoble.
Mittwoch, 31. März: Bus Grenoble – Genf.
Mittwoch, 31. März: Schaulaufen in Genf.
Donnerstag, 1. April: Bus Genf – Davos.
Freitag, 2. April: Schaulaufen in Davos.
Samstag, 3. April: Bus Davos–Zürich, Flug Zürich–Prag.
Samstag, 3. April: Schaulaufen in Prag.
Sonntag, 3. April: Ruhetag in Prag.
Montag, 5. April: Bus Prag – Dresden – Karl-Marx-Stadt.
Dienstag, 6. April: Schaulaufen in Karl-Marx-Stadt.
Mittwoch, 7. April: Bus Karl-Marx-Stadt – Berlin.
Mittwoch, 7. April: Schaulaufen in Berlin.
Donnerstag, 8. April: Bus Berlin-Ost – Flughafen Tegel (Grenzübergang Friedrich-/Zimmerstraße) Flug Berlin-West – Düsseldorf.
Donnerstag, 8. April: Schaulaufen in Dortmund.
Freitag, 9. April: Ruhetag in Dortmund.
Samstag, 10. April: Heimreise.

So sehen alle diese Reisen aus, mehr oder weniger eine Hetzjagd – und die Ruhetage sind auch nicht immer dort, wo die Welt am schönsten ist. Viel mehr als die Fassade des Westens lerne ich nicht kennen. Und einiges, was ich da kennenlerne, ist nicht so, daß ich glaube, wir brauchen das auch. Ich habe das Gefühl, bei uns ist alles etwas gemütlicher, jeder ist irgendwie abgesichert, keiner kann wirklich untergehen, in der Gosse landen. Gosse gibt es nicht. Daß auch bei uns die Welt ein wenig schöngelogen wird, ist mir schon klar. Die Gleichheit existiert an der Basis und verliert sich nach oben. Garantiert ist für alle das gleiche Minimum, die Steigerung ist nach oben reichlich offen. Karrieren in der Politik oder im Sport garantieren Vorzugsbehandlung. Was die große Solidarität der Werktätigen mit der Partei angeht, die Freundschaft mit der Sowjetunion und all diese Parolen, habe ich mein Schlüsselerlebnis schon hinter mir. Es ist bei einem dieser Jugendfestivals, bei denen ich immer mit der blauen FDJ-Bluse rumlaufen muß. Nachmittag um 16 Uhr ist ein Schaulaufen, um 9 Uhr morgens soll ich aber schon in einem Demonstrationszug mitmarschieren. Ich sage, das mache ich nicht. Ich renn' mir hier nicht die Absätze schief, wenn ich am Nachmittag in Form sein soll. Das gibt zwar verkniffene Gesichter bei den Funktionären, aber ich setze meinen Willen durch. Und deshalb stehe ich nach dem Frühstück am Fenster, wir wohnten damals im Hotel »Stadt Berlin«, und sehe, wie sich der Zug auflöst. Alle werfen ihre Schilder und Transparente auf einen Haufen und machen sich davon. Ein ganzer Berg von Überzeugungen türmt sich auf. Ich denke, das gibt es doch nicht. Ich war immer der Meinung, die haben ihre Parolen von der »Freundschaft mit den sozialistischen Völkern«, »Die SED ist der Bewahrer des Friedens und der Freiheit« und was es sonst noch so gab, alle selbst auf Tücher und Pappschilder gemalt, aus Patriotismus. Und dann erfahre ich, daß sie sich ein paar Kilometer weiter vorne ihre Überzeugung abgeholt haben – und hier werfen sie sie wieder weg. Da denke ich zum erstenmal darüber nach, daß ich das ja auch schon gemacht habe. Daß ich mir ein Schild in die Hand drücken lasse und es vor mir hertrage, ohne darüber nachzudenken. Ich denke, das ist bei mir eine Ausnahme, weil ich so wenig Zeit habe, um ein Dokument meiner staatsbürgerlichen Grundhaltung herzustellen. Und dann halte ich das, was man mir an Parolen gibt, als meine Überzeugung hoch, weil es alle tun.

So isses eben.

Aber so isses nicht mehr lange, denken wir inzwischen alle. Glasnost und Perestroika sind auch für uns Begriffe, noch etwas leer, aber sicher nicht aufzuhalten. Nicht überall spürt man den Hauch, der vielleicht zum frischen Wind wird. Es gibt Länder, da sind Diktatur und Personenkult fest verankert. Ich habe das in Nordkorea erlebt, während einer Schaulauftournee. Ein eigenartiger Höhepunkt ist der Auftritt in Pjöngjang vor Staatspräsident Kim II Sung. Ich soll meine Kür laufen und kann die Musik kaum hören. Ich gestikuliere, ich schreie, aber keiner dreht den Ton lauter. Hinterher erfahre ich, daß der Präsident ein empfindliches Gehör hat und ihm laute Musik nicht zugemutet werden kann.

Nach dem Schaulaufen werde ich ihm vorgestellt und erfahre, daß mir eine besondere Auszeichnung zuteil geworden ist: Ich darf Kim II Sung meine nicht desinfizierte Hand geben. Normalerweise werden Hände, die der Präsident schüttelt, vorher schnell, aber gründlich gewaschen.

Im Dezember '88 kann ich in München den »Bambi« entgegennehmen. Wenn sie für mich das Tor schon so weit öffnen, werden sie es bald auch für andere tun und irgendwann auch mal für alle, hoffe ich. Aber, wohin ich auch komme, ob ich irgendwo Nachrichten sehe, mir an den Zeitungskiosken der Flughäfen die Schlagzeilen ins Auge stechen: Bilder und Berichte von der ungarisch-österreichischen Grenze. Tausende flüchten. Ich komme nach Hause, und jetzt bin nicht ich es, die berichtet – ich frage meine Gesprächspartner von der Stasi: Was ist hier los, wie lange soll das noch so weitergehen? Ihr könnt die Leute hier nicht ewig einsperren. Sie haben keine Antwort, sie wissen noch nicht so recht, wo es langgehen wird.

Ich traue mich jetzt auch öffentlich etwas zu sagen, auch wenn ich damit meine Freiheit, und sei es auch nur die Freiheit zu reisen, riskiere. In der *Welt am Sonntag* erscheint am 15. Oktober 1989 ein Interview, da steht unter anderem:

Welt am Sonntag: Fast 50 000 ihrer Landsleute sind in den letzten Monaten in den Westen geflohen. Haben Sie Verständnis für die Leute?

Witt: Ich kann es überhaupt nicht nachvollziehen, alles was ich zu Hause habe, einfach zu verlassen. Daß man die Familie, die Freunde – alles, was man sich in jahrelanger Kleinarbeit aufgebaut hat – über Nacht zurückläßt. Und schließlich auch den Staat verläßt, der ja viel für einen getan hat. Aber ich muß zugeben, daß ich das aus einer anderen Perspektive sehe. Ich habe die Probleme nicht, kann viel reisen.

Welt am Sonntag: Was würden Sie tun, wenn Ihnen die Reiseerlaubnis plötzlich entzogen würde? Wenn Sie ab sofort nicht mehr ins Ausland könnten?

Witt: Das wäre für mich überhaupt nicht vorstellbar. Ich könnte so nicht leben – so nach dem Motto: »Nähre Dich redlich und koche immer im eigenen Süppchen«. Es ist wichtig, daß jeder reisen kann. Jeder normale Arbeiter muß die Möglichkeit haben, einmal zum Beispiel in Paris den Eiffelturm zu sehen.

Da gab es zu Hause gerunzelte Augenbrauen und ganz dünne Oberlippen. Aber ich wollte mich einfach nicht mehr beherrschen, so wie ich es noch eine Woche zuvor getan hatte. Vierzigster Jahrestag der DDR, natürlich mußten bei dieser Gelegenheit wieder Sportler auf die Ehrentribüne.

»Ich gehe da nicht hin«, sage ich zu Professor Wolfgang Vogel, meinem Anwalt, der für mich in kritischen Situationen immer ein guter und souveräner Berater ist. »Ich kann das ganze Theater nicht mehr sehen. Die Leute rennen in Scharen weg, und wir tun hier so, als wäre alles in bester Ordnung.«

»Das kannst du nicht machen«, sagt der Professor. »Im Augenblick weiß keiner, wo die Reise hingeht. Da kannst du dich jetzt nicht in irgendeiner Richtung exponieren und dir damit schaden.«

Also sitze ich auf der Tribüne, noch das Wort von Gorbatschow im Ohr: »Wer zu spät kommt, den bestraft das Leben«, aber Erich Honecker sagt kein Wort der Hoffnung, sondern bleibt bei seinem Motto: »Den Sozialismus in seinem Lauf halten weder Ochs noch Esel auf.« Ich denke mir, was wohl passiert, wenn ich jetzt aufstehe und gehe. Ob die mich aus dem Verkehr ziehen? Ich drehe mich um zu der Schwimmerin Kristin Otto und sage: »Am besten mauern sie auch noch die einzelnen Bezirke ein und geben Passierscheine aus, wenn du von einer Stadt zur anderen willst.«

An diesem Tag stehe ich im Palast der Republik mit Frau Müller und anderen, sehe aus den Augenwinkeln, daß Gorbatschow gleich an uns vorbeikommen wird. Ihn möchte ich unbedingt kennenlernen und mache gerade einen Schritt auf ihn zu. Da packt mich jemand an den Schultern und dreht mich um. Es ist Egon Krenz mit seinem strahlendsten Lächeln. War es Absicht?

Hinterher erfahre ich, daß noch viele andere Gorbatschow sehen wollten, daß sie für mehr Freiheit demonstriert haben und daß sie mit Gewalt vertrieben wurden. Ich sehe Bilder im Fernsehen und bin entsetzt.

*

Karl-Marx-Stadt, 20. 10 1989

Aktennotiz
über eine Aussprache mit Katarina Witt am 19. 10. 1989 im Objekt »Zeuthen«

Der überwiegende Teil der Aussprache beinhaltete den Austausch von Meinungen und Standpunkten zur aktuell-politischen Lage.

Kati vertrat die Auffassung, daß sich insgesamt bei uns nichts geändert hätte, wenn nicht die Leute auf die Straße gegangen wären. Vom Genossen Krenz habe sie konkretere Antworten in seiner abgegebenen Erklärung erwartet. Etwas enttäuscht war sie auch über das im Westfernsehen dargestellte Vorgehen der Sicherheitsorgane der DDR.

Sie betonte jedoch erneut, so wie sie das auch in den vor kurzem abgegebenen Interviews in der BRD unterstrich, daß sie nach wie vor zu unserem Staat steht und wir uns immer auf sie verlassen können. Sie betonte, daß sie mit dem MfS keine schlechten Erfahrungen gemacht habe und daß sie sich immer auf uns verlassen konnte. Diesbezüglich möchte sie sich auch nochmals bedanken.

Kati Witt wurde die gegenwärtige politische Lage erläutert, insbesondere aufgezeigt, daß es Feinde gibt, die die gegenwärtige Situation ausnutzen, und Leute, die diesen Personen auf den Leim gehen. Bezüglich des Einschreitens von Sicherheitsorganen wurde ihr verdeutlicht, daß wir nur dann einschreiten, wenn die öffentliche Ordnung und Sicherheit gefährdet (ist) bzw. Personen bedroht (sind) sowie Objekte geschützt werden müssen. Sie nahm das

Angebot an, sich davon anhand des vorliegenden VIDEO-Films und einer Tonaufzeichnung zu überzeugen.

Kati informierte weiterhin, daß sie sich mit ihrem Freund Ingo Politz ausgesprochen habe und ihn definitiv wissen ließ, daß sie in absehbarer Zeit keine engere Verbindung mit einem Mann eingehen möchte. Sie brauche ihre Freiheit, und sinngemäß sagte sie, eine gutaussehende Frau kann sich in späteren Jahren immer noch einen Mann »angeln«, auch wenn er verheiratet ist.

Aus diesem Grund wohne ihr Freund Ingo Politz auch nicht mehr bei ihr in Altenhof, sondern jeder habe seine eigene Wohnung, wobei sie sich ab und zu noch treffen und einen gemütlichen Abend verbringen. Außerdem sei sie vom Wesen her so veranlagt, daß sie nur ein Mann reizt, den sie noch nicht besitzt, und ihr gefalle es jetzt, ab und zu wieder um Ingo Politz »kämpfen« zu müssen, was bisher nicht der Fall war. Ihr Karl-Marx-Städter Freund xxxxx könne sie nun auch wieder besuchen, ohne Gewissensbisse haben zu müssen.

W., Oberstleutnant

*

Die Zeiten sind voller Unruhe – ich bin es auch. Ich kann mir nicht vorstellen, was aus diesem Land werden wird und was aus mir. Ich habe einiges durchsetzen können. Ich darf »Carmen« drehen, mein Studium an der Hochschule für Schauspielkunst darf ich offiziell unterbrechen. Und ich bin jetzt auch offiziell der Kultur zugeteilt. Dabei hat mir Egon Krenz geholfen.

*

Telegramm Chiffriert
Absender: Bezirksverwaltung Karl-Marx-Stadt, Leiter
Empfänger: MfS Berlin, HA XX, Leiter, persönlich
Zum Treff informierte Katarina Witt über die erfolgte Aussprache beim Mitglied des Politbüros und Sekretär des ZK der SED, Genossen Egon Krenz.

Genosse Egon Krenz habe erklärt, daß es ihm egal sei, wo Kati angebunden ist, aber er vermutet, daß auch der DTSB-Präsident,

Genosse Eichler, froh wäre, wenn Kati zur Kultur überwechseln würde, da sonst auch andere Sportler solche Ansprüche stellen würden wie Kati. Genosse Krenz beabsichtigt, die Genossen Eichler und König zu sich zu bestellen, um gemeinsam eine Entscheidung zu treffen. Kati würde vom Genossen Egon Krenz im September eine Antwort erhalten.

Bezüglich der weiteren Auftritte im westlichen Ausland hatte Genosse Egon Krenz nur eine Forderung, daß sie weiterhin als sozialistische Persönlichkeit auftritt und unseren Staat repräsentiert.

Die Aussprache bei Genossen Egon Krenz verlief in einer sehr aufgeschlossenen Atmosphäre, und Genosse Egon Krenz bot Kati das »Du« an.

Ich bitte um Kenntnisnahme. G., Generalleutnant

*

Ich habe mich bei der Stasi im Lauf des Jahres durch meine Kritik an den politischen Verhältnissen nicht besonders beliebt gemacht. Außerdem mißfällt mir das Verschwörerische an den Treffen. Alles ist irgendwie unehrlich. In der ersten Zeit, als sie mir mit Neunzehn ihre Hilfe anboten, fand ich das noch abenteuerlich, als ob ich nicht nur über Helfer verfügte, sondern auch über ein geheimes Wissen. Aber jetzt, 1989, erscheint mir doch vieles wie absurdes Theater.

*

Karl-Marx-Stadt, 3. 3. 1989

Aktennotiz

... Sie sagte weiterhin: »Wir stecken doch, ob nun Rechtsanwalt Professor Vogel oder DTSB-Präsident, Genosse Eichler, alle ›unter einer Decke‹, und jeder denkt sicherlich vom anderen, daß die Staatssicherheit dahintersteckt, und eigentlich wäre es doch besser, mit offenen Karten zu spielen.« Ihr wurde nochmals erklärt, daß nach wie vor ihre Verbindung zur Staatssicherheit geheimgehalten werden muß, und dabei auf politische Konsequenzen verwiesen (westliche Massenmedien), wenn die Verbindung bekannt werde.

W., Oberstleutnant

*

Ich spiele halt weiter mit, auch wenn ich die Heimlichtuerei für albern halte. Solange die mich aber vor Irren schützen und mir Probleme abnehmen wollen, warum nicht? Sie tun ja alles, um zu verhindern, daß ich Lust auf den Westen bekommen und auch ein Republikflüchtling werden könnte. Daß sie jetzt immer noch fürchten, ich könnte ihnen verlorengehen, leuchtet mir nicht ein. Ich hätte ja jetzt schon unzählige Gelegenheiten gehabt. Einmal lasse ich mir in einer unangenehmen Geschichte helfen, dabei habe ich fast so etwas wie ein schlechtes Gewissen. Aber ich denke mir, daß die Republik nicht untergeht, wenn ich mir eine Jugendsünde ohne Buße verzeihen lasse. Meine Leidenschaft fürs Autofahren bringt mich in Schwierigkeiten, aber sie werden prompt gelöst.

*

Telegramm
Absender: BV Karl-Marx-Stadt, Leiter, Gen. Generalleutnant G.
Empfänger: BV Cottbus, Leiter, Gen. Generalmajor P., persönlich!

Karl-Marx-Stadt, den 08. 05. 1989

Die mehrfache Olympiasiegerin und Weltmeisterin im Eiskunstlauf
Katarina Witt
geboren am 03. 12. 1965 in Staaken
wohnhaft in Karl-Marx-Stadt, Zwickauer Str. 12
wurde bei einer Geschwindigkeitskontrolle der DVP am 07. 05. 1989 auf der Autobahn bei Kittlitz mit 147 km/h gestoppt und die Fahrerlaubnis entzogen.

Ich bitte Sie, die Fahrerlaubnis von der DVP abzufordern und mir zu übersenden.

Für Ihre Bemühungen bedanke ich mich im voraus.

G., Generalleutnant

Abteilung XXIII Karl-Marx-Stadt, 17. 7. 1989

Aktenvermerk

Am 11. 7. 1989 erfolgte eine weitere Aussprache mit Katarina Witt im Objekt Zeuthen unter Teilnahme des Genossen xxxxx.

Im Mittelpunkt stand ...

Nach der Beratung zu diesem Problem wurden der Kati der entzogene Führerschein und ein neuer Berechtigungsschein übergeben.

Kati wurde entsprechend der Orientierung des Leiters der Bezirksverwaltung deutlich aufgezeigt, daß sie sich künftig entsprechend der StVO zu verhalten hat und wir ihr bei einer erneuten Verfehlung nicht noch einmal helfen können.

W., Oberstleutnant

*

Mein größter Traum geht in Erfüllung. Endlich beginnen in Sevilla die Dreharbeiten zu »Carmen«. Für mich beginnt jetzt endgültig die Zukunft, denke ich, und für die DDR auch. *Bild* hat geschrieben: »Honecker – Mittwoch letzter Arbeitstag.« Egon Krenz wird Staatsratsvorsitzender, und daß ich filmen darf mit einem Produzenten, der einmal unter der Abscheurubrik Republikflüchtling lief, ist für mich ein sicheres Anzeichen dafür, daß es nicht nur eine neue Regierung gibt, sondern daß die auch wirklich neue Maßstäbe hat. Eines Abends platzt Republikflüchtling Thomas Bürger, der Chef der »Vegas«-Film, mitten in die Szene und verkündet ganz aufgeregt: »Eben kommt es in den Nachrichten: Die Mauer ist auf.«

Am liebsten möchte ich sofort nach Berlin, dabeisein, möchte die Freude der Menschen live miterleben. Ich fühle mich auch aus ganz egoistischen Gründen erleichtert: Nun darf jeder das, was ich schon seit Jahren kann: reisen. Ich habe das für mich immer als Privileg betrachtet, auch wenn mir die Argumente einleuchteten, die mir meine Gesprächspartner immer wieder genannt haben. Wir hätten leider nicht die Devisen, um den freizügigen Massentourismus nach westlichem Vorbild zu ermöglichen. Ich sagte mir, daß es noch

Wichtigeres gebe, ich hatte schließlich auch in den USA Menschen getroffen, die gerne mal Disneyworld besucht hätten, es sich aber nicht leisten konnten. Und meine eigene Rolle sah ich so, daß ich eben stets auf Dienstreise bin, im Auftrag unseres Staates und seiner Bürger. Und daß meine sportlichen Erfolge eine Menge Menschen stolz machen auf ihr Land.

Man schnitzt sich seine Argumente halt so zurecht, wenn man insgeheim doch ein wenig Zweifel hat, daß alles ist, wie es sein müßte.

Aber nun ist die Mauer gefallen. Wegen der restlichen Aufnahmen müssen wir nach Berlin wechseln. In Sevilla stürmt und regnet es seit 14 Tagen, Besserung ist nicht in Sicht, wir können nicht länger warten. Wir drehen immer abends und nachts, denn tagsüber ist die Halle nicht frei. Am frühen Morgen nach der ersten Berliner Nacht gehe ich zum Brandenburger Tor. Ich stehe davor und denke: »Wie schnell das auf einmal gegangen ist. Jahrzehnte kam hier keiner auch nur in die Nähe, und ich gehe jetzt so einfach da durch. Wird sich in ein paar Jahrzehnten jemand überhaupt vorstellen können, daß das einmal eine Grenze war und warum das angeblich so sein mußte?«

Von dem, was in den nächsten Wochen passiert, bekomme ich nicht viel mit. Wir drehen täglich. Wir fangen meistens gegen 17 Uhr an und arbeiten dann durch bis zum frühen Morgen. Wenn wir dann endlich zum Hotel fahren, begegnen uns die Menschen auf dem Weg zur Arbeit.

Ich bekomme plötzlich furchtbare Schmerzen, ich kann kaum noch Schuhe an den Füßen vertragen, es sticht wie mit tausend kleinen Nadeln. Ich fahre nach einer durchdrehten Nacht am Morgen zum Flughafen, bin mittags in München, lasse mich bei Dr. Müller-Wohlfahrt untersuchen und behandeln. Ich habe Risse in den Mittelfußknochen, so fein wie Haare. Ermüdungsbrüche, winzig, aber tückisch. Ich kann jedoch jetzt nicht aufgeben. Ich komme am Abend wieder rechtzeitig zum Drehbeginn nach Berlin zurück. Ich arbeite nur noch wie unter Betäubung, achtundvierzig Stunden am Stück bin ich manchmal auf meinen malträtierten Beinen, aber ich kann wegen meiner Erschöpfung und meiner Schmerzen nicht ein ganzes Team lahmlegen.

Ich bin mit meinen Kräften total am Ende, soll aber auch noch pausenlos Erklärungen zur DDR abgeben, zu den Veränderungen in dem Staat, in dem ich aufgewachsen bin, den ich noch immer und trotz allem als meine Heimat betrachte. Es wird von mir erwartet, daß ich mich jetzt in Abscheu ergehe, alles schlimm finde, was bei uns war. Ich bin dazu nicht bereit, mir fehlen auch noch die Informationen für ein endgültiges Urteil. Plötzlich bin ich nicht mehr »das schönste Gesicht des Sozialismus«, wie vor eineinhalb Jahren, nach Calgary. Ich bin die »SED-Ziege«. Und in *Bunte*, der Zeitschrift, die mir letztes Jahr den »Bambi« verliehen hat, tauche ich auf unter den Enttäuschungen des Jahres.

Eigentlich kann ich es mir gar nicht leisten, Zeit zu opfern, aber ich bin so wütend, daß ich einen Brief schreibe:

Sehr geehrte Herren,

im letzten Jahr habe ich voller Freude in München den Bambi der *Bunten* entgegengenommen. Wie es damals hieß, für meine sportlichen Erfolge. Von Politik war da nie die Rede.

Zwölf Monate danach gerate ich nur noch ins politische Kreuzfeuer einiger Magazine Ihrer Art. Warum der plötzliche Sinneswandel? Für mich ist es auch eine Frage des guten Geschmacks.

Sie werfen mir vor, daß ich zu den Vorgängen in unserem Staat schweige. In der letzten Ausgabe zählen Sie mich erneut zu den großen Enttäuschungen des Jahres 1989. Wer ist denn der Kreis der Halbgötter, der über Personen des öffentlichen Lebens Haltungsnoten zu vergeben hat? Wen interessiert es, ob Michael Jackson Demokraten oder Republikaner wählt?

Es gibt keinen Grund, Abstand zu nehmen, daß ich stolz auf mein Land bin, und bei aller berechtigten Kritik an den bisherigen politischen Verhältnissen: Nur unter diesen Bedingungen konnte ich als Kind einfacher Menschen diesen aufwendigen Sport betreiben. Auch für diese Dankbarkeit gibt es keinen Grund zur Entschuldigung. Daß auch ich diese politischen Verhältnisse kritisiert habe

– mehrfach in diesem Jahr –, kann nur dem entgangen sein, der im journalistischen Koma liegt oder der es einfach nicht hören wollte.

Meine Sportart zeichnet sich durch Eleganz aus, und im Umgang mit anderen ist für mich Eleganz gleich Diplomatie. Zu verlangen, mit der Keule zu argumentieren, wäre nicht mein Stil und hätte mich wie andere nur in völlige Isolation gebracht. Mir scheint auch, daß einige aus Ihrem Bereich sich einreihen in den doch so geschmähten Kreis der Wendehälse. Unter diesem Aspekt bin ich wirklich nicht Bambi-reif.

Ich gebe ihn hiermit – mit etwas weniger Hochachtung – zurück.

Katarina Witt.

Warum bloß mache ich mir soviel Mühe. Ich merke doch jeden Tag, daß alles, was ich sage, nach Gutdünken und meistens gegen mich ausgelegt wird. Aber da ist ja auch dieser sich selbst auferlegte Zwang, das Vorurteil, ich wäre die roteste unter allen roten Socken, ein wenig zu korrigieren, ehe es sich richtig festgefressen hat. Ich bin noch nicht ganz vertraut mit den PR-Gesetzen des Westens, aber soviel weiß ich schon, daß es meinem Film, an dem ich mit großer Leidenschaft und mit Schmerzen arbeite, nicht zum Vorteil gereichen wird, wenn ich nichts gegen die Vorwürfe unternehme. Also lasse ich mich zu einem Interview in 3SAT überreden.

»Im Augenblick kommt es mir so vor, als würdest du fürchterlich Prügel bekommen, einfach weil du zu den sogenannten Privilegierten gehörst. Tut es dir sehr weh?«

Witt: »Es tut sehr weh. Also, es tut weh, wenn jemand sagt, ihr seid die Privilegierten. Also, ich finde das unheimlich unfair, uns in einen Topf zu werfen mit Leuten, die wirklich unschöne Sachen gemacht haben, über die ich auch sehr traurig bin und sehr enttäuscht bin, weil ich mir das wirklich hab' nie vorstellen können.«

»Ich muß dich jetzt knallhart fragen: Warum bist du nicht vor einem Jahr abgehauen und wärest um zwei bis drei Millionen reicher?«

Witt: »Wenn du mich so knallhart fragst, muß ich dir knallhart sagen, daß ich mir in letzter Zeit selber die Frage gestellt habe. So toll, wie das alles ist, was sich in unserem Land tut und was sich verändert, was ich auch sehr begrüße.«

»Glaubst du aus deiner Sicht, daß es noch ein ziemlich langer Lernprozeß werden wird?«

Witt: »Viele Dinge sind einfach sehr schnell gegangen und meiner Meinung nach viele einfach zu schnell. Es gehört ein gewisser Lernprozeß dazu. Wenn jemand lange Zeit hungert, der muß auch erst mal langsam mit 'ner Suppe herangeführt werden und nicht sofort mit 'ner Hauptmahlzeit, denn dann wird's ihm nicht allzu gutgehen. Ich glaube, ich fände es gut, wenn einfach viele zu euch kommen würden oder in andere Länder, wo sie studieren können und Erfahrungsaustausch stattfindet und daß man langsam herangeführt wird.«

»Eine ganz einfache Frage: Du stehst zur DDR?«

Witt: »Ja, doch. Es ist mein Land, es ist meine Heimat – und ich wünsche mir, daß es auch weiterhin meine Heimat bleibt. Aber es hat sich eben, auch Personen, so gewandelt, wo man dachte, das gibt es einfach nicht. Das hab' ich in meiner Heimat nicht so gekannt. Und ich bin auch zutiefst enttäuscht darüber und frage mich dann eigentlich, ist das jetzt das Land noch, was du eigentlich so geliebt hast oder was ich so liebe?«

»Fühlst du dich von einem Teil der früheren Regierung der DDR auch irgendwo in deiner Gutmütigkeit mißbraucht?«

Witt: »Ich fühle mich auch total mißbraucht, im Grunde genommen. Ich meine, ich hab' wirklich, wir haben die Vorzüge als Sportler genießen können, des Sozialismus. So wie das in unserem Land gesagt wurde oder gepredigt wurde. Und dem bin ich auch nach wie vor dankbar. Aber jetzt ist mir auch bewußt geworden, warum der Sportler so gefördert worden ist. Weil wir das einzige Aushängeschild unserer Republik waren, weil ja leider unsere Wirtschaft total am Boden war. Und ich fühle mich schon in einer gewissen Richtung, also in der Richtung auf jeden Fall, na ja, mißbraucht. Weil, ich habe ja auch in jedem Interview zu meinem Land gestanden und gesagt: Ja, also die Politik, die wir machen, ist richtig. Wo ich dann von Spanien zurückgekommen bin und gehört habe, was da alles auf den Tisch gekommen ist, ich bin da auch von einer Ohnmacht in die andere gefallen und konnte das einfach nicht fassen.«

»Glaubst du, daß man dich so traurig machen kann, daß du deine Heimat verläßt?«

Witt: »Doch! Jetzt bin ich sicher, daß man so weit gehen kann. Wenn wirklich Leute sehr bösartig werden können, packe ich meine Koffer und bin weg.«

Am liebsten würde ich die Worte wieder zurückwürgen, kaum, daß ich sie ausgesprochen habe. Einige wenigstens. Ich bin noch viel zu spontan, zu ungeübt und unvorsichtig in Formulierungen, wenn es nicht um den Sport geht. Aber so viel habe ich schon begriffen: Manchen Journalisten ist nicht so sehr die Ehrlichkeit wichtig, der Inhalt der Worte, sondern das, was sich daraus machen läßt. Das langsame Heranführen des Menschen an neue Verhältnisse, die Suppe, die für den Hungrigen vor der Hauptmahlzeit kommen sollte, damit läßt sich natürlich eine ganze Menge anrühren: Die Arroganz des satten Stars, der den Menschen daheim erst einmal Schonkost empfiehlt, eine Diät in Sachen Freiheit...

Natürlich ist das der Tenor vieler Kommentare.

In der *Welt* lese ich: »Am Donnerstag abend gab Katarina Witt dem Fernsehsender 3SAT ein Exklusiv-Interview. Es ist – auch schon Wortwahl und Satzbau – ein Beweis dafür, in welcher Verwirrung die einst staatstragenden und heute oft wegen der ihnen eingeräumten Sonderrechte verachteten Spitzensportler zur Zeit in der DDR leben.«

Ich kann nur hoffen, daß das mit der angeblichen Verachtung etwa den gleichen Wahrheitsgehalt hat wie die *Welt*-Formulierung: »Mit ihr schmückte sich die alte Politikergarde der DDR, wann immer es nur ging, stellte sich Erich Honecker an ihre Seite und ließ sich mit ihr fotografieren.«

Erich Honecker und ich.

Ich bin ihm dreimal in meinem Leben direkt begegnet: als ich dazu bestimmt worden bin, ihm zum fünfundsiebzigsten Geburtstag zu gratulieren; als er mir den Vaterländischen Verdienstorden in Gold verliehen hat und bei einem Essen, bei dem 1988 unsere Erfolge in Calgary gefeiert wurden. Da sitze ich direkt neben ihm am Tisch – und es ist eine Begegnung der peinlichen Art. Der Staatsratsvorsitzende scheint sich intensiv und gut mit mir zu unterhalten, er nuschelt jedoch so, daß ich kaum ein Wort verstehe. »Aha«, »Wie bitte?«, »Hmm«, das ist mein ganzer Beitrag zur Konversation. Als getanzt wird und Honecker mal seinen Platz verläßt, nütze ich die Gelegenheit und flüchte sofort. Es ist mir so unangenehm, daß ich auf ihn wortkarg, unhöflich oder einfach zu dumm für ein Gespräch wirken könnte.

Das ist auch schon mein bedeutendstes, privatestes und ganz exklusives Erlebnis mit Erich Honecker. In Zeitungen im Westen steht dennoch, ich sei praktisch in Wandlitz ein- und ausgegangen und habe bei Honeckers sogar regelmäßig gefrühstückt. Und für die *Welt* bin ich die, »die über Jahre hinweg von einem ihr in albern-verklemmter Liebe verbundenen Erich Honecker hofiert worden ist«.

Ich habe keine gute Presse, als das Jahr 1990 beginnt. »Carmen« auch nicht. Vielleicht habe ich die Begeisterung für den Eislauf überschätzt, denke ich mir, vielleicht ist es ein typischer Fernsehsport, für den eine nicht kleine Fangemeinde in die Stadien geht – und vielleicht auch noch ins Kino. Aber möglicherweise ist sie, in Deutschland wenigstens, nicht groß genug, daß sich auch ein lohnendes Filmgeschäft machen läßt. Was die Zeitungen über mich schreiben, die Geschichte von der SED-Ziege, sorgt natürlich auch nicht gerade dafür, daß die Menschen die Türen der Kinos einrennen. *Bild* macht mich mit Genuß nieder. Jemand sagt mir, das wäre Medienpolitik. An der Finanzierung von »Carmen« ist der Unternehmer Dr. Leo Kirch beteiligt, der zwar auch Aktionär des Springer-Verlages und damit praktisch *Bild*-Mitinhaber ist, aber von den Mehrheitseignern gerade auf das heftigste bekämpft wird. In diesen Kampf sei ich, so wird mir gesagt, unfreiwillig und unschuldig miteinbezogen.

Ich kann mir das nicht so recht vorstellen, solche Zusammenhänge sind mir fremd. Ich lerne immer noch, ich versuche die

Gesetze des Westens zu verstehen, die Paragraphen, die du beachten mußt, wenn du deine persönliche Freiheit bewahren willst. Soviel habe ich schon begriffen: In der DDR konnte ich kaum einen Schritt tun, kaum ein Wort sagen, ohne daß die Stasi nicht informiert war. Jetzt kann ich mich kaum bewegen, ohne daß ein Journalist hinter mir herhechelt. Und ich kann kaum ein Wort sagen, das nicht gegen mich verwendet wird. Und ich tue es doch nicht, ich bringe die Schäbigkeit nicht auf, meine Herkunft zu verleugnen. Ich distanziere mich nicht von Millionen, die gemeint hatten, Sozialismus ist eine lebenswerte Gesellschaftsform. Ich kann einfach nicht so tun, als wäre ich nicht dabeigewesen. Ich kann nicht den Eindruck erwecken, ich hätte schon immer gewußt, daß das alles einmal böse endet. Dieser Staat hat mir Privilegien eingeräumt, weil ich Sportlerin war. Ich habe sie genossen, wie andere auch, Künstler, Wissenschaftler. Aber die sind nicht ganz so interessant, die werden in den Feuilletons abgehandelt. Ich bin für die Schlagzeilen geschaffen. Und weil das Kapitel Politik langsam den Reiz verliert, wendet man sich intensiv dem Thema Männer zu.

Ich komme bald nicht mehr nach mit dem Zählen meiner angeblichen Abenteuer.

»Operativ interessant erscheint Dr. Müller-Wohlfahrt«,

hält der Oberstleutnant fest.

Wie ich zu immer neuen Liebhabern komme. Von Stefan Aust über Boris Becker bis Don Johnson und Gerhard Berger. Die Stasi interessiert sich besonders für den Arzt des FC Bayern. Ich habe vor allem die Olympischen Spiele im Kopf – und manchmal auch wieder Richard Dean Anderson.

Diese Frau ist wie immer. Sie behandelt mich wieder wie einen Teenager. Dabei bin ich nun 27. Aber für sie beginnt offenbar alles von vorne, bin ich wieder wie eine Anfängerin. Ich frage mich, ob ich das noch brauche. Aber ich weiß auch, wie wichtig sie für mich ist, daß ich es ohne sie kaum schaffe. Noch einmal Olympische Spiele, worauf habe ich mich da bloß eingelassen?

Selbst schuld.

Es ist nicht so, daß ich nach einer langen Pause aufs Eis zurückkehren würde, ich habe in den letzten fünf Jahren Shows und Tourneen gemacht, den Film, TV-Specials, ich war praktisch immer im Training. Aber es war nur der Wunsch da, dem Publikum etwas zu bieten, ein echter Leistungsdruck war es nicht. Und natürlich waren nicht mehr all die schwierigen Sprünge dabei. Da muß ich viel tun, und dazu brauche ich Frau Müller.

Wir müssen uns wieder aneinander gewöhnen. Ich mich an ihren Perfektionismus, ihre gnadenlose Strenge, sie sich an die lässige Leichtfertigkeit, die mich gelegentlich überfällt, an den Widerwillen, mit dem ich an mir nicht sonderlich sympathische Technikübungen herangehe.

Wir sind ja am Ende immer gut miteinander zurechtgekommen.

Es wird auch diesmal wieder werden. Ich hätte sie ja auch nicht gebeten, wieder mit mir zu trainieren, wenn ich ihre Methoden für unmenschlich halten würde. Ich habe zwar manchmal protestiert und gestreikt, oft gelitten und geheult, aber es hat immer zum Erfolg geführt.

Nun sind einige Monate vergangen, wir gehen ganz anders miteinander um. Frau Müller und ich. Es war jahrelang ein Verhältnis, geprägt von Haßliebe. Vieles, was sie tat und womit sie bei mir wirklich fast Haß verursacht hat, mußte sie so tun, um das Letzte aus mir herauszuholen, mich zum Erfolg zu bringen. Sie hat immer an mich geglaubt und hat mich oft zu meinem Glück zwingen müssen. An ihrer Unnachgiebigkeit und Härte sind einige Sportler zerbrochen. Mich haben meine Frechheit und meine Fröhlichkeit geschützt, vieles ist an mir einfach abgeprallt. Sie ist eine Frau, der im Leben nichts geschenkt wurde und die sich selbst nichts erspart, vielleicht war sie deshalb so unnachgiebig und hart. Aber sie war gerecht, und sie konnte auch liebevoll sein. Wenn sie heute vor mir steht und will mit mir schimpfen, sehen wir uns an und müssen lachen. Und ich würde sie oft am liebsten in den Arm nehmen. Ich bin immer noch per Sie mit ihr, ich habe immer noch den allergrößten Respekt vor ihr – aber sie respektiert jetzt auch mich. In diesem für mich so wichtigen Jahr ist sie eine unersetzliche Verbündete – eine Freundin.

Und wie können wir heute lachen über Geschichten aus der Vergangenheit, zum Beispiel über die Sache mit dem Schlumpf, mit der Rosamunde-Polka und mit den verbrannten Ohren, die vergesse ich ihr wahrscheinlich nie.

Es ist in einem unserer ersten gemeinsamen Jahre, kurz vor dem geliebten Familienurlaub in Bulgarien. Mein Vater ist mit dem Auto schon vorausgefahren, ich muß mit Frau Müller noch nach Berlin, von dort aus will ich mit meiner Mutter hinterherfliegen. Die Trainerin meint, ich müsse noch zum Friseur. Sie geht mit, denn für das Aussehen ist sie zuständig.

»Wir schneiden dir die Haare ganz kurz«, sagt sie, und so

geschieht es. Ich sehe nun endgültig aus wie ein Junge, flach und eckig bin ich ja ohnehin. Ich mag mich gar nicht ansehen im Spiegel. Aber das Schlimmste kommt erst noch.

Wir zelten am Schwarzen Meer. Das heißt: den ganzen Tag Wasser und Sonne. Natürlich creme ich mich immer gründlich ein. Das ist auch dringend nötig bei meiner arg empfindlichen Haut. Nur ja keinen Sonnenbrand. Am Abend brennen und jucken meine Ohren, daß ich heulen könnte. Daran habe ich natürlich nicht gedacht, daß sie nicht mehr bedeckt sind, sondern frei in der Sonne liegen. Sie sind knallrot, die Haut schält sich, wenn ich schwimme, brennt es fürchterlich. Ich leide den ganzen Urlaub lang vor mich hin, finstere Verwünschungen in Richtung Heimat ausstoßend und immer Frau Müller im Kopf.

Auch zu Hause leide ich unter meinem Kurzhaarschnitt fürchterlich. Frau Müller hat sich für mich ein passendes Programm ausgedacht. Ich muß als Schlumpf auftreten, mit einer Zipfelmütze und einer Plastikgitarre. Und ich muß die Rosamunde-Polka tanzen. Diese Darbietungen freuen die Zuschauer, weil der kleine Knirps auf dem Eis so komisch aussieht. Ich will aber nicht zur Belustigung des Publikums auftreten, ich will nicht als Clown Beifall bekommen, sondern für meine durchaus vorhandenen Kunstlaufqualitäten. Ich hasse die Einfälle von Frau Müller.

Verfluchen hätte ich sie können, als wir einmal ein Trainingslager in der Schweiz hatten, am Lago Maggiore. Herrliche Tage im frühen Herbst, nur ich habe nichts davon. Wenn Freizeit ist und die anderen sich die Gegend ansehen, drückt mir Frau Müller meine Bücher in die Hand. Ich muß meine Hausaufgaben machen. »Mein Kind«, sagt sie, »Eislaufen ist nicht alles im Leben.«

Aber Hausaufgaben am Lago Maggiore – das ist schon überhaupt nichts.

Sie hat schon immer gut auf mich aufgepaßt. Einmal sehr zum Leidwesen eines Zöllners. Vor unserem Abflug nach Calgary. Es kann eigentlich gar nichts mehr schiefgehen. Alles ist bestens vorbereitet, das Programm steht, ich bin in Form – nur das »Carmen«-Kostüm fehlt noch. Wir haben die Schneiderin mit unseren

Änderungswünschen fast zur Verzweiflung gebracht, sie hat noch eine Nachtschicht angehängt, eine Stunde vor dem Abflug ist sie fertig. Mit dem Kostüm und mit den Nerven. Sie hetzt zum Flughafen, ich will schnell noch mal reinschlüpfen. Die Damentoilette ist besetzt, zu den Herren traue ich mich nicht rein. Frau Müller weiß Rat und requiriert eine Zollkabine. Der Beamte sagt: »Ich darf Sie hier nicht alleine lassen.« Aber da kennt er Frau Müller schlecht. Ratz-batz setzt sie ihn vor die Tür. Sie hat vor nichts und niemandem Angst, und wenn sie will, ist sie selbst zum Fürchten.

In das »Carmen«-Kostüm würde ich im Augenblick nicht mehr reinpassen. Ich bin noch ein Stück von meinem Idealgewicht entfernt. Fünf Jahre lang habe ich mich nicht gewogen, das ist meine Reaktion auf diesen Schlankheitsterror während meiner Karriere. Nach der letzten Weltmeisterschaft in Budapest habe ich mir gesagt: Du brauchst keine Waage mehr, nie mehr in deinem Leben. Es genügt ein Blick in den Spiegel. Da siehst du, ob du mit dir zufrieden bist. Und außerdem gibt es eine Grenze, wenn du die überschreitest, beginnst du dich unwohl zu fühlen. Dann wird es Zeit für etwas mehr Disziplin. Ich habe das tatsächlich durchgehalten. Bei mir zu Hause gibt es keine Waage. Aber jetzt ist wieder alles anders. Wenn ich tatsächlich noch einmal zurückkehren will zu echten Wettkämpfen, dann kommt es nicht darauf an, ob ich ein Gewicht habe, mit dem ich mich wohl fühle, es muß auch so wenig sein, daß ich vom Eis hochkomme für Dreifachsprünge.

Es ist wie eine Neurose, ich mache zwei Wochen lang einen großen Bogen um die Waage in der Kabine. Als hätte ich Angst vor den Ziffern zwischen 50 und 60, vor dem schwarzen Zeiger, der erst hektisch zittern und dann irgendwo zwischen den beiden Marken stehenbleiben wird. Wahrscheinlich in der oberen Hälfte. Gnadenlos. Und dann werde ich mich entscheiden müssen: Schluß mit Schokolade, Keksen und Gummibärchen, Zucker ganz und Butter nur mehr dünn streichen, viel Salat, keinen Alkohol.

Wenn ich Frauen sehe, die auf alles verzichten, nur um einem Ideal zu entsprechen, bin ich mir immer nicht sicher, ob ich sie bewundern soll wegen ihrer Disziplin oder ob ich sie bemitleiden soll wegen ihres Verzichts. Ich beneide all diese Models, die sich einreden können, sie werden schon satt, wenn sie einen Salat auch nur ansehen. Ich kann das einfach nicht. Ich will es aber auch nicht.

Nach zwei Wochen moralischer Vorbereitung auf die Waage bin ich dann doch bereit. Ich sage mir, daß es einfach nicht anders geht. Ich muß wissen, wie weit ich von dem Gewicht entfernt bin, das ich brauche, um überhaupt eine Aussicht auf Erfolg zu haben. Bei meiner Kürze von 166 Zentimetern wären es um die 52 Kilo.

Ich bekomme keinen Schock, aber einiges muß runter. Zum letztenmal in meinem Leben werde ich mich dieser Tortur unterziehen.

Am 4. Januar 1993 steht als Schlagzeile in *Bild*: »Die Eis-Sensation – Gold-Kati: Start bei Olympia.«

Unter denen, die das lesen, sind wahrscheinlich nicht wenige, die denken: »Jetzt ist sie verrückt geworden.«

Es hat mich schon ein paar Monate vorher gepackt. Als ich bei den Spielen 1992 von Albertville für das amerikanische Fernsehen die Wettkämpfe kommentierte, habe ich gespürt, daß mir dieser Reiz der Konkurrenz, diese Spannung, wenn du den anderen zusiehst, diese Nervosität vor dem eigenen Auftritt, die Atemlosigkeit, dieses besondere Flair der Olympischen Spiele fehlt, das ist ein beinahe sinnliches Gefühl, das deinen ganzen Körper beherrscht. Plötzlich setzt sich in mir der Gedanke fest, daß ich das noch nicht bis zum Ende ausgekostet habe. Nachts, wenn das Olympia-Programm zu Ende ist, gehe ich ein paarmal aufs Eis und laufe einfach eine Phantasiekür, die meiner momentanen Stimmung entspricht. Sie hat mit Befreiung zu tun, mit den Wünschen nach Unabhängigkeit und Grenzenlosigkeit.

Als ich dann später in Cincinnati einen Profi-Wettbewerb gewinne, fühle ich auch, daß meine Form exzellent ist. Ich rede mit Brian Boitano, auch er beschäftigt sich in Gedanken mit Olympia. Daß der Eiskunstlauf inzwischen der einzige Sport ist, in dem Profis nicht zu den Spielen zugelassen werden, ärgert uns. Und wir finden es auch nicht richtig, daß inzwischen aus Eiskunst- immer mehr ein Eissprunglauf geworden ist. Nachdem die Pflicht, die ich so haßte und für die ich wahrscheinlich Monate meines Lebens auf dem Eis opferte, wenn ich alle Trainingsstunden zusammenrechne, 1990 gestrichen worden ist, können alle dem Sprungtraining viel mehr Zeit widmen, und Fünfzehn- und Sechzehnjährige haben so viele Dreifache drauf, daß einem fast schwindlig wird.

Ob das die Richtung ist, in die unser Sport gehen sollte?

Er war schon einmal auf dem Irrweg, als die Retortenpaare zusammengestellt wurden, athletische Männer, möglichst kleingewachsene Partnerinnen. Die Journalisten sprachen von den Wegwerf-Mädchen, weil sie so leicht zu heben und zu schleudern waren. Und auf einmal ging das Interesse am Paarlaufen fast völlig verloren, die meisten Zuschauer wandten sich mit Begeisterung dem Eistanz zu, einer Disziplin, die lange ein Schattendasein geführt hatte. Die Harmonie, die Eleganz, die Ausdruckskraft, das wurde plötzlich viel mehr geschätzt als die Akrobatik. Ich möchte dem Trend zur Sprung-Orgie etwas entgegensetzen, die Erfahrung meiner 28 Jahre, die Überzeugung, daß eine Kür sein muß wie eine Geschichte, mit Themen, für die eine Sechzehnjährige noch nicht reif sein kann. Zum Beispiel für eine Friedenssehnsucht, wie ich sie fühle, wenn ich an Sarajevo denke. Und wie ich sie zum Lied »Sag mir, wo die Blumen sind« ausdrücke. Das kann eine Sechzehnjährige nicht, das muß sie nicht können. Eine Sechzehnjährige ist hungrig nach Siegen und Medaillen. Dieser Hunger ist bei mir gestillt. Meine Befriedigung sieht anders aus: Ich will wissen, wo meine Grenzen sind, wie hoch meine physische und psychische Belastungsfähigkeit heute noch ist; ich will beweisen, daß man auch mit 28 Jahren dem Eiskunstlauf und dem Publikum etwas geben kann. Das ist mein Traum. Träume soll man sich erfüllen – auch wenn man das Letzte dafür geben muß.

»Hast du dir überlegt, mit welcher Häme du überschüttet werden wirst, wenn du es nicht schaffst, wenn du dich nicht für Olympia qualifizierst?« fragten mich meine Freunde.

Ich muß es einfach tun.

Und was die Häme angeht, da kann mich niemand mehr so leicht aus der Fassung bringen. Ich habe meine Lektion bekommen, seit die Mauer gefallen ist, und ich habe sie gelernt.

»Wer so gut aussieht, der hat sicher an jedem Finger gleich mehrere Liebhaber.

Katarina verübelt natürlich eine solch provozierende Frage nicht, entspricht sie doch dem Niveau bekannter Boulevardblätter, die ihren Lesern mit immer neuen Romanen Lesestoff bieten wollen.

Hielten diese ›Reporter‹ sich aber an die Wirklichkeit, dann kämen ja auch nicht mehr als ein paar dürre Zeilen heraus. Wen mit derart blühender Phantasie interessiert auch, daß Katarina seit nunmehr schon zwei Jahren ihrem Ingo die Treue hält.

›Da kann man doch von einem festen Verhältnis reden . . .‹

Katarina wehrt sich gegen diese Sicht nicht. Sie ist froh, Ingo zu haben. Er ist Schlagzeuger der Rockgruppe ›datzu‹. – Und daß sie ansonsten ihre Intimsphäre ganz für sich allein verwahren möchte, dieser Hinweis entbehrt nicht der Ernsthaftigkeit.

Die Frage, ob sie nicht ein männliches Ideal hat, wird sie aber wohl kaum verweigern. Doch auch da nur Fehlanzeige: Die Zeiten, da sie von einem schwarzhaarigen athletischen Typ träumte, liegen schon Jahre zurück.

›Kopf und Herz – was damit los ist, das will ich bei einem Mann wissen . . .‹

Wie unpoetisch, Katarina. Oder besser: ganz schön anspruchsvoll!«

Das waren die allerprivatesten Zeilen, die je in der DDR über mich geschrieben wurden. Und es konnte sie dort dann noch nicht einmal jemand lesen. Sie standen in einem Buch »Katarina – eine Traumkarriere auf dem Eis«, das in der DDR nicht verkauft werden durfte, es war nur für den Westen bestimmt. Hundertsechzig Seiten Personenkult, das war bei uns zuviel. So etwas war nicht gewünscht, und man kannte es weder bei den Lesern noch von den Autoren. Der Gute, der das geschrieben hat, sülzt ganz schön um das Thema herum. Heute kann er es ganz anders, er ist bei *Bild* gelandet. Menschen, die von mir jahrelang nur kannten, was in Zeitungen wie *Freie Presse* Karl-Marx-Stadt stand und ganz dem Untertitel »Offizielles Organ der Sozialistischen Einheitspartei Deutschlands« entsprach, wären vermutlich ganz schön erschrokken, wenn sie so etwas von mir gelesen hätten. Vor der Wende, als alles noch anders war.

Das Privatleben ist tabu, die Intimsphäre fängt dort an, wo das Eis aufhört. Nachdem ich bei meinen Reisen gesehen habe, wie die vielen Zeitschriften und Zeitungen im Westen gemacht werden, interessanter, aber auch indiskreter, schwöre ich mir nach der Wende: Aufpassen, niemand zu nahe an dich herankommen lassen, nicht erwischen lassen. Dann kann dir nichts passieren. Ich kann noch nicht im entferntesten ahnen, was für eine naive Vorstellung das ist.

Mit Boris Becker fängt es an.

»Liebe – oder nur Trost? KATI WITT – die ganze Nacht bei BORIS.«

Ich denke, ich sehe nicht richtig. Ich war zum Finale von Wimbledon eingeladen, das Boris Becker gegen Stefan Edberg verloren hat, ich habe Boris tatsächlich kennengelernt, aber was ich da lese, ist mir auch neu: »Suchte Boris nach der Wimbledon-Niederlage Trost? Sehnte er sich nach Liebe? Mehrere britische Zeitungen berichten: Die 24jährige DDR-Eislaufprinzessin war die ganze Nacht in der Wohnung des 22jährigen Tennisstars. Ein Londoner Reporter: Beide haben offenbar die deutsch-deutsche Vereinigung auf ihre Weise schon mal ausprobiert.«

Das steht in der *BZ*, es ist der 10. Juli 1990, Zeitungen aus dem Westen dürfen jetzt auch schon in der DDR verkauft werden. Es wird schon keiner glauben, denke ich mir. Und dann fällt mir ein, daß ja die Pressefreiheit als einer der großen Fortschritte angesehen wird und die Menschen bei uns als eine der Segnungen des Westens auch die neuen, lebendigeren Zeitungen betrachten, weil sie nun endlich mal etwas lesen können, das nicht verordnet und vorgeschrieben wurde. Wissen sie schon, daß auch in der BRD nicht immer alles stimmt, was gedruckt wird, daß auch dort gelogen wird, nur anders und aus anderen Gründen?

Das kann ja heiter werden. Wird es auch.

»Deshalb scheiterte Karens Liebe zu dem Tennisstar endgültig – DDR-Eislaufprinzessin Kati Witt: Auf Schleichwegen in Boris Bekkers Herz.«

»Boris, Kati und die Nacht von London.«

»Boris und Kati – Traumpaar der Nation: Was für ein Nachwuchs!«

Eine Schlagzeile nach der anderen, eine dümmer als die andere. Und die bunten Blättchen überbieten sich mit Fotomontagen. Die tollste von allen schafft *7 Tage*. Boris lächelt fröhlich von oben auf mich herab – und auf das Baby, das ich im Arm wiege.

Der Ärger dauert zwanzig Tage, dann findet *Bild* für Boris wieder eine neue Frau.

»Prinzessin Stephanie von Monaco liegt am Strand von Cap d'All, aalt sich in der heißen Sonne. Sie ist nackt, außer einem winzigen Tangahöschen trägt sie nichts. Daneben, auf dem blauweißen Handtuch, liegt Boris Becker: Boxer-Shorts, weißes Hemd. Dann zieht er sein T-Shirt aus, rückt näher zur Prinzessin, beäugt ihren wohlgeformten Busen. Dann spritzt er Wasser auf ihren Oberkörper. Das alles gibt es auf Fotodokumenten. Nur ein harmloser Flirt – oder etwas mehr? Italiens Magazin *Novella 2000* und das englische Wochenblatt *News of the World* veröffentlichten die Foto-*Love-Story*. Aber was sagt Kati Witt dazu, die Eisprinzessin? Mit ihr plant Boris gerade gemeinsamen Urlaub in der Karibik.«

Na, was werde ich dazu sagen? Gott sei Dank gibt es Fürstenhäuser und die dazugehörigen Töchter. Ich bin froh, daß Boris, medienmäßig gesehen, endlich eine andere hat – und mir meine Ruhe gegönnt wird. Es gibt keinen geplanten gemeinsamen Urlaub, wir kennen uns zwar, aber was uns verbindet, ist, daß wir Sportler sind, den gleichen Arzt haben, und das reicht noch nicht einmal für eine Freundschaft.

Ich denke, daß nun eigentlich so schnell nichts mehr kommen kann, aber das ist ein Irrtum. Mit meinem Medienberater Diether Dehm gehe ich zum 50. Geburtstag des Frankfurter Oberbürgermeisters. Anschließend erscheinen eine Tageszeitung und acht Yellow-Press-Blätter mit der Botschaft: »Linker Politiker (zwei Kinder) Hand in Hand mit Kati im Römer«. Sie unterschlagen nur die Kleinigkeit, daß an der anderen Hand seine Frau war. Es gibt als nächstes eine Affäre mit Roger Goodell, einem amerikanischen

Football-Manager, danach mit Stefan Aust, dem Macher von Spiegel-TV, der eine Dokumentation über mich und meine Probleme nach der Wende gedreht hat. Er ist dabei wirklich ein lieber Freund geworden, einer, der zuhört, von dem man sich Rat holen kann, der unheimlich viel zu erzählen weiß. Ein Journalist, der mich nicht ausnützt. Das bringt uns einen Eintrag in *Bunte* unter der Rubrik »Die 25 pikantesten Seitensprünge Deutschlands«. »Tuschelnews um den besten TV-Kopf z. Z. Stefan Aust, 44, fest liiert mit Karin Hinrichs (der Mutter seiner Tochter, 7 Monate alt), soll seit vier Monaten mit Kati Witt, 25, Gefühlssaltos schlagen, Hamburger Groschenblätter meldeten die ›große Sommerliebe‹.«

Die Sportlerin und der Journalist, Körper und Kopf, das wird offenbar sehr gern genommen. Als nächster kommt Klaus Bresser an die Reihe, der Chefredakteur des ZDF. »Ein schönes Paar, da hat's kräftig gefunkt«, titelt *Bild*. Wir begegnen uns während der Funkausstellung in Berlin, es ist alles ganz harmlos, wir sind nämlich zu dritt, mein Bruder Axel ist den ganzen Abend dabei. Aber der Reporter sieht das anders. »Sie turtelten, strahlten glücklich, waren den ganzen Abend unzertrennlich. Die hübsche Eisprinzessin Katarina Witt (25) und der hochangesehene graumelierte ZDF-Chefredakteur Klaus Bresser (55). Sie blickten sich bei Krabben, Rinderfilet und Kölsch im Grand Hotel an der Friedrichstraße tief in die Augen, plauderten so angeregt, als ob sie alleine im Raum seien. Immer wieder legte der hochgewachsene ZDF-Chef der zierlichen Eissportlerin den Arm um die Schultern, strich ihr heimlich über den Rücken.«

Schade, ich bekomme von all dem gar nichts mit.

Danach ist es wie abgeschnitten, es will mir und den Reportern einfach kein neuer Liebhaber über den Weg laufen. Logisch, daß sich *Bild* da Sorgen machen muß.

»Kati einsam in den Bergen – Wer schenkt ihr Liebe?«

Es ist schon ein Elend mit mir. Da verschleiße ich das Jahr über die Männer, es sind nicht wenige und auch nicht die Schlechtesten – und ausgerechnet am Fest der Liebe sitze ich dumm und einsam rum.

»Weihnachten in den Bergen, eine tief verschneite Hütte in den Rocky Mountains, drinnen knistert das Kaminholz. Gibt es etwas Romantischeres für ein Paar, das sich liebt? Katarina Witt (26), die Eis-Königin, feiert in dieser Idylle Weihnachten. Aber ohne Mann, nur mit ihrer Managerin... Kati, die Traumfrau ist einsam. Ihr Leben so rastlos, daß ihr einfach keine Zeit für die Liebe bleibt... Nach der Trennung von Schlagzeuger Ingo Politz hat Kati keine neue Liebe mehr gefunden. Natürlich tauchte Katis Name immer wieder im Zusammenhang mit prominenten Männern auf. Bayern-Arzt Dr. Hans-Wilhelm Müller-Wohlfahrt, Reporter-Papst Stefan Aust – alles nur gute Freunde... Kati, durch und durch Familienmensch, sucht keinen Mann für eine Nacht. Sie sucht einen Mann fürs Herz.«

Aber nichts dauert ewig, auch die Einsamkeit nicht. Ab 8. April 1992 und danach für lange Zeit muß sich niemand mehr Sorgen machen um mich. »Kati – endlich Liebe« ist die Schlagzeile von *Bild*. Die Geschichte von McGyver und mir ist raus. Und weil wir schon in Hollywood sind, folgt als kleines Intermezzo: »Don Johnson, Vaterfreuden – Kati Witt hat ihm den Kopf verdreht.«

Weil das ohnehin keiner glaubt, kommt Uwe an die Reihe. Er ist wie ich aus Chemnitz. Wir kannten uns schon, als es noch Karl-Marx-Stadt hieß, er floh in einem Diplomatenauto in den Westen, studiert in Berlin Medizin, er braucht eine Wohnung, ich habe eine, die zu groß ist für mich allein und die ohnehin meistens leersteht. Ich bin froh, daß er einzieht. Wir sind eine Zwei-Personen-WG. Doch *Bild* weiß wieder mehr: »McGyver ist Geschichte. ›Ich renne keinem Mann hinterher‹, sagte Kati gestern zu *Bild*. Eine sechsmonatige Affäre ist damit beendet... In ihrer Berliner Wohnung wartet bereits der neue Schwarm: Uwe Kästner (Orthopäde, macht gerade seinen Doktor)... Amors Pfeil hat die Eiskönigin voll ins Herz getroffen. Kein Wunder! Denn Uwe war DDR-Meister im Bogenschießen...«

Titel im *Berliner Kurier*: »Kati Witt: Nobles Liebesnest für neuen Freund Uwe!«

Danach fällt mir der österreichische Automobilrennfahrer Gerhard Berger in die Hände bzw. Arme – und da ist was dran, wir sind uns tatsächlich nahe gekommen. Zum Glück.

Ich habe mich bei Frank Dick angemeldet, dem englischen Konditionstrainer, der schon den Zehnkämpfer Daley Thompson und Boris Becker in Form gebracht hat. Gerhard Berger hat ihn auch schon gebucht, für die gleiche Zeit, und er schlägt vor, daß wir gemeinsam in Tirol trainieren. Dort schinden wir uns dann bergauf, bergab, das fällt in Gesellschaft viel leichter als allein.

An einem Nachmittag hängen wir an das Programm von Frank noch eine Tour mit dem Mountainbike an. Wir fahren nebeneinander auf einem schmalen Pfad, rechts ist Fels, links eine Schlucht. Ich fahre auf der Seite der Schlucht, wir albern herum, und ich bleibe mit meinem rechten Pedal irgendwie an Bergers Rad hängen. Ich stürze und kann mich im letzten Augenblick noch nach rechts werfen, kann mich zum Glück noch an einem Felsblock festhalten – und nur deshalb stürzt das Mountainbike allein in die Tiefe. Ich sitze an der Kante und sehe, wie sich das Rad mit immer neuen Überschlägen verschrottet – und erst viel später stelle ich mir vor, was von mir auf dem Weg nach unten übriggeblieben wäre. Es ist kein sehr schöner Gedanke.

Es ist das zweite Mal, daß ich so knapp am Tod vorbeikomme. Vor vielen Jahren hatten wir ein Höhentrainingslager in Bulgarien. Ich sitze in der Mittagssonne vor unserer Unterkunft und döse vor mich hin. Aber irgendwie finde ich doch keine richtige Ruhe, ich stehe auf – und dort, wo ich gerade noch saß, geht splitternd ein etwa ein Meter langer, am Ende nadelspitzer Eiszapfen nieder. Er hätte sich genau in meine Schädeldecke gebohrt.

Jetzt hänge ich halb über die Schlucht und denke: Gut, daß ich im Pech doch Glück habe, wenn es wichtig ist.

Am nächsten Tag bringt mich Gerhard Berger mit seinem Ferrari nach München zum Arzt, ich habe mir das Steißbein so geprellt, daß ich kaum noch sitzen und liegen kann. Und weil er so tut, als wäre die Autobahn nur eine Fortsetzung von Monza und zweihundertvierzig fährt, bekomme ich tatsächlich Herzklopfen. Und so habe ich tatsächlich ein Abenteuer mit Gerhard Berger.

Dann passiert das nächste Unglück. Bisher haben mich fast nur Männer fotografiert, Gunter Sachs zum Beispiel für *Elle*. Wäre doch interessant, wie eine Frau dich sieht, sage ich mir, als *Bunte* mir Aufnahmen mit Bettina Rheims vorschlägt. Sie ist eine der Großen in dieser Branche. Die Fotos sind zwar frech, aber ich habe auf jedem der sieben, die gedruckt werden, mehr an als die meisten Titelblatt-Schönheiten.

Die Ankündigung auf der Seite eins ist dann schon eine Unverschämtheit: »Die Wahrheit über die kühle Eisprinzessin. Verletzlich, hautnah und endlich ehrlich.« Aber es kommt noch schlimmer. »Für eine deutsche Illustrierte ließ sie (fast) alle Hüllen fallen, posierte in ›kufenscharfen‹ Posen. Jetzt ist Eiskönigin Katarina Witt völlig fertig. Oooh Kati! Jetzt wurden Sex-Klubs erst richtig heiß auf die Schönste vom Eis, Kati bekam Angebote aus ganz Europa. Sogar aus Paris. Die heißeste Sex-Show der Welt, die des ›Crazy Horse‹ in der französischen Hauptstadt, ist ganz scharf auf unsere Kati. Sie selbst weinte gestern, war entsetzt über die ›sexationelle‹ Entwicklung.«

Schlagzeile: »Erotische Fotos veröffentlicht – Sex-Klubs jagen Kati – Eis-Königin völlig am Ende – Sie weint und schimpft.«

Ich bin nicht am Ende, ich weine nicht – aber ich habe auch nichts zu lachen, was meine Darstellung in den Medien angeht. Ich scheine für manche Blätter nur aus Affären und Tränen zu bestehen. Wie klein sind dagegen die Zeilen über die Ereignisse, die mich freuen: Wir bekommen für »Carmen« in den USA den Emmy, den TV-Oscar, für mein TV-Special »Night moves« mit dem Kanadier Brian Orser gibt es die »Goldene Rose von Montreux«. Mit Brian Boitano laufe ich in Amerika stets vor ausverkauften Häusern. Aber das alles scheint nicht so sehr zu interessieren. Vermutlich wird in den Redaktionen stets gefragt: Wo bleibt denn da das Negative?

Ich muß die Freiheit erst noch lernen – und auch, wie andere mit ihr umgehen.

Der Weg vom Osten in den Westen hat auch komische Seiten. Den Tag, an dem ich mein Ost-Geld in D-Mark umtausche, werde ich wohl nie vergessen. Es ist, typisch für mich, der letzte, an dem es möglich ist. Ich mache mich auf eine lange Schlange vor der Bank gefaßt, das letzte sozialistische Wartekollektiv, und komme mir vor wie bei einem Schulausflug. Ich packe etwas zu essen ein, auch ein Buch, und will gerade noch eine Flasche Mineralwasser dazulegen, da fällt mir ein, daß das wahrscheinlich keine gute Idee ist. Wenn du einmal einen Platz in der Reihe hast, kannst du ihn nicht mehr aufgeben, um eine Toilette zu suchen. Zweimal hinten anstellen, das ist zuviel, das darfst du nicht riskieren.

Es wird ein brüllend heißer Tag, die Schlange vor der Bank ist Hunderte von Metern lang, ich stehe stundenlang mit Tausenden anderer an, es geht nur Schrittchen für Schrittchen vorwärts. Am frühen Nachmittag kommt einer mit einem fahrbaren Imbiß vorbei und bietet Orangensaft an. Ich denke, ich halte es nicht mehr aus. Was nützt mir die D-Mark, wenn ich vorher verdurste? Aber die Vernunft siegt über die Versuchung.

Ich kann doch mein ganzes Ost-Vermögen, alles, was ich von meinen Prämien und meiner monatlichen Staatsunterstützung, der DDR-Variante der Sporthilfe, so eisern gespart habe, nicht opfern für einen Schluck Saft. Auch wenn es nicht einmal ein Bruchteil von dem ist, was ich im Westen bekommen hätte.

Aber ich will nicht klagen, ich muß nicht darben, in den USA mache ich Werbung für Coca Cola: »The Two Greatest Things On Ice – Katarina Witt and diet Coke.« Ich drehe einen Spot für Fabergé. Ich mache Aufnahmen mit Joop und Lagerfeld. Vor der Kamera bin ich längst Profi, im wirklichen Leben fühle ich mich manchmal wie eine Anfängerin. Daß mir fünfundzwanzig Jahre Erfahrung im Westen fehlen, macht sich immer wieder bemerkbar.

Ich treffe Karl Lagerfeld, er unterhält sich mit mir, und ich denke, ich mache ihm ein artiges Kompliment: »Sie sprechen ja ein phantastisches Deutsch.« Er schaut mich mit großen Augen an, in jedem steht ein unübersehbares Fragezeichen. Wahrscheinlich denkt er in diesem Moment, ich sei bescheuert. Für mich ist Lagerfeld Mode, Paris, Chanel. Ich habe keine Ahnung, daß er Deutscher ist. Wir sprechen über Models und die Veränderungen in den Vorstellungen von Ideal-Figuren, er sagt etwas von Twiggy, und ich denke: Was ist denn das schon wieder? Twiggy ist mir kein Begriff.

Ich lerne jeden Tag, bei den nebensächlichsten Gelegenheiten. Einmal bin ich wieder bei Sandra Bezic, meiner Choreographin, zu Gast. Ich habe Hunger und nehme mir ein Stück Käse. Den habe ich noch nie zuvor probiert, er schmeckt ganz toll, ich esse den ganzen Vorrat auf. Ich frage noch: »Wie heißt dieser Käse denn?« Es ist Parmesan. Ein paar Tage später gehe ich in ein Geschäft, sehe Parmesan liegen – und lese, was er kostet. Ich bekomme ein schlechtes Gewissen – ich habe Sandra so nebenbei mindestens zehn Dollar weggefressen. Ich wußte nicht, daß Käse auch Luxus sein kann.

Sandra Bezic und Brian Boitano haben an mir Ossi vor allem eines auszusetzen: »Eine Lady hat keine Haare an den Beinen«, sagen beide. Ich bin keine Lady, und die Beine zu rasieren, das erscheint mir fast dekadent. Obwohl meine Managerin Elisabeth Gottmann auch schon behauptet hat, das muß man machen. Eines Tages liege ich in einem amerikanischen Hotel in der Badewanne, sehe einen Rasierapparat liegen und schabe so ein bißchen an mir rum. Und auf einmal sind die Beine ratzekahl. Ich kann nicht an mich halten, rufe sofort in Frankfurt an, um Elisabeth die ungeheuere Mitteilung zu machen: »Du ahnst nicht, was passiert ist, ich habe mich eben rasiert.«

Zwei glatte Beine, ein weiterer Schritt auf dem Weg in die Verwestlichung der Katarina Witt.

Eine Lady werde ich dadurch dennoch nicht, denn eine Lady schreitet zum Beispiel in ein Restaurant, sie fliegt nicht hinein.

Das ist einer meiner peinlichsten Auftritte. Ich bin in New York mit einem guten Bekannten zum Abendessen verabredet. Ich bin wie üblich etwas spät dran, aber ich denke, daß ich es vom Hotel bis zum Restaurant, es ist das von mir so geliebte »Gabriel's«, in weniger als einer Viertelstunde schaffe. Die Rechnung stimmt leider schon deshalb nicht, weil es zu schneien begonnen hat, der Verkehr in Manhattan fast zum Erliegen kommt und außerdem weit und breit kein Taxi zu sehen ist. Ich rufe schon mal vorsichtshalber im

Restaurant an, um eine leichte Verspätung von zehn Minuten anzukündigen. Dann rutsche ich, ausgerechnet heute habe ich Pumps an und einen langen Rock, langsam die Straße entlang, immer in der Hoffnung, daß ich vielleicht unterwegs ein Taxi erwische. Bis das endlich klappt, vergeht fast eine halbe Stunde. Wir kommen drei Blöcke weit, dann streikt der Motor. Ich stehe wieder auf der Straße, klopfe an die Scheiben besetzter Taxis, ein paar Fahrgäste schauen nur stur geradeaus, andere sehen mich verständnislos an, einige tippen sich gegen die Stirn. Ich habe kein Glück, niemand hat Mitleid mit mir. Endlich, als ich schon wie ein Schneemann aussehe, kommt ein leeres Taxi. Und das schafft es tatsächlich bis zum »Gabriel's«. Endlich dort eingetroffen, rechne ich eigentlich damit, daß mein Bekannter die Geduld verloren hat und längst gegangen ist. Für alle Fälle lege ich mir aber ein milde stimmendes Lächeln zurecht, ehe ich mit Schwung die Tür aufreiße. Ich trete mit dem Absatz auf meinen langen Rock, die Beine rutschen mir nach vorne weg, ich fliege wie von einem Katapult geschossen durch den Raum und unter den nächsten Tisch. Ich bin schneller wieder auf den Beinen, als mir jemand helfen kann, sage nach allen Seiten »sorry« und habe für die nächste halbe Stunde einen Kopf, Ton in Ton mit der Tomatensoße, die ich mir anschließend bestelle. Mein Bekannter sieht, daß ich schon gestraft genug bin. Er ist ein Pünktlichkeitsfanatiker, aber er verliert kein Wort über meine Verspätung, es wird ein schöner Abend. Und ich habe wieder etwas gelernt: Eine Lady hat es nie eilig. Aber wozu brauche ich das?

Im Osten zu leben war nicht leicht. Sich an das Leben im und mit dem Westen zu gewöhnen ist auch nicht einfach.

Am wichtigsten ist für mich, daß ich selbst und frei über mein Leben bestimmen darf. Das ist auch schließlich einer der Gründe, warum ich noch einmal an Olympischen Spielen teilnehmen will. Bis 1988 war so vieles, fast alles vorgegeben. Ich habe einen Nachholbedarf an eigenen Entscheidungen, auch an möglicherweise falschen.

»Wahnsinn«, sagen Bekannte, als sie hören, daß ich 1994 nach

Lillehammer will. Ich muß mir diesen Wahnsinn einfach ermöglichen. Brian Boitano hat sich inzwischen auch zum Olympia-Comeback entschlossen, Torville und Dean wollen noch einmal antreten. Vielleicht beginnt eine neue Ära im Eiskunstlauf, vielleicht kann sich Kunst doch durchsetzen gegen Athletik. Vielleicht ist man mit Achtundzwanzig doch noch nicht zu alt. Es schreckt mich nicht, daß alle skeptisch sind, daß viele sagen, ich werfe mein Geld nur zum Fenster hinaus. Das ist es mir wert. Ich muß meine Trainerin bezahlen, die Reisen nach Kanada zu Sandra Bezic, die mit uns eine neue Choreographie entwickelt. Die Musik, die Rainer Oleak für meine Kür arrangiert und teilweise neu komponiert, die Kostüme, alles kostet mein Geld. Aber ich habe in meinem Leben immer nur das bereut, was ich nicht getan habe. Es muß einfach sein. Und wenn es nichts wird, wenn ich mir eine Verletzung zuziehe oder die Preisrichter meine Art zu laufen nicht anerkennen, dann werde ich zum Schaden auch den Spott haben. Vermutlich in ganz großen Zeilen.

Aber darauf bin ich vorbereitet, man hat mich gründlich abgehärtet.

Im Augenblick läßt man mich in Ruhe, obwohl es einiges zu schreiben gäbe. Über Richard zum Beispiel. Ende 1992 höre ich auf dem Anrufbeantworter seine Stimme. Er schafft es immer noch, daß mein Herz ein wenig schneller schlägt. Ich soll ihn zurückrufen. Ich schiebe das vor mir her, mein Mitbewohner Uwe fragt mich jeden Tag, ob ich endlich mit ihm gesprochen habe. Zwei Wochen nach Silvester denke ich, das ist ein Tag, um sich zu melden. Prompt erreiche ich wieder nur den automatischen Anrufbeantworter. Es wäre ja auch ein Wunder, wenn ich Richard alias McGyver einmal direkt am Apparat hätte. Ich wünsche ihm ein gutes Jahr und sage, daß ich im Januar für einige Wochen nach London muß. Ich trete dort in einer Show auf. Ich miete mir eine Wohnung und habe es mir dort noch nicht richtig gemütlich gemacht, da läutet das Telefon. »Hi, this is Richard.« Er dreht in London, ein paar Tagen später kommt er nach einer Vorstellung in die Garderobe. Wir stehen uns im Türrahmen gegenüber, fremdelnd wie zwei Kinder, sagt meine Freundin Silke.

Unser Dialog hört sich an, als würden wir mit einem Stock im Nebel stochern.

»Ich habe gehört, du heiratest deine Ex-Freundin Terri?«

»Und du, bist du noch mit diesem Rennfahrer zusammen?«

Jeder hat so seine Boulevard- und Yellow-Press-Geschichten, und mehr wissen wir im Augenblick nicht voneinander. Aber das ändert sich. Wir kommen uns wieder näher, doch nicht mehr so wie vorher. Es ist eine Gelegenheitsliebe, nicht auf ein Ziel gerichtet. Die Anziehungskraft, die uns immer fast umgeworfen hat, ist noch da. Wir erwarten nichts voneinander, keiner stellt Forderungen. Wir sind uns auf einer ganz anderen Ebene als früher nahe und genießen die gemeinsamen Stunden, wann immer wir sie uns möglich machen können. Ohne daß uns die Journalisten auf die Spur kommen.

Meine heimliche Liebe gibt es nicht mehr, den anderen Mann mit den Stunden des gestohlenen Glücks. Ich habe mich schrittweise von ihm gelöst. Und dann symbolisch und endgültig. Es ist 12. August 1993. Ich fahre mit dem Auto durch Berlin, ich denke gerade an ihn – und im Radio fängt Whitney Houston zu singen an. »I will always love you«. Plötzlich schießt mir durch den Kopf: »Ich kann nicht mehr, ich will nicht mehr teilen.« Ich ziehe den Ring vom Finger, den er mir einmal geschenkt hat. Das war's.

Manchmal ist es etwas einsam in Berlin und Altenhof. Aber ich habe wenigstens Freunde, Ingo zum Beispiel. In der turbulenten Zeit vor der Wende sind wir auseinandergegangen. Ich war zuviel unterwegs, meine Welt war nicht mehr die seine. Es war ein friedlicher Abschied, ohne Tränen, nur mit ein bißchen Wehmut. Wir telefonieren häufig, prompt steht in irgendeiner Zeitschrift, ich würde einen Telefonterror gegen seine neue Freundin Judy veranstalten. Kein Wort wahr, wir kommen gut miteinander zurecht. Die Geschichte ist willkürlich zusammengestrickt worden, ich sehe aus wie die eifersüchtige Furie, die das neue Glück nicht verkraften kann.

Ingo lacht nur darüber. Ihn erschüttert nichts mehr, was geschrieben wird. Bis ich ihm erzähle, was in den Stasi-Akten über uns steht. Wie versucht wurde, uns zu trennen, wie unser Verhältnis dann doch wieder ins Konzept paßte, wo von oben die Fäden gezogen wurden, das hat ihn dann doch genauso entsetzt wie mich. Was haben sie mit uns alles gemacht!

Die Vorwürfe gegen mich sind verstummt. Ich bin fast durch mit den über dreitausend Seiten. Über ein Blatt stolpere ich aber immer wieder.

*

Abteilung XVIII Karl-Marx-Stadt, 17. 7. 89
Aktenvermerk
... Im weiteren »unter 4-Augen-Gespräch«, ohne Teilnahme des Genossen xxxxxxx, wurde dann auf die operativen Probleme eingegangen. Kati erklärte, daß sie während ihrer Tournee laufend im Streß war und kaum Freizeit hatte. Zum größten Teil verbrachte sie die dann mit ihren Eltern, welche sie auf der Reise begleiteten.

Operativ interessant erscheint die Verbindung zu einem Dr. Müller-Wohlfahrt, Hans-Wilhelm

Orthopäde in München,

welcher als Arzt über den Fußballklub Bayern-München und über umfangreiche Kontakte in der BRD verfügt. Im Februar 1989 war Kati wegen ihres Fußgelenks bei M. in Behandlung. Weitere Kontakte zwischen M. und Kati werden nach Aussage von Kati zustande kommen.

Kati schildert den M. als sympathischen Mann um die 40, und ausgehend von vorliegenden Informationen der Abteilung 26 können intime Kontakte nicht ausgeschlossen werden.

W., Oberstleutnant

Mir ist klar, daß die Abteilung 26 manchmal vermutlich auch nicht anders arbeitet, als es die Reporter von *Bild* tun, die für die Schlagzeile sorgen: »Kati und der Bayern Arzt – pikante Liebesgerüchte.« Solche Geschichten bewegen mich schon lange nicht mehr. Aber was soll ich unter den Formulierungen »operative Probleme« und »operativ interessant« verstehen?

Waren meine Unterhaltungen mit den freundlichen Gesprächspartnern von der Bezirksverwaltung Karl-Marx-Stadt vielleicht doch nicht so harmlos, wie ich gedacht habe? Könnte jemand durch mich zu Schaden gekommen sein?

Ich wühle in meiner Erinnerung, ich finde nichts. Torsten Ohlow? Nein, das kann nicht sein. Torsten, von dem ich mit neun meinen ersten Kuß bekommen habe, war Einzel- und Paarläufer. Er hat sich irgendwann in eine Italienerin verguckt. Er gab mir einen Brief an sie mit, als ich in ein Trainingslager ins Ausland fuhr. Ich habe den Brief aufgegeben, niemand hat das mitbekommen. Aber es ist dann doch irgendwie rausgekommen, daß er Kontakt mit einer Ausländerin hält und ich damit zu tun habe. Er durfte nie mehr in den Westen reisen – und mir wurde, sollte ich noch einmal in dieser Richtung auffallen, ebenfalls das Ende meiner Laufbahn angedroht. Ich war ganz nahe dran, aber Jochen Grünwald, der Generalsekretär des Eislaufverbandes, hat sich für mich eingesetzt. Er hat das öfter getan, er war ein menschlicher Funktionär, immer auf der Seite der Sportler. Ich kann mir bis heute nicht erklären, wie die Geschichte mit dem Brief rauskam. Ich vermute mal, das Mädchen hat Torsten geantwortet. Seine Post ist sicher überwacht worden, wie meine auch.

Ich habe ein gutes Gewissen – und trotzdem ein schlechtes Gefühl. Die Stasi und ich – ist das doch noch mehr als das, was in den Akten steht? Gibt es Aufzeichnungen, von denen ich immer noch nichts weiß? Gab es Pläne, von denen ich nichts ahnte? War ich für sie wichtiger, als ich mir vorstellen kann?

»Das mußte Honecker abnicken«, *erzählt Egon Krenz.*

Wie der letzte Staatsratsvorsitzende für mich bei Schalck-Golodkowski 750 000 Mark besorgt, von denen ich nichts habe. Peter-Michael Diestel behauptet, ich sollte eine Art Mata Hari werden. Zwei Stasi-Generäle sitzen mit am Tisch und wissen von nichts.

Gehlert, Generalleutnant. Ich erinnere mich nur an einen kleinen Mann mit einem freundlichen Lächeln. Ich hatte ihn, wenn ich mich nicht täusche, nur einmal in Karl-Marx-Stadt gesehen, bei einer Feier. Das ist Jahre her. Sein Gesicht hatte ich aus dem Gedächtnis verloren. In den letzten Wochen war er mir pausenlos wiederbegegnet. Auf Papier, in meinen Stasi-Akten. Ich hatte schließlich den Eindruck bekommen, daß mein ganzes Leben über seinen Tisch gegangen ist und von dort aus weiter nach Berlin, was er davon für wichtig hielt. Wenn etwas an das Ministerium für Staatssicherheit, zu Händen des Ministers, Genosse Armeegeneral Erich Mielke zu berichten war, dann hatte er unterzeichnet: Bezirksverwaltung für Staatssicherheit Karl-Marx-Stadt, Leiter. Gehlert, Generalleutnant. Einen Vornamen hatte er nie.

Er kommt mir ein paar Schritte entgegen. Ich sehe, daß seine ausgestreckte rechte Hand zittert. Ob er heute noch so schwungvoll unterschreibt? Das G reichte fast über drei Zeilen.

Seine Stimme ist leise.

»Katarina, darf ich Katarina sagen?«

Warum denn nicht? Für mich ist das in Ordnung. Ich denke mir, wie komisch es für ihn sein müßte, mich mit Frau Witt anzusprechen. Ich bin ja keine Fremde für ihn, er weiß so viel über mich, hat in mein Schicksal eingegriffen hinter den Kulissen, hatte Macht, wurde geachtet, gefürchtet und hofiert, wie es üblich ist bei Männern in solchen Positionen. Aber für ihn hat sich jetzt alles geändert. Generalleutnant a. D. Gehlert wirkt wie ein kranker, ein gebrochener Mann. Er versucht ein Lächeln, es läßt ihn verletzlich erscheinen und verschwindet schnell wieder aus seinem müden Gesicht.

Ist er nur Täter? Ist er auch Opfer? Wie sehr hat er sich in mein Leben eingemischt? Ich will mehr wissen als nur das, was ich in den Akten gelesen habe. Was habe ich für die Stasi bedeutet, für die SED, für die DDR?

»Ich bringe dich mit ein paar Leuten zusammen, die alles wissen«, hat Diestel gesagt. Und nun sitzen wir hier bei ihm am Zeuthener See, eine halbe Autostunde von Berlin entfernt, Generalleutnant Gehlert, Generalleutnant Dr. Günther Möller, der ehemalige Leiter der Spionage-Abwehr, und Egon Krenz, der letzte Sekretär des Zentralkomitees der SED, der letzte von der Volkskammer gewählte Staatsratsvorsitzende der DDR, der Mann nach Honekker.

Sie kennen sich alle, Gehlert, Möller und Krenz haben sich zur Begrüßung herzlich und wehmütig umarmt. Für sie war alles besser vor der Wende.

Egon Krenz sagt zu mir: »Du sitzt neben einem Mann, der vielleicht bald wegen vier Verbrechen angeklagt wird.« Er verzieht sein Gesicht und entblößt seine Biberzähne. Früher hat er anders gelächelt, mit einer selbstsicheren Fröhlichkeit, die keinen Widerspruch duldete. Heute ist sein Lächeln angestrengt, ohne Überzeugungskraft. So wohl ist ihm offenbar nicht. So wenig wie den beiden anderen, Gehlert und Möller, den ehemaligen Generälen.

Die drei wirken, als wären die armen Verwandten zu Besuch bei Millionärs.

Gastgeber Diestel, letzter Innenminister der DDR und Stellvertretender Ministerpräsident, von Kopf bis Fuß ein Polit-Yuppie. Wenn sein Anzug nicht nach Maß geschneidert ist, dann ist er wenigstens von Armani oder Boss. Diestel ist einer von diesen penetrant aktiven, immer optimistischen Männern, von denen man den Eindruck hat: Sie fallen nur selten im Leben, und wenn, dann schütteln sie sich kurz und springen gleich wieder auf. Er war mal DDR-Vizemeister im Handmelken, hat dann studiert, ist Dr. jur., heute Landtagsabgeordneter und Inhaber einer der größten Anwaltskanzleien in der ehemaligen DDR. Er versucht, wie ein Twen zu lächeln und als Frauentyp zu wirken. Dafür strengt er sich auch an, man sieht am Oberkörper, daß er Bodybuilding macht. Nicht im Osten und nicht im Westen. Der Mann fällt aus dem Rahmen, seine Umgebung auch. Das Grundstück reicht bis zum Seeufer. Das Wohnhaus, über dessen Herkunft allerlei behauptet wird, sieht aus wie eine luxussanierte Villa. In der Einfahrt parkt, neben dem Kleinwagen von Krenz, ein Mercedes Cabrio, blaumetallic. Die Nummer P (für Potsdam) – MD 40 erübrigt die Frage nach dem Besitzer. Peter-Michael Diestel hat sich den Wagen wohl zum 40. Geburtstag geschenkt.

»Ihr habt euch die falschen Freunde ausgesucht«, sagt Diestel irgendwann im Lauf des Abends.

Möller, Gehlert und Krenz, die Diestel eigentlich eingeladen hat, damit ich mehr über die Stasi erfahre, haben sich offenbar längere Zeit nicht mehr gesehen und sind vor allem mit ihren eigenen Erfahrungen seit der Wende beschäftigt. Vieles hätte anders werden sollen, müssen, können. Sie erzählen sich gegenseitig ihre Theorien, warum es mit der DDR zu Ende ging, warum so und wer dafür verantwortlich war. Es fallen Namen von sowjetischen Geheimdienstlern, die wohl alles schon lange vorher wußten, aber nichts sagten.

»Es steht ja wohl fest, daß der Vietnamkrieg ein Verbrechen war«, sagt Dr. Möller. »Aber als die Amis rausgingen aus Saigon, haben sie Hubschrauber geschickt und alle Vietnamesen mitgenommen, die mit ihnen zusammengearbeitet haben. Das war anständig. Uns haben die Russen im Stich gelassen.«

Gehlert sagt: »Sie haben uns verkauft.« Kein Wort von eigener Verantwortung.

Diestel war nie in der SED. Es hat sich gelohnt. Wir sitzen in seinem Speisezimmer. Die englischen Möbel haben den gepflegten Glanz gerade gekaufter Antiquitäten. An den Wänden hängen gerahmte Doktor-Urkunden seiner Vorfahren und der seiner Frau (einer war Finanzberater von Goethe). Diestel sagt, zwischen zwei Gabeln Lasagne: »Ihr habt wirklich die falschen Freunde gehabt.«

Krenz und Möller gehen darüber hinweg, sie sind offenbar so, wie sie wirken, robust. Gehlert fällt bei solchen Bemerkungen noch ein Stück in sich zusammen. Er ist nicht viel größer als 1,65 Meter. Früher ist mir das gar nicht aufgefallen. Aber jetzt hängt er grau und schmal in seinem Konfektionsanzug von dieser grau-braunen Unauffälligkeit, mit der die DDR ihre Bürger jahrzehntelang wie mit Uniformen ausgestattet hatte. Über die Menschen, denen sie viel mehr angetan haben, als sie jetzt leiden, fällt kein Wort.

Ich merke, daß das Treffen schnell die Atmosphäre eines Kameradschaftsabends annimmt. Ich will aber nicht wissen, was hätte werden können, wenn ... Ich will wissen, ob Diestels melodramatische Behauptung stimmt, ich hätte eine Art Mata Hari werden sollen. Zu einer Agentin nach dem Vorbild der legendären Holländerin, deren Waffen Schönheit und Charme waren, die im 1. Weltkrieg der Spionage für Deutschland beschuldigt und erschossen wurde.

»Also, wie war das? Sollte ich wirklich für die Stasi spionieren?«

Gehlert schaut Krenz an, als wüßte der es besser. Krenz sagt nichts.

Gehlert fängt stockend an. »Also, Egon, das war so. Eines Tages kommt mein Erster Sekretär, dein Freund, das Mitglied des Politbüros Siegfried Lorenz, aus Berlin zurück, von einer Sitzung des Politbüros, nach der ihr euch zwei Stunden, sagt er, zurückgezogen habt.

Der Egon, sagte mein Freund Sigi, ist der irrigen Ansicht, es gebe die Idee, die Katarina zur Stellvertreterin von Mischa Wolf zu machen.«

Wir lachen, Egon Krenz am lautesten. »Die Katarina als Stellvertreterin von Mischa Wolf, also ich bitte dich ...«

»Du brauchst mich nicht zu bitten«, sagt Gehlert, »wir haben ja gesagt, wir wollen ehrlich sein. Ihr seid doch die Chefs gewesen, wir haben doch immer nur gemacht, was ihr gewollt habt.«

»Wer ist ihr?«

»Also Egon, ihr, die Partei.«

»Partei waren wir alle.«

»Ja, ja, das hat Lenin gesagt, wir alle sind die Partei. Aber ihr habt befohlen, und wir haben uns umgedreht und alles erledigt. Und jetzt sind wir alles gewesen, wir müssen alle Sünden fressen.«

Ich will nicht wissen, wer wem die Schuld wofür gibt. Ich mische mich ein, ehe weiter alte Rechnungen aufgemacht werden:

»Also, ich sollte Stellvertreterin von Mischa Wolf werden?»

Ich schaue Egon Krenz an, aber Gehlert kommt wieder aufs Thema zurück. »Sigi Lorenz und ich, wir haben uns angeguckt, und Sigi sagte: Es ist unglaublich, daß die in der Führung auf solche schizophrenen Ideen kommen.«

»Wann soll denn das gewesen sein?« fragt Krenz.

»Na damals, als das war mit den Auslandsstarts, mit Holiday on Ice und dem Film.«

»Also 1988«, sagt Krenz. Er überlegt wie ein Mann, der befürchtet, daß jedes Wort gegen ihn verwendet werden könnte. Er hat schon vor so vielen Untersuchungsausschüssen und Gerichten ausgesagt, das hat offenbar seine früher so ausgeprägte Wendigkeit verkümmern lassen. »Es stimmt, ich habe mich oft mit Siegfried Lorenz unterhalten. Die Katarina ist ja mit so vielen Leuten zusammengetroffen, und da kam dann tatsächlich mal diese Geschichte auf...«, Krenz macht eine Pause, als würde er diesen Satz am liebsten wieder zurücknehmen, »... aber ich habe das nie ernsthaft in Erwägung gezogen.«

Krenz hält das Thema für erledigt, aber Gehlert ist nicht zufrieden. Mir reicht das auch nicht. Es war wohl doch was dran, irgendwo gab es die verrückte Idee von einer Katarina Witt, die der Stasi nützlich sein könnte, nur: Heute will es keiner mehr gewesen sein. Ich brauche aber nicht nachzuhaken, Gehlert macht das.

»Also, so einfach kommst du mir nicht davon, Egon. Ich leide zwar mit schon fast Siebzig an Sklerose, und mir entgeht schon mal was, aber ein paar Sachen kann ich mir doch noch merken, bis ans Grab. Ihr, du und der Sigi Lorenz, ihr habt euch doch immer nach euren Sitzungen noch zurückgezogen ...«

»... und die Regierung abgesetzt und eine neue eingesetzt«, lacht Krenz.

»Hättet ihr das mal gemacht«, sagt Gehlert, »hättet ihr das mal gemacht ...«

Krenz lacht weiter. »Das sagt meine Frau auch immer.«

Gehlert ist vom Scherzen weit entfernt. »Hättet ihr das mal gemacht. Dann hätten wir jetzt vielleicht auch die Einheit, aber unter anderen Bedingungen, und wir müßten nicht in den Knast, müßten uns nicht vor Gott und der Welt verantworten. Aber da wollte ich jetzt gar nicht hin. Du hast mit Sigi über Katarina gesprochen, und dabei ...«

»... wir haben über vieles gesprochen, auch über Katarina. Aber nie war im Ernst geplant, sie für die Stasi einzusetzen.« Krenz sagt: »Ganz ehrlich. Natürlich habe ich es für selbstverständlich gehalten, daß sich die Staatssicherheit um Katarina kümmert. Eine solche Frau wie Katarina, die stand ja auch bei der Gegenseite auf der Liste, das muß man doch auch mal sehen. Dafür gab es ja auch andere Beispiele.«

Zum erstenmal beteiligt sich Möller an der Diskussion: »Es war schlicht undenkbar, Spitzensportler als Kundschafter für uns arbeiten zu lassen. Man stelle sich nur mal vor, wir hätten tatsächlich Katarina Witt verpflichtet, und das wäre auf irgendeine Weise, damit muß man ja immer rechnen, bekanntgeworden: Der politische Schaden wäre höher gewesen als jeder Nutzen, den sie uns je hätte bringen können. Undenkbar ...«

So undenkbar, wie Möller das jetzt darstellt, kann es wohl doch nicht gewesen sein. Oder nicht immer.

Eines Tages hatte mir Manfred Ewald, damals als Präsident des DTSB der mächtigste Mann im DDR-Sport, einen dicken Aktenordner überlassen. Nur für vierundzwanzig Stunden. Es waren alle Werbe-, Film- und Revue-Angebote aus den Jahren 1984 bis 1988. Ich habe zusammengerechnet, was ich hätte verdienen können:

5,3 Millionen Mark, D-Mark. Das wäre mein Geld gewesen. Einige Offerten waren jüngeren Datums und sicher noch zu realisieren, doch man wollte mich nicht in die Werbung oder in eine Profi-Laufbahn entlassen.

»Das ging einfach nicht«, sagt Egon Krenz. »Wir hatten da mal ein Angebot einer französischen Parfum-Firma. Nun stell dir mal vor, du trittst im ZDF oder in der ARD auf und machst Reklame für ein französisches Parfum, da wissen die Menschen ja gar nicht mehr, was sie davon halten sollen. Was da an Neid entstanden wäre. Das war ja so schon schlimm genug. Da kamen doch alle möglichen Gerüchte auf. Du würdest einen Mercedes fahren und Schmuck für Hunderttausende besitzen, das konnten wir einfach nicht zulassen.«

»Egon«, sage ich, »darauf will ich jetzt gar nicht raus. Jedenfalls bekam ich, kaum daß mir Ewald die Unterlagen über meine Angebote überlassen hatte, Besuch von zwei unauffälligen, freundlichen Herren. Mit den Werbeverträgen und mit der Profi-Karriere könne man schon was machen, sagten sie mir. Ich müßte nur eben für die Stasi was tun.«

Es wäre gelogen, wenn ich jetzt behaupten würde, ich hätte das Angebot gleich empört abgelehnt. Ich dachte daran, daß ich überhaupt noch keine klare Vorstellung von meiner Zukunft hatte. Daß ich mir ein Leben ohne Eislauf nicht vorstellen konnte. Ich überlegte mir, wie unabhängig man sein muß, wenn man fünf Millionen Mark hat. Aber dann erinnerte ich mich an die vielen Geschichten, die ich gehört hatte, von Sportlern, die utopische, für mich utopische Reichtümer verdient hatten und trotz oder gerade wegen des vielen Geldes in der Gosse gelandet und zugrunde gegangen waren. Ich dachte mir auch, daß ich in der DDR nie untergehen, daß mich der Staat nie fallenlassen würde.

Die beiden unauffälligen, freundlichen Herren kommen ein zweites Mal. Mit einem Papier, das ich nur zu unterschreiben brauche, es muß wohl eine Art Verpflichtungserklärung gewesen sein, dann geht alles in Ordnung mit den Werbeverträgen – ganz legal.

Ich nehme mir die nächste Bedenkzeit.

Das dritte Treffen dauert drei Stunden, dann gehen die Herren. Sie nehmen ihr Papier wieder mit, ohne Unterschrift.

»Wo kamen die denn her?« fragt Egon Krenz.

»Ich weiß davon nichts«, sagt Gehlert.

»Das höre ich zum erstenmal«, sagt Dr. Möller.

Ich schaue Diestel an, der so geheimnisvoll von bislang unbekannten Stasi-Plänen gesprochen hatte, mit mir in der Hauptrolle als Mata Hari der DDR. Das war wohl nichts. Eine falsche Spur. Oder einfach die falschen Leute. Es sieht ganz nach einem verlorenen Abend aus.

Krenz kramt in seiner Aktentasche, zieht einen Zeitungsausschnitt heraus und liest vor: »Egon Krenz. 1 Million für Kati Witt. Und Schalck zahlte.« Da war am 6. 9. 1991 die Schlagzeile der Zeitung *Super!*. »Eine der vielen Schweinereien, die man uns nach der Wende angetan hat«, schnaubt Krenz in tiefstem Selbstmitleid und zitiert: »Seit Tagen wird Schalck-Golodkowski in einem geheimgehaltenen Haus bei Bonn vom Bundeskriminalamt verhört. Es geht um KoKo-Milliarden, Spionage und SED-Machenschaften. Dabei hat er ein unglaubliches Geständnis gemacht: ›Egon Krenz gab mir Anweisung, Kati Witt als Belohnung für ihre Olympiasiege 84 und 88 eine Million Mark in Westwährung in bar auszuzahlen ... Ich habe es getan. Außerdem bekam ich den Auftrag, für sie im Westen einen roten VW-Golf als Geschenk zu beschaffen. Das habe ich auch getan.‹«

Ich erinnere mich an die Geschichte, wir sind damals vor Gericht gegangen und haben durchgesetzt, daß diese falschen Behauptungen nicht mehr wiederholt werden durften. Denn das hat von hinten bis vorne nicht gestimmt. Allerdings: Ich habe mal Geld bekommen, viel Geld.

Und tatsächlich hatte Egon Krenz damit zu tun, auch Manfred Ewald. Von Schalck-Golodkowski wußte ich nichts. Und daß die Regierung der DDR sich damit beschäftigt hat, bis hin zu Erich Honecker, das erfahre ich an diesem Abend zum erstenmal.

»Da gab es so eine kleine Erpressung von dir, Katarina«, beginnt Egon Krenz. »Das war eine Bemerkung in Calgary, da hast du nach dem Gewinn der Goldmedaille gesagt, du könntest dir vorstellen, in einer Eisrevue zu laufen. Dieser Satz hat beim Mittagessen im sechsten Stock (das war buchstäblich die oberste Etage) eine Rolle gespielt, und Erich Honecker hat gesagt: ›Na, soll sie doch.‹ Der hatte aber nicht mitgekriegt, daß das bedeutet, Profi zu werden. Das war das eigentliche Problem. Das konnten wir doch nicht so machen, weil dann ja auch Fußballer und Radfahrer gekommen wären und hätten gesagt: Jetzt aber wir auch. Du bist dann aus Calgary zurückgekommen, ich habe euch abgeholt, da hast du mir diesen Cowboyhut geschenkt, der hängt heute noch bei meinem Sohn im Zimmer. Die Frau Müller hat mich zur Seite genommen und gesagt: ›Wir müssen was mit Kati machen. Ihr müßt die jetzt mal zur Revue lassen.‹ Dann haben wir uns im Gästehaus der Regierung zu einem Abendessen getroffen, um das zu besprechen.«

Ich erinnere mich noch daran, daß es damals eigentlich nur darum ging: Die Witt als Profi, wie erkläre ich das meinen DDR-Bürgern. »Wir mußten eine Legende finden«, sagt Krenz. Und das war dann auch nicht so schwer, denn ich hatte ja schon ein Schauspielstudium angefangen und würde dann einfach nicht mehr im Sport, sondern in der Kunst geführt. Revue hätte ja auch mit Sport nichts mehr zu tun, nach dem Verständnis der DDR.

Das mußte nur noch den Sportfunktionären beigebracht werden. »Das war am Ende ganz einfach«, sagt Krenz. »Ich hatte mich mit Ewald unterhalten, der ja auf keinen Fall zulassen wollte, daß du zur Revue gehst. Ich habe ihn mit einem einzigen Satz überzeugt. »Was willst du denn, du bist doch ein ausgesprochenes Arschloch, Entschuldigung, du kannst doch gar nicht verhindern, daß das Mädel seinen Willen durchsetzt, die braucht doch bloß aus dem Westen nicht mehr wiederzukommen.«

Und dann hat es geheißen, in Ordnung, aber das Mädel braucht Kapital, wenn sie sich was bei der Revue aufbaut, so etwa 750 000 D-Mark. Das war in der DDR viel Geld, das mußte Honecker »abnicken«.

Ich verstehe das nicht ganz. »Wieso sollte ich denn, wenn ich zur

Revue gehe, 750 000 Mark brauchen, die Revue ist doch da, ich brauche doch da nichts aufzubauen?«

»Das weiß ich nicht, mir ist es so gesagt worden«, antwortet Krenz, und er will ganz schnell weiterreden. Ich denke, er spürt, daß ich ihm diese Naivität nicht abnehme. Sie verträgt sich nicht mit seiner Schlitzohrigkeit, und auch nicht mit 750 000 Mark. Bei dieser Summe mußte selbst ein Politbüro-Mitglied ins Grübeln geraten. Da muß er sich doch etwas genauer informiert haben, schon um sich selbst abzusichern. Daß Egon Krenz eine Dreiviertelmillion West besorgt, nur weil es ihm »so gesagt worden« ist, das kann ich mir beim besten Willen nicht vorstellen.

Ich denke, daß die Sportfunktionäre damals einen Plan hatten, an dessen Realisierung Krenz, möglicherweise unfreiwillig, mitgewirken sollte. Vielleicht kann er meinen Verdacht bestätigen, den ich schon damals, 1988, hatte. »Der Ewald hat das Geld als Geschenk deklariert. Und es wurde so getan, als wäre das jetzt die Entschädigung dafür, daß ich, anders als die Sportlerinnen und Sportler im Westen, meine zwei Olympiasiege und die anderen Titel eben nicht in Geld umsetzen konnte. Aber wahrscheinlich war der Plan, mich mal ein Jahr bei der Revue laufen zu lassen und mich dann zurückzuholen mit der Begründung, mein Wunsch wäre jetzt erfüllt, Geld müßte ich nicht verdienen, ich hätte ja die 750 000 Mark. Und so hätten die mich aus dem Verkehr gezogen.«

»Davon weiß ich nichts«, sagt Krenz. »Es hat geheißen, du brauchst 750 000 Mark. Das habe ich dem Honecker geschrieben, der hat sein Einverständnis druntergesetzt, dann habe ich dem Finanzminister Höfner geschrieben, und danach habe ich mich mit einem gemeinsamen Bekannten in Verbindung gesetzt...«

Diestel unterbricht: »Wenn er gemeinsamer Bekannter sagt, meint er Schalck-Golodkowski.«

Krenz: »Das Geld ist jedenfalls ganz legal besorgt worden. Als Kredit.«

»Als Geschenk«, protestiere ich. »Wozu hätte ich denn einen Kredit gebraucht, ich konnte doch bei der Revue genug verdienen. Ich wollte das verdammte Geld nicht. Ich wollte eislaufen.«

Aber das spielt alles längst keine Rolle mehr. Das Geld, ob Geschenk oder Kredit, ist zurückbezahlt.

»Katarina«, sagt Gehlert, »immer, wenn die Berliner sich eingemischt haben, gab es nur ein Durcheinander. Wir in Karl-Marx-Stadt haben das besser gemacht.«

»Was habt ihr denn alles gemacht, und warum?« will ich wissen.

»Also, wir hatten den Auftrag, und zwar von ganz oben, dich zu unterstützen. Nicht zu bearbeiten, zu unterstützen. Du warst ja auch, das darf man ruhig sagen, die Prinzessin des Ersten Sekretärs ...«

»Sie meinen, Siegfried Lorenz?«

»Ja, Siegfried Lorenz. Wir sollten dafür sorgen, daß du dich wohl fühlst, daß dir nichts fehlt – und daß du nicht im Westen bleibst. Siegfried Lorenz hat übrigens nie geglaubt, daß du eines Tages nicht mehr zurückkommen könntest. Das hat er zwar bei vielen nicht geglaubt und sich getäuscht, aber bei dir war er ganz sicher. Aber ich muß sagen, ich habe schon schlaflose Nächte deswegen verbracht, die Situation war manchmal unerträglich, so viele sind nicht mehr nach Hause gekommen. Die Versuchung war ja doch sehr groß im Westen, und was konnten wir schon dagegen tun, dir mal einen roten Golf besorgen. Da mußte ich mit Lorenz noch streiten. Der schimpfte: Was sagen denn da die Leit', die soll ein Auto aus der DDR fahren, im Höchstfall einen Lada 2107, dunkelblau, aber keen roten Golf. Mach' keen Zirkus, sag' ich, wenn das Mädle een roten Golf will, dann bekommt sie een. Wenn sie in den Westen geht, kann sie mit einem Porsche oder Mercedes fahren.«

»Was wäre denn passiert, wenn ich eines Tages wirklich nicht mehr wiedergekommen wäre?«

»Dann wär' der Genosse Siegfried Gehlert Generalmajor geblieben und nicht Generalleutnant geworden«, antwortet Möller.

»Da gibt es ja so Geschichten wie mit dem Fußballer Lutz Eigendorf, von dem es heißt, die Stasi habe den Autounfall inszeniert, bei dem er gestorben ist. Habt ihr solche Sachen wirklich gemacht?« frage ich.

»Nein«, sagt Möller, »solche Sachen sind Phantasiegespinste, so etwas gab es nicht.« Er reagiert ganz nüchtern, kein gespieltes Entsetzen, nicht die Spur beleidigt. Deshalb klingt er bei der Antwort sehr glaubwürdig. »Bei Ihnen hätte man sicher dafür gesorgt, daß Ihre Eltern Sie im Westen besuchen, Sie zur Rückkehr bewegen. So etwas ist tatsächlich gemacht worden. Aber Mord – auf keinen Fall.«

»Ja, wir von der Stasi, uns kann man jetzt alles anhängen«, Gehlerts Stimme ist voller Resignation. Er erzählt vom Bezirkskrankenhaus Karl-Marx-Stadt. Vom Personal hatte er hundertvierundvierzig Ausreiseanträge vorliegen. Der Operationssaal mußte wegen Explosionsgefahr geschlossen werden. »Ich habe in Ungarn Operationstische, in Schwerin Anästhesiegeräte besorgt, anderswo die Fliesen, die Soldaten wurden abkommandiert und mußten die Patienten tragen, weil die Fahrstühle defekt waren. Ich habe das Dach decken lassen, als es in die Säuglingsstation durchgeregnet hat, ich habe alles dafür getan, daß das Personal blieb. Und heute steht in der Zeitung, der Gehlert hat die Ärzte bestochen. Wir von der Stasi, wir sind eben die Bösen und müssen das ewig bleiben.«

Ich weiß, daß Gehlert zu den Männern gehört, die überzeugt waren vom Sozialismus und von ihrem Staat. Und jetzt, mit beinahe siebzig Jahren, wird ihm praktisch gesagt: Der Sozialismus, die DDR – alles, woran du geglaubt hast, war ein einziger Irrtum. Und alles, was du getan hast, um deinem Staat zu dienen, war minderwertig, unmoralisch, vielleicht sogar verbrecherisch. Die Bilanz, die von anderen gemacht wird, ist die Bilanz eines durch die politische Entwicklung plötzlich verpfuschten Lebens. Und dagegen kann er sich nicht wehren. Will er es überhaupt? Glaubt er selbst, er war anständig? Vielleicht weil ein Unrechtssystem erst gar kein schlechtes Gewissen aufkommen läßt?

Diestel sagte mir, Gehlert habe Zucker. Am frühen Abend hat er Kuchen gegessen, inzwischen ist er schon beim dritten oder vierten Bier. Und während ich darüber nachdenke, ob Gehlert bewußt alles vergißt, was ein Zuckerkranker beachten sollte, ist auf der anderen Tischseite von Toten die Rede. Es fallen Namen wie Böhm, Lande, Stasi-Mitarbeiter, die den Freitod gewählt haben nach der Wende.

»Selbstmord«, sagt Diestel, »das ist feige, das ist eine Flucht, Mutlosigkeit, und es ist der bequemste Ausweg.«

Ich schaue Gehlert an und denke mir: Wenn du da mal recht hast, und wenn du weißt, wovon du redest.

Ich überlege, ob Diestel so unsensibel ist oder ob er einfach Sentimentalität verhindern will, die bei Gehlert im Lauf des Abends immer stärker wird. Viele sind so wie er, reden und reden, und aus jedem Satz spricht ihre unerfüllbare Vergangenheitssehnsucht. Sie reden von der DDR mit dieser Weißt-du-noch-die-gute-alte-Zeit-Mentalität, in der es dann plötzlich kein Unrecht mehr gegeben haben soll, weil man sich ein vielleicht mal vorhandenes Unrechtsbewußtsein schließlich weggequatscht hat.

Ich muß Gehlert fragen: »Sie haben mich nicht nur unterstützt, Sie haben mich auch überwacht. Warum?«

»Wir mußten Sie schützen, das war unser Auftrag.«

»Mußten Sie mich auch in meiner eigenen Wohnung schützen?«

Er sieht mich fragend an.

»Aus den Protokollen geht hervor, daß in meiner ersten eigenen Wohnung in Karl-Marx-Stadt Wanzen gewesen sein müssen, daß Sie mich abgehört haben. Da, aber auch in Hotels.«

Ich könnte ihm auch noch sagen, daß ich in meinem Schlafzimmer einen Spiegel an der Decke hatte und daß es mich schüttelt vor Entsetzen, wenn ich daran denke, daß dahinter vielleicht eine Kamera installiert war.

»Das haben wir nicht getan, ich schwöre es«, sagt Gehlert.

»Aber Sie müssen es gewußt haben.«

»Na ja, ich wußte, daß es da eine Abteilung Zwanzig-eins gab, die in Berlin angebunden und zur Überwachung von Leistungssportlern da war. Aber ich habe nicht gewußt, was die machen, auch bei der Stasi wußte nicht jeder alles. Das war, wenn man so will, ja gerade die Stärke der Staatssicherheit, daß einer in seinem Zimmer saß und nicht wußte, was der im Nebenzimmer macht.«

Ich weiß aus den Akten, daß Gehlert Berichte über mein Privatleben gesehen, bearbeitet und nach Berlin weitergegeben hat. Viele kamen von einer Abteilung 26. Wer war das?

Möller hat die Antwort sofort parat: »Die Abteilung 26, das war die für physikalische Aufklärung, sie hat die Überwachung mit technischen Hilfsmitteln betrieben.«

»Mit denen hatten wir nichts zu tun«, sagt Gehlert. Ich schaue Egon Krenz an. Was weiß er?

Er war schon immer ein Mann der schnellen Reaktionen, der Blick genügt, ich brauche ihn gar nicht zu fragen. »Wir haben entschieden, daß die Stasi dich betreut. Was dann für Einzelentscheidungen getroffen wurden, darum konnten wir uns nicht auch noch kümmern.«

»Warum war ich so wichtig, wo wurden die Entscheidungen über mich, für mich getroffen?«

»Also, es war nicht so, daß du pausenlos das Zentralkomitee oder das Politbüro beschäftigt hättest. Auch das, was ich nachher gelesen habe, daß du das Lieblingskind von Erich Honecker gewesen wärst, das ist natürlich Quatsch«, beginnt Krenz. »Aber es ist schon richtig, er mochte Eiskunstlauf lieber als Fußball oder Eishockey, und er ist auch mitten in der Nacht aufgestanden, wenn du, wie in Calgary, in Übersee gelaufen bist. Er war insgesamt sportbegeistert. Daß er dich geschätzt hat, das war nichts Ungewöhnliches. Natürlich warst du für uns besonders wichtig. Wir haben doch alle ein wenig unter diesem im Westen verbreiteten Urteil gelitten, die Sportler in der DDR wären alle graue Mäuse, verbissene, planerfüllende Kampfmaschinen, freudlose Sieger. Und dann kamst du und hast all das widerlegt.

»Also könnte man sagen, daß Katarina ein hohes Maß an Kenntnis über die Zusammenhänge, das Funktionieren der Strukturen und eine große Bereitschaft zur Nutzung dieser Kenntnis hatte, zu ihrem eigenen Vorteil.« Diestel genießt seinen eigenen Satz mit einem unverschämt breiten Lächeln. Nicht viele können Bösartigkeiten so elegant bringen, wie in Geschenkpapier verpackt.

»Die Katarina wußte schon, wo's langgeht«, sagt Krenz, »aber das mußte sie auch, sonst wäre sie nur ausgenutzt worden.«

»Egon, mir war schon klar, daß es keinen Sinn macht, wenn ich zum Beispiel zum Klubvorsitzenden gehe. Ich habe schon gewußt, daß ich auf die höchste Ebene muß und daß du die entscheidende Instanz für mich bist.«

»Das war schon kompliziert, da gab es Eifersüchteleien, der Sport wollte sie haben, Karl-Marx-Stadt wollte sie nicht aus den Händen lassen. Du warst ja für den Bezirk dort schon ein Schmuckstück...«

Diestel schon wieder: »Für jeden, Egon, für jeden.«

»Ich fühlte mich ja auch irgendwie ausgenutzt, nicht nur materiell, das kam erst später. Aber wir Sportler mußten ja für euch den Kampf Kommunismus – Kapitalismus austragen. Und da haben wir alle nicht verstanden, warum das damals gehen mußte bis zum Boykott der Olympischen Spiele. Das fand ich unfair, daß ihr drangegangen seid und gesagt habt, wir machen da mal ein politisches Statement und nehmen einfach nicht teil. Es hat auch überhaupt nicht interessiert, daß dabei nur die Sportler zu kurz gekommen sind. Da haben so viele Jahre ihres Lebens geopfert, haben sich geplagt, und dann sagt ihr einfach: Is nich...«

»Da muß ich mal sagen, daß die DDR da dagegengehalten hat. Wir wollten das nicht, wir waren 1984 gegen den Boykott. Honekker hat sich fast mit Tschernenkow angelegt und hat einen Brief geschrieben, daß wir das nicht akzeptieren. Und da hat uns die Sowjetunion die Abschrift eines Briefes geschickt an Marchais, den französischen Kommunistenführer. Der hatte auch gegen den Boykott protestiert, und dem haben sie geantwortet. Uns haben sie nur die Antwort an ihn geschickt, das war alles. Die haben es nicht mal für nötig gehalten, auf Honeckers Brief einzugehen.

Da gab es dann später auch ein Problem wegen Seoul. Gorbatschow hat auch rumlaviert. Da hat Honecker gesagt: Wir haben schon überlegt, wir fahren hin. Also, die DDR hat sich nicht immer gebeugt, sie hat schon versucht, die Interessen der Sportler zu vertreten. Das ist ja auch anerkannt worden«, sagt Krenz und zieht einen Zettel aus der Tasche. »Ich habe heute im Archiv gekramt und einen Ausschnitt aus dem *Neuen Deutschland* gefunden. Da ist ein Glückwunsch von Antonio Samaranch an Erich Honecker abgedruckt:

Sehr geehrter Erich Honecker,

nach Abschluß der 15. Olympischen Winterspiele in Calgary möchte ich Ihnen meine herzlichen Glückwünsche für die wirklich bemerkenswerten und außergewöhnlichen Ergebnisse der Sportler Ihres Landes übermitteln. Sie sind ein wahrhaftes Beispiel für die Jugend der Welt und tragen durch ihre Erfolge und Leistungen in hohem Maße zur Stärkung von Brüderlichkeit, Kameradschaftlichkeit und Frieden bei.

Mit herzlichsten Grüßen,

Ihr A. Samaranch.

Hier gab es schon eine große Anerkennung für den Sport in der DDR und natürlich auch für Katarina. Der Samaranch hat sich nicht von uns distanziert, wie das im Westen oft Mode war, er hat da schon Charakter bewiesen. Auf der anderen Seite wußte er wohl auch, daß er nur IOC-Präsident wurde mit den Stimmen aus dem sozialistischen Lager.«

Es ist spät geworden, Gehlert, der dem Gespräch nur noch teilnahmslos folgt, will zurück nach Chemnitz. Diestel läßt ihm einen Chauffeur rufen. Ich will vorher nur noch eines wissen: »Könnte es sein, daß ich ohne mein Wissen als Inoffizielle Mitarbeiterin der Stasi, wie es mir vor einem Jahr vorgeworfen wurde, geführt wurde?«

»Sie waren keine Inoffizielle Mitarbeiterin. Wenn Sie dies gewesen wären, hätten Sie zunächst eine Verpflichtung unterschreiben müssen. Haben Sie eine Verpflichtung unterschrieben?«

»Nein«, sage ich.

»Dann waren Sie auch keine Inoffizielle Mitarbeiterin. Das wollten wir auch nicht. Sagen Sie doch mal, ob auch irgendwann einmal gesagt worden ist, Sie sollten was für uns erledigen.«

»Nein. Nicht direkt. Aber der Mitarbeiter des Ministeriums, der zu mir Kontakt hielt, der sagte schon mal: Du lernst doch so viele Leute kennen, die auch für uns interessant wären. Vor allem der Oskar Lafontaine. Den habe ich ja mal auch wirklich kennengelernt. Ich habe aber gleich gesagt, daß das Quatsch ist.«

»Da hat sich übrigens der Kohl beschwert«, fällt Krenz ein, »du hast da angeblich Wahlhilfe für den Lafontaine gemacht.«

Ich versuche mich zu erinnern. »Das war so eine Veranstaltung im Saarland, das ging von Honecker aus, der war doch geborener Saarländer...«

»Na, jedenfalls, der Günter Mittag hat den Helmut Kohl getroffen, ich glaube bei einer Messe in Hannover, glaube ich, und da hat Kohl gesagt, er fände es doch sehr eigenartig, daß die DDR mit der Katarina Witt in der BRD Wahlkampf macht.«

»Das war doch nur eine Schaulauf-Veranstaltung...«

»Das hat der Kohl wohl auch gewußt, er hat sich bei Mittag darüber beklagt, daß die Presse im Westen das so darstellt, als wäre es eine Wahlkampf-Veranstaltung für Lafontaine gewesen. Jedenfalls warst du», sagt Krenz, »Gegenstand eines Gesprächs zwischen Helmut Kohl und Günter Mittag.«

Alle lachen, bis auf Gehlert. Unvermittelt, als hätte er die Episode mit Kohl und Mittag gar nicht mitbekommen, fragt er: »Katarina, hat jemals jemand von Ihnen verlangt, Sie sollen eine Verpflichtung unterschreiben?«

Er hat meine Frage, ob ich als IM geführt worden sein könnte, offenbar als Vorwurf verstanden, und das scheint ihn zu quälen.

»Nein«, sage ich, »direkt verlangt hat das niemand, außer den beiden Herren, die mich dreimal besuchten. Obwohl, da gab es mal so eine Situation, da war das wohl beabsichtigt. Ich erinnere mich daran, daß mein Kontaktmann in Karl-Marx-Stadt unbedingt ein Bild von mir für den Herrn Mielke wollte.

Schreib' was Nettes drauf, hat er gesagt.

Was soll ich denn draufschreiben?

Schreib doch einfach: Für Herrn Mielke, immer im Dienst der Staatssicherheit, Ihre Katarina Witt.

Das habe ich nicht gemacht. Da habe ich draufgeschrieben: Für Herrn Mielke, zur freundlichen Erinnerung.

Also, der wollte unbedingt, daß ich das mit der Staatssicherheit schreibe, und dann hätte er ja praktisch eine Verpflichtungserklärung gehabt.«

»Verheerend wäre das gewesen«, sagt Diestel, »verheerend.«

Gehlert will das nicht so sehen. »Man könnte natürlich alles falsch auslegen. Zum Beispiel besitze ich auch ein Buch ...«

»... und da steht eine Widmung drin«, unterbreche ich ihn, weil mir einfällt, daß ich mich mal für ein Geschenk bei ihm bedankt habe.

»... da steht drin: Genossen Siegfried Gehlert, herzlichen Dank für die gute Unterstützung und weiterhin Gut Schuß, Katarina Witt.«

Ich weiß nicht, ob das bei einer unserer jährlichen Veranstaltungen war, zu der Siegfried Lorenz die Sportler immer im Dezember eingeladen hat und bei der es geschnitzte Nußknacker gab und sogenannte Jahresendfiguren mit Flügeln, das war das offizielle DDR-Wort für Weihnachtsengel. Vielleicht war es auch nach einer Weltmeisterschaft, jedenfalls hatte mir Gehlert in Gold gefaßte Grandln geschenkt, Eckzähne von einem Hirschen. »Von einem Zwölfender waren die, glaube ich?« frage ich Gehlert, der ein leidenschaftlicher Jäger war. Seine Augen leuchten zum erstenmal an diesem Abend. »Von einem Goldmedaillenhirsch. Die Hirsche waren in Klassen eingeteilt: Gold, Silber, Bronze. Die waren von einem Goldmedaillenhirsch.«

Der Schmuck ist leider weg. Einbrecher hatten ihn aus meinem Haus in Altenhof mitgenommen.

»Dann muß ich halt mal sehen, daß ich noch mal so einen Hirsch schieße«, sagt Gehlert, und er sagt es so, daß jeder am Tisch nichts anderes denken kann als: Damit wird es nichts mehr werden. Macht, Bedeutung, Privilegien, damit hat der Generalleutnant a. D. nichts mehr zu tun. Er lebt mit seiner Erinnerung an die Vergangenheit, die vieles verklärt, und von achthundertzwei D-Mark Rente, die ihm der neue Staat, an den er sich nicht mehr gewöhnen wird, zugebilligt hat. Ich frage mich, wie viele Menschen es gibt, die sich wie Gehlert zurücksehnen nach der DDR. Ich begleite Gehlert zum Wagen, wir kommen an meinem Golf vorbei, den er 1988 besorgt hat. Es ist der einzige Golf in »Bonzenrot«, die Farbe hat die Zeitung *Super!* extra für mich erfunden.

Ich habe eine letzte Frage: »Kann es sein, daß irgendwo, außerhalb der Gauck-Behörde, noch Akten über mich existieren?«

»Das weiß ich nicht«, sagt Gehlert. »Ich bin am 6. 12. 1989 beurlaubt worden, hatte zwei Stunden Zeit, mein Zimmer auszuräumen, meine persönlichen Sachen zu packen. Und seitdem bin ich . . .«

Den Satz spricht er ganz leise zu Ende, ich bin nicht ganz sicher, ob ich ihn richtig verstanden habe. Ich glaube, er hat gesagt: ». . . niemand mehr.«

Gemeint hat er es auf alle Fälle.

Ich gehe mit Diestel ins Haus zurück. »Der war also auch Jäger«, sagt er. »Der ganze Apparat, vom Genossen Staatsratsvorsitzenden angefangen, bestand aus Waffennarren. Die hatten ja alle bis zu hundertzehn Jagdgewehre. Als Innenminister habe ich zur Wende ganze Arsenale sicherstellen lassen. Ich habe mir mal das Lager angesehen, da waren echte Prachtstücke dabei. Zum Beispiel von Honecker. Da habe ich einen wunderschönen Bärenstutzen gefunden, so ein kurzes Gewehr, Repetierer, geschnitzt, vergoldet, mit Elfenbein. Mit Widmung: ›Meinem lieben Freund Erich Honecker zum 75. Geburtstag in Treue fest (oder so ähnlich). Berthold Beitz.‹ Wegen diesem Stutzen wurde dann mal, als Honecker nicht mehr da war, bei mir im Innenministerium ganz verschämt und heimlich angefragt. Ob man die Waffe vielleicht irgendwie zurückhaben könnte.«

»Und«, frage ich, »hast du sie rausgegeben.«

»Nein, solange ich im Amt war, blieb sie da. Aber heute ist sie bestimmt nicht mehr aufzufinden.«

Wir sind im Haus zurück, Krenz hat die Waffengeschichte noch mitbekommen. »Ja, der Beitz«, beginnt er mit einem spöttischen Lächeln. »Als Erich Honecker von Samaranch den höchsten Olympischen Orden bekam, ließ sich Beitz zu der Frage hinreißen, wann denn das Sportland DDR endlich die Olympischen Spiele veranstaltet. Das war 1985. Das muß man sich mal vorstellen. Was sind wir hofiert worden. Und heute will natürlich keiner mehr etwas davon wissen. Das ist denen heute alles peinlich, so peinlich.« An diese

Gesprächspassage muß ich später denken. Es ist Berthold Beitz, der den Saal verläßt, als ich auf Einladung von Juan Antonio Samaranch vor dem IOC in Lausanne eine Rede halte und dabei den Mißbrauch der Olympischen Spiele durch die Politik erwähne – und auch Berlin 1936.

Ich denke darüber nach, wie sich Krenz fühlen muß nach der Wandlung vom Staatsmann zur Unperson, vom Mann, an den sich so viele drängten, zum Außenseiter. Und ob er das so wegsteckt, wie er manchmal den Eindruck macht – oder machen will? Ob sein Lächeln noch echt ist oder oft einfach nur Fassade?

»Am meisten ärgern mich diese Opportunisten, die in der DDR profitiert haben und jetzt so tun, als wären sie vom Staat verfolgt worden«, bricht es aus ihm heraus. »Diese vielen Widerstandskämpfer, diese selbsternannten. Da lese ich in der Zeitung, daß dieser Sänger da, dieser Schokoladenheini aus Dresden, dieser Unterhaltungskünstler, daß er von soundsovielen Stasi-Mitarbeitern bespitzelt worden ist, und stellt sich als Opfer dar. Dazu fällt mir ein, daß der beim letzten Olympiaball 1988 aufgetreten ist. Und weil ich mich nie gerne habe überraschen lassen, auch bei solchen Veranstaltungen nicht, bin ich zur Generalprobe gegangen. Und da stand dieser Widerstandskämpfer, ich habe mich in einer Pause mit ihm unterhalten, und sagte: Was habt ihr denn immer mit diesem Theo Adam, warum nehmt ihr den denn immer, warum laßt ihr denn den immer singen, der läuft euch doch eines Tages sowieso weg. Ich habe dem damals keine Bedeutung beigemessen. Aber da frage ich mich jetzt doch: Was war denn das? Und jetzt stellt er sich hin und sagt: Alle Leute haben mich verpfiffen. Also ich muß schon sagen: Pfui Teufel.«

Ich werde langsam müde, mein Interesse an diesen Geschichten hält sich auch in Grenzen. Diese Abrechnungen bringen nichts. Viele Namen fallen. Da ist ein Musiker, einer der prominentesten in der DDR. »Dem habe ich geholfen, daß der ein Haus kriegte«, prahlte Krenz. »Dann hat der stellvertretende Bauminister der DDR, Martini, ein guter Kerl, der hat für den das Haus bauen lassen oder war dafür verantwortlich, daß alles in Ordnung ging.

Und jetzt wird der vor einem Berliner Gericht angeklagt, das arme Würstchen. Und da tänzelt der, für den er das Haus hat bauen lassen, vor diesem Gericht als Zeuge an, sagt gleich, ich weiß gar nicht, warum ich hier bin, außerdem habe ich sowieso nur zwanzig Minuten Zeit, sonst wird's teuer für Sie hier, ich habe einen Auftritt, und außerdem weiß ich gar nicht, warum hier nicht der Egon Krenz sitzt. So, und dann wird der Martini, der schon Untersuchungshaft hatte, zu zweitausend D-Mark Geldstrafe verurteilt, das ist viel Geld für den, der war ja schon ein halbes Jahr arbeitslos. Aber glaubt ihr, dieser Millionär, der ist mehr als Millionär, für den er das Haus gebaut hat, der ruft mal an und sagt: Nun laß uns mal die Rechnung begleichen?«

»Ihr habt eben die falschen Freunde gehabt.«

Diestel sagt zum letztenmal an diesem Abend, daß er alles besser gewußt hat.

»Warum hat sich nach der Wende kein IM bei mir gemeldet?«

frage ich mich und sie.

Was hat es mir gebracht, meine Stasi-Akten zu lesen, 27 Ordner mit 3103 Seiten? Manches hätte ich besser nie erfahren. Ich war kein Spitzel, aber auch keine Widerstandskämpferin. Kein Opfer, allenfalls Objekt.

Es ist ein langer Weg von Zeuthen bis zum Potsdamer Platz. Viel Zeit, um über diesen seltsamen Abend nachzudenken. Ganz verschiedene Generationen DDR saßen an einem Tisch. Krenz, Dr. Möller und Gehlert haben diesen Staat vom Anfang bis zum Ende miterlebt, Dr. Diestel und ich, wir sind hineingeboren worden.

Diese Männer der ersten oder zweiten Stunde hatten ganz sicher auch eine Idee, an die sie glaubten. Ob sie das Unglück ihrer Opfer, das Unrecht überhaupt gesehen haben? Oder waren sie die, über die Brecht geschrieben hat: »Die wir den Boden bereiten wollten für Freundlichkeit, konnten selber nicht freundlich sein«? Vielleicht haben sie wirklich gedacht, sie wären in der Lage, nach der Beseitigung von vielen Hindernissen und nach einem zeitweisen Verzicht auf Lebensqualität, was auch Grundrechte mit einschließt, am Ende doch noch das versprochene Paradies der Werktätigen zu schaffen.

Drei Jahre sind seit der Wiedervereinigung vergangen. Schon Zeit genug, um alles endgültig zu beurteilen und vielleicht, wo erforderlich, auch mit der endgültigen Gerechtigkeit zu verurteilen? Ist nicht noch etwas mehr Abstand nötig? Ist bei den moralischen

Aufräumungsarbeiten nicht etwas zu viel Forschheit vorhanden, vielleicht, um von den Schwierigkeiten abzulenken, die man in dieser Form und in diesem Ausmaß nicht erwartet hat?

Fast scheut man sich als Ossi, weil diese Feststellung seit fünfzig Jahren vorbelastet ist, zu sagen: Wir haben vieles nicht gewußt. Die Waffengeschäfte, die Unterstützung von Terroristen, die verheerenden Verbrechen gegen unsere Umwelt, die irgendwann einmal beinahe flächendeckende Bespitzelung, davon haben wir wirklich erst nach der Wende erfahren. Uns ist, wie ich es am Anfang sagte, das Unrecht nicht schreiend auf dem Bürgersteig entgegengekommen. Sonst hätte es sicher einen größeren Widerstand gegeben. Die Zahl der Freiheitskämpfer war eher bescheiden. Auch von ihnen, den wenigen, haben wir wenig erfahren. Ihre Zahl ist heute rapide gewachsen um die Schar der selbsternannten Streiter gegen das Unrecht. Ich kann damit nicht dienen, ich kann mich da nicht einreihen. Ich weiß noch nicht einmal, wie groß mein Mut gewesen wäre, hätte ich denn die DDR als Unrechtsstaat erkannt. Aber das habe ich nicht. Ich lebte in einer eigenen Welt, gut abgeschottet von den Problemen, die es für mich hätte geben können. Ich habe meinen Sport nicht nur von Anfang an geliebt, ich sah ihn als die größte Chance, das zu tun, was man im westlichen Neu- und Problemdeutsch Selbstverwirklichung nennt. Ich wollte gut werden, die Beste von allen, wenn möglich. Und auf dem Weg dorthin habe ich die Chancen genutzt, die mir geboten wurden.

Es war ein schwerer Weg. Ich kann mir jetzt den Vorwurf machen, daß ich nicht oft genug, genau genug nach links und nach rechts gesehen habe, weil ich nur mein Ziel vor Augen hatte. Daß ich vielleicht früher hätte erkennen müssen, was die DDR ist und was nicht in Ordnung ist mit ihr. Das habe ich aber nicht.

Als es schick wurde und gefragt war, sich von diesem zusammengebrochenen Staat zu distanzieren, die Politiker zu verdammen, habe ich mich nicht angeschlossen. Ich nehme lieber den Vorwurf der »SED-Ziege« hin, als mir diese Schäbigkeit zu leisten. Ich hatte doch dieses System, das, was ich von ihm kannte, genutzt und auch geschätzt. Dazu mußte ich stehen. Daß ich eine Privilegierte war, dem ist wohl nicht zu widersprechen. Die Privilegien hielten sich jedoch in Grenzen.

Verzichtet heute einer auf die Sporthilfe, weil es so viele Arbeitslose gibt? Erfolgreiche Sportler sind auf der ganzen Welt privilegiert. Bei uns waren es die Reisen, die Wohnung, das Auto, zu dem man schneller kam, die kleinen angenehmen Freiheiten. Hier sind und waren es sechsstellige Einkommen.

Der Neid gegen die Staatsamateure des Ostens – mußte der ausgerechnet aus dem Westen geschürt werden? Ich verstehe meine DDR-Landsleute, daß sie zu Sportlern auf Distanz gegangen sind. Ihre Entbehrungen geben ihnen das Recht dazu. Aber der Westen?

Rot stoppt mich und meine Gedanken. Ich muß an einer Ampel anhalten. Von hinten kommt ein weißer, nicht mehr ganz neuer Kleinwagen. Er bleibt neben mir stehen. Egon Krenz sitzt am Steuer, er schaut gedankenverloren vor sich hin. Vor etwas mehr als drei Jahren wurde er noch in einer Limousine hier vorbeichauffiert, eine Eskorte von Bewachern voraus und hinterher. Er muß ein neues Leben lernen. Wird er seine Verantwortung für Unterdrükkung und Bespitzelung der Bevölkerung, für den Mißbrauch des Idealismus vieler akzeptieren, die im Sozialismus eine bessere Gesellschaft gesehen haben? Wird er sie überhaupt erkennen? Und was ist mit den vielen, die wegen ihres Eintretens für die Ideale der Demokratie und auch des Sozialismus in Haft waren, deren Existenz vernichtet wurde und die noch heute gezeichnet sind? Belastet ihn deren Schicksal und seine Mitverantwortung?

Mehr als ein Jahr ist vergangen seit der Schlagzeile:

»Frau Witt,
wie war das
mit der Stasi?«

Nachdem ich 27 Aktenordner mit 3103 Seiten gelesen habe, weiß ich ein wenig mehr.

Es wäre besser, ich hätte manches nicht erfahren. So anders wollte ich Ereignisse, Personen im nachhinein nicht sehen. Es wäre mir lieber, ich hätte nicht erkennen müssen, wieviel in meinem Leben nicht von mir selbst bestimmt, sondern von anderen gelenkt, auch manipuliert war. Wenigstens aufs Eis mußte ich allein, die Siege, die Titel und Medaillen, das habe ich alles selbst geschafft. Den dreifachen Rittberger hat mir keiner abnehmen können.

All die Decknamen – hinter den meisten, fast allen kann ich die Person erkennen. Ich glaube nicht, daß sich alle freiwillig zum Spitzeldienst gemeldet haben. Es konnte schon Druck ausgeübt werden, ich habe es selbst erlebt. Und fast alle von ihnen haben nichts getan, um mir zu schaden. Manche haben mich sogar geschützt, wenn es nötig und auch möglich war. Das geht aus den Akten klar hervor. Bis auf den IM Sch., der sich so sehr und eine Weile auch mit Erfolg bemüht hat, Ingo und mich zu trennen.

Ich hätte mich gefreut, wenn einer der Inoffiziellen Mitarbeiter nach der Wende mal gekommen wäre und mit mir geredet, mir erklärt hätte, was er getan hat und warum. Aber ich will mit keinem abrechnen und werde auch keinen preisgeben. Ich kann die Angst vor dem Bekenntnis schon nachvollziehen. Wer IM im Osten war, dem wird vom Westen aus das Urteil gesprochen, oft genug die Karriere beendet. Nur durch Medien, ohne Gericht. Wer kann denn so wirklich beurteilen, welche Wahl einer hatte?

Wir haben noch viele Hindernisse zu beseitigen, bis man Ossis und Wessis nicht mehr unterscheiden kann. Die Vorwürfe aus dem Westen, sie treffen hart. Es sieht alles so einfach aus für die, die nicht in diesem Staat aufgewachsen sind, in ihm zurechtkommen mußten. Logisch, am leichtesten löst man die Probleme, die man selbst nicht hat.

Egon Krenz ist nach rechts abgebogen. Die roten Rücklichter verschwinden.

*

Ich sitze im Flugzeug nach Kanada. Alles bleibt jetzt für eine Weile hinter mir. Ich werde trainieren, neue Leute treffen, wieder ein Stück mehr für das Leben im Westen lernen.

Ich habe mir eine Mappe mit Zeitungsausschnitten mitgenommen, Geschichten, die in den letzten Monaten über mich erschienen sind. Eine Übersetzung aus *Paris Match* ist dabei, das Original habe ich gesehen, den Text kenne ich noch nicht. Ich kann kein Französisch. Ich habe mal einen kurzen Versuch gemacht, diese Sprache zu lernen, eine junge Frau wurde mir als Lehrerin vermittelt. Ich habe sie als IM M. in den Akten wiedergefunden. Sie hat mich ein paar Stunden unterrichtet, bei mir ist nichts hängengeblieben, nur bei der Stasi.

»Weil die Eislaufbahn der einzige Unterhaltungsort von Karl-Marx-Stadt war, hat sich Katarina also entschlossen, diese entsetzlichen Eislaufschuhe doch ganz gut zu finden. Vier Jahre später warf sie sich auf die Erde, um von ihren Eltern zu erreichen, daß sie in eine Eislaufschule eingeschrieben wurde. Eine dieser Fabriken für Meister, die unter Leiden und mit Schweiß Generationen von ostdeutschen Sportlern geschaffen haben ...«, steht in *Paris Match*.

Was die Journalisten so aus meinem Leben machen.

Es stört mich in diesem Fall nicht, daß so vieles falsch, einfach erfunden ist. Daß ich mich nie auf den Boden geworfen habe, Eislaufschuhe nie entsetzlich fand, was macht das schon.

Aber das Vorurteil von diesen Fabriken und den in ihnen unter Leiden und Schweiß geschaffenen Sportlern, das läßt mich immer wieder zornig werden.

Daß wir, diese grauen, auf Rekorde und Höchstleistung getrimmten Athleten, die aus der DDR wie aus der Retorte kamen, nur litten und schwitzten.

Es gewinnt keiner, der keine Freude hat an dem, was er tut. Auch wenn er dabei oft schwitzt und immer wieder mal leidet. Ohne Freude gibt es keinen Erfolg. Nirgendwo auf der Welt.

Aber nur wir waren immer die angeblich freudlosen Sieger.

Ich hatte viel Spaß am Sport in der DDR.

Ich habe viel gelacht. Manchmal vielleicht an der falschen Stelle.

Ich danke

Mutti und Daddy, für Eure Liebe und Wärme.

Brüderchen Axel dafür, daß Du mich weiterhin heiß und fettig liebst.

Jutta Müller, hier und auf vielen vorhergehenden Seiten.

Uwe I und Uwe II, für Eure Fürsorge, den Abwasch und die Fußmassagen.

Elisabeth, für Deinen klugen Kopf und die Schultern, auf denen Du so viel für mich trägst.

Didi, für Deinen sicheren Instinkt und Deine selbstlose Hilfe.

Silke, für Deine Freundschaft, die ich nicht mehr missen möchte.

Sandra, weil Du einfach Klasse hast.

Boris, für eine Erkenntnis von bleibendem Wert.

Mull, Du kannst fast alles heilen.

Gisela, Heike und Oliver, für eure pflegenden Handgreiflichkeiten.

Frank, weil Du Muskeltraining zum Abenteuer machst.

Steve, auch wenn ich ausnahmsweise einmal nicht auf Dich gehört habe (freue mich schon auf den nächsten kollektiven Pasta-Abend).

Ole, für Deine liebevolle Umsetzung unserer Küridee.

Edgar, für Deine Geduld und den Willen, mich zu verstehen.

Herrn Rittmeister, ich wußte doch, daß mich niemand für immer verläßt.

Kurt B., für ein außergewöhnliches Kompliment.

Herbert, 6. Juli 6 a.m., es sind oft die kleinen Momente, die übrigbleiben.

Bryan Adams, Michael Bolton, Phil Collins, David Foster, Whitney Houston und vielen anderen, ohne es zu wissen, habt Ihr mir geholfen, manch schwierige Situation durchzustehen.

Schlumpi, Mon cœur, Bär und Fungushead.

Allen, die an mich geglaubt haben, und allen, die in diesem Buch zu kurz kommen, für ihr Verständnis.